今日から
モノ知り
シリーズ
トコトンやさしい

コンカレント・エンジニアリングの本

コンカレント・エンジニアリング(CE)とは、技術開発において業務を同時並行で進めることで効率化を進め、協働する手法。ただし、CEの目的は期間短縮だけではない。本書では、業務改革や開発思想の本質を解説。その狙い、取り組み方、計画、組織、ツール、マネジメントに至るまでを楽しく紹介する。

原嶋 茂

B&Tブックス
日刊工業新聞社

はじめに

この本を取り上げた方の多くは、なぜ今ごろコンカレント・エンジニアリングなのだろう……でも、ちょっと懐かしい響きがあるな、と思われたのではないでしょうか。

コンカレント・エンジニアリング（以下ＣＥ）という言葉が業界に登場したのは90年代でしょうか。でも、その当時にあっても、なんだ日本が昔からやっていたことじゃないか、と思われた方が多かったと思います。筆者自身も、自動車部品メーカーの生産技術者として長年勤務しましたが、どのような仕事でもＣＥ（的な仕事の進め方）がベースにありました。

ところがアメリカでは、日本企業が普通に持っている文化をそのまま真似ずに、ＩＴを駆使することでＣＥの本質的な良さを自分たちのものにしました。

しかし、その後のアメリカの製造業はどうなったでしょう。直接のモノづくりは、すさまじい勢いでアメリカ国外へ移転していきました。

近年のビジネスの一つの成功例であるアップルのスマートフォン、アイフォンを見ても、開発はアメリカでも、製造に関しては部品調達から組立まで、ほとんど国外で展開されています。

それでは、アイフォンの開発や生産について、全くＣＥはなされていないのでしょうか。たしかにアイフォンの組立を主に担当しているフォックスコンの技術者が、アップル本社に常駐して一緒に開発をおこなったという話は聞いたことがありません。しかし、前宣伝をして思いきり期待感（購買欲）を刺激し、発売を開始してひと月もしない間に数千万セットを売り切ってしまうというビジネス（戦略)は、そのための製造法があらかじめ準備されていなければ、とうてい実現するはずがありません。

CEのコンセプトの一つは、製品のライフサイクルを通じた最適解を実現することです。そういう意味で、アイフォンにおけるIT(3DCADベースの開発)やEMS(ここではフォックスコンのこと)の利用は、CEの結果とは言えないでしょうか。

言うまでもありませんが、CEは手段です。手段も進化します。アイフォンの例で言えば、ITやEMSは、CEのさらに下層の手法ということになります。

グローバル時代になって、製造業の姿も激しく変化してきました。現在は低賃金国での製造が主流ですが、その国の経済の発展にともなって、労務費が上昇し、機械化が進展していきます。そして、コストに占める労務費比率が小さくなっていくと、世界地図の中の工場立地の密度差は、次第に薄まっていくでしょう。たとえ製造現場が全自動化されても、ビジネス全体が無人になることはありません。ビジネスは人と人との相互作用の中で展開されますし、ITをICTと言い換えても埋めきれない部分があります。

ここで、CEのもう一つのコンセプトを登場させましょう。仕事をシリーズではなくパラレルにおこなうことです。

これが容易ではないことは、すでに多くの読者が経験されていると思います。ITツールも多く開発され、それらは進化していますが、人や組織に関係する課題が多く発生しているからです。特に人そのものは、時代とともに変化してきました。ライフスタイルの考え方や、雇用形態の多様化、労働人口の高齢化、ダイバーシティ化、そして文化の違う海外ローカル人材などです。

それでもCEに取り組もうとするのは、ビジネススピードに対する要求が高まる一方なので、有効な手段の一つであるCEが欠かせないからでしょう。

しかし本書では、さらに重要なことを解説するつもりです。それは仕事をパラレルにおこなうことは、克服すべき困難ばかりが起きるのではなく、大きな付加価値が得られる可能性が生じるということです。それはなぜかと言いますと、複数の部門の人たちが業務プロセスの前段階に結集することで、計り知れない智恵が集まるからです。ただし、この智恵を効率的に集めるためには、業務革新が必要です。そして、それは会社の競争力になります。模倣困難な力であり、グローバル時代には効果的な武器になります。

本書は、そのことを理解してもらうために、徹底してわかりやすくＣＥの解説を試みています。なお、冒頭で少し触れましたが、筆者は１９８０年に日本電装株式会社（現在の株式会社デンソー）に入社し、34年間生産技術者として働きました。大きな環境変化を受ける中、競争力ある次期型製品開発や非自動車分野の事業化プロジェクトなどを経験しました。

本書はその間の経験の多くが下地になっています。逆に言えば、その実務経験なしには本書は決して書くことができませんでした。定年退社して、あらためて貴重な経験を積ませていただいた同社の諸先輩、同僚、部下そして関係した会社の方々への感謝の気持ちでいっぱいです。

とは言え、筆者の浅学や狭量による誤った解説があるかもしれません。その点は、碩学諸賢のご教示をいただければ幸いです。

最後になりましたが、筆者に出版を強く勧めてくださった一般社団法人日本能率協会の衛藤達夫氏、磯野茂氏、また、筆者の特徴を見抜いて実力以上のものを引き出してくださった株式会社日刊工業新聞社書籍編集部の鈴木徹部長に、心からお礼申し上げます。

目次 CONTENTS

第1章 コンカレント・エンジニアリングとは？

第2章 コンカレント・エンジニアリングの概要

第3章 コンカレント・エンジニアリングの計画

第4章 コンカレント・エンジニアリングの組織

第5章 コンカレント・エンジニアリングにおける活動やマネジメント

第6章 コンカレント・エンジニアリングにおける手法やツール

第7章 これからのコンカレント・エンジニアリング

【コラム】

第1章

コンカレント・エンジニアリングとは?

1 コンカレント・エンジニアリング(CE)は期間短縮だけが目的ではない

CEの意外な効果

コンカレント・エンジニアリング（以下CE）はご存知の方も多いでしょう。特に製造業において、業務プロセスを並行して走らせ、商品の市場投入までの期間を短縮させる手法です。ビジネス用語で言えば、タイムツーマーケットの短縮でしょう。

もしそれだけが目的だったら、手法は他にもあります。市場のさまざまな要求に対し、一つひとつ個別開発するのではなく、（たとえばパソコンのように）いくつかのモジュールを用意しておき、それらの組み合わせで対応する開発手法。また、商品が電子製品の場合は、EMS（Electronics Manufacturing Service）へ製造委託するという方法もあります。

CEの目的は期間短縮だけではありません。

CEでは、それまで仕事の順番が決まっていた複数の部署が、同時に業務に当たることになります。実際には、異なった部署の担当者が共通の目的に向かって一緒に仕事をすることになりますから、一気に多くの智恵が結集します。実は、それを狙って、商品の目標レベルを高く設定することが可能になります。

一方で、それぞれの組織のミッションの衝突が起きる可能性があります。品質とコストのどちらを優先させるのかといったことです。それまで当たり前だと思っていたことが、会社全体で考えれば最適解が別にあることに気づいたりします。こうして企業は（担当者も）、それまでの業務プロセスの問題点を発見し、対策しながら、所期の目標達成のために突き進んでいきます。CEには業務革新の要素もあるのです。

人間は、生まれたときは赤ん坊で何も知りませんが、成長する過程で多くのことを学んでいきます。学ぶ気があれば、何歳になっても人間は成長すると言われます。企業も同じです。経営環境の変化の中で、企業も業務プロセスの革新という成長が必要です。その重要なカギをCEが握っていることを、これから解説していきたいと思います。

要点BOX

- ●CEでは業務プロセスをパラレルでおこなう
- ●CEの目的はタイムツーマーケットの短縮、より高い目標の設定、業務プロセスの革新

コンカレント・エンジニアリングを神輿を運ぶ方法でたとえると…

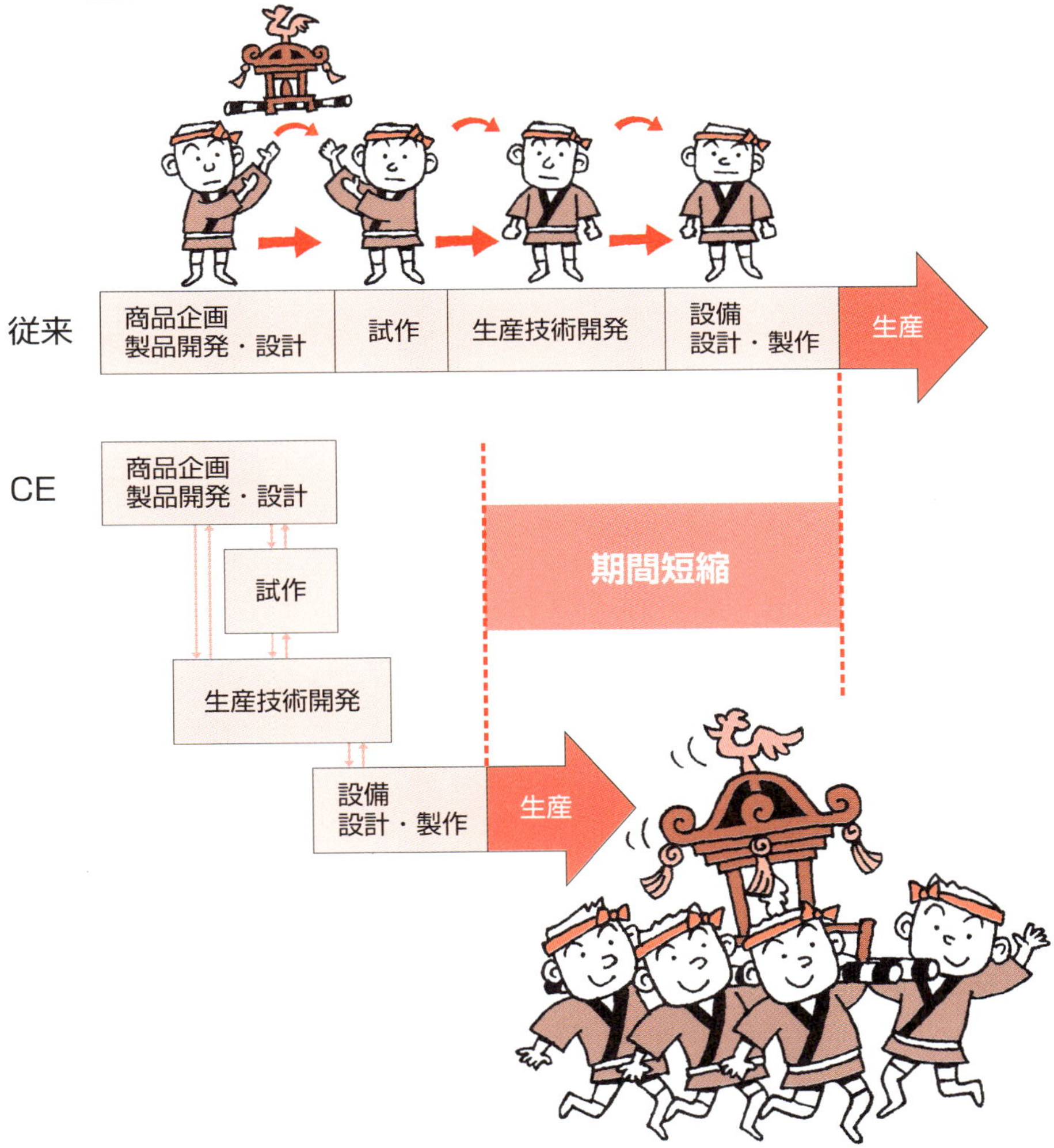

コンカレント・エンジニアリングのメリット

- 最初から全員で担げば神輿を早く運べます！（期間短縮）
- 智恵を結集して、より大きな神輿を運べます！（より高い目標設定）
- 重い神輿を全員で担ぐためには、コツ（それぞれの役割、掛け声、テクニックとチームワーク）が必要です！（業務プロセスの革新）

2 コンカレント・エンジニアリングが狙っているもの

大きな三つの目的とは

業務プロセスをシリーズでなくパラレルでおこなえば、タイムツーマーケットは短縮できそうです。しかし、日程計画の線図を書き直すだけで、簡単にできることではありません。

まず、タイムツーマーケットが長い原因を分析する必要があります。典型的な例が「仕事の手戻り」です。たとえば、製造を考えていない設計図面は、製造に渡ると問題点を指摘され、設計に差し戻されます。これが毎回のように発生していて、仮にゼロにすることができても、目標納期に間に合わないのであれば、最初から製造担当を入れて設計をやる、すなわちCEに「挑戦」ということになります。

ここで敢えて「挑戦」と書いたのは、業務プロセスを変革することは非常に難しいことだからで、第2章以下で少しずつ説明していきます。

設計と製造の例で説明しましたが、シリーズで仕事をしていたこれら二つの部署を一緒に仕事をさせることで、高い目標値を達成させる、確信犯みたいな取り組み方もあります。

たとえば設計側が知らない製造法を提案してもらうことで、商品の小型化や軽量化、コストダウンの高い目標値を達成する可能性が高まります。アイデアに基づく新加工法であっても、設計の初期段階であれば研究期間が確保できるかもしれません。他社の製造技術（設備など）が必要な場合でも、契約を結んでの共同開発が可能になるかもしれません。

商品企画からアフターサービスまで、と業務プロセスを広げていけば、CEにはさまざまなメリットが生まれてきます。当然のことですが、メリットを増やすためには、その分業務プロセス革新も増えます。

実は、CEが狙っているものは、大きく言って三つあります。（一）期間短縮、（二）より高い目標設定、（三）業務プロセスの革新。これらは、順番に達成が難しくなりますが、成果も大きくなっていくのです。

要点BOX

- ●業務プロセスのパラレル化は「手戻り」をなくす一つの手法
- ●CEが狙っているものは、大きく言って三つある

典型的な仕事の手戻りの問題（設計と製造の例）

・製造を考えない設計図面で発生する様々な問題点!
・問題点解決のために、「仕事の手戻り」も起きます。

最初から一緒に仕事をすれば、手戻りが減るだけでなく
製造側の智恵も図面に盛り込まれてレベルが向上する

コンカレントエンジニアリングが狙っているもの

上へ行くほど達成は難しくなりますが、成果も大きくなります。

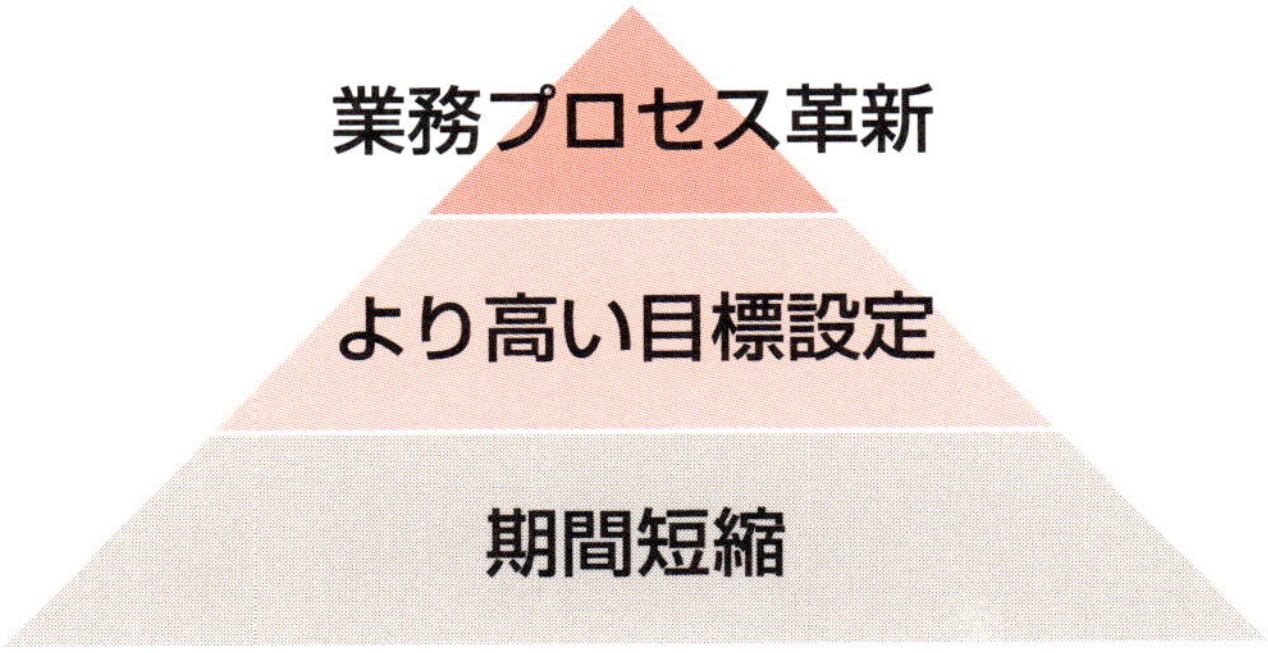

3

一番わかりやすい「製造を考えた製品設計」

指摘される前にできていたら「いいね!」しよう

完成した設計図面を渡されて、最初に真剣に見る人は誰でしょう?

製造の準備に取りかかる関係者ではないでしょうか。最も早い人は、試作担当者かもしれません。その後なら、実際の製造工程を考える人、つまり生産技術者でしょう。部品や材料の調達をする人が見るかもしれませんが、購入できるかどうか、つまり希望する価格や数量、納期で製造してくれる仕入先があるかどうかを考えるわけですから、やはり製造という視点で図面をチェックするはずです。

このとき、設計者の意図がよくわからないと、これらの人たちは、知識を総動員して際限なく指摘します。理由は製造が楽（たいてい製造コストダウン）になるように、です。良い指摘であれば、採用して設計変更ですし、設計の意図に反している場合は、採用できない理由を述べなければなりません。

簡単な例で示しましょう。渡された図面を見たら、特殊な六角ボルトでした。こんな指摘が予想されます。

（1）なぜ規格品や標準品じゃないの?

（2）なぜ高価なステンレスなの?　鉄にめっきするとか黄銅（真鍮）じゃダメ?

（3）もし鉄にできるなら、仕上げ切削しやすい快削鋼を選んでね。

（4）全長をもっと短くできたら材料費分コストダウンできるよ。

（5）もっと細くできたら材料費分コストダウンできるよ。

（6）寸法精度をもっとゆるくできない?

（7）締め付けるだけの部品なら、表面を研磨する必要はないのでは?

（8）図面に書いてある注意書き「有害なキズなきこと」ってどういう意味?

CEを実施するにしても、こういったことぐらいは最初から設計者が考慮しておきたいものですが…。

要点BOX

- 製造を考えていない設計図面は攻撃の的
- 設計と製造のCE活動はメリットが大きい
- 最初から製造を考えた製品設計ならベター

たかが六角ボルト、されど六角ボルト

六角ボルト一つをとっても、製造側からの要求は際限なく出てきます。設計者は反論するだけで疲れてしまうでしょう。

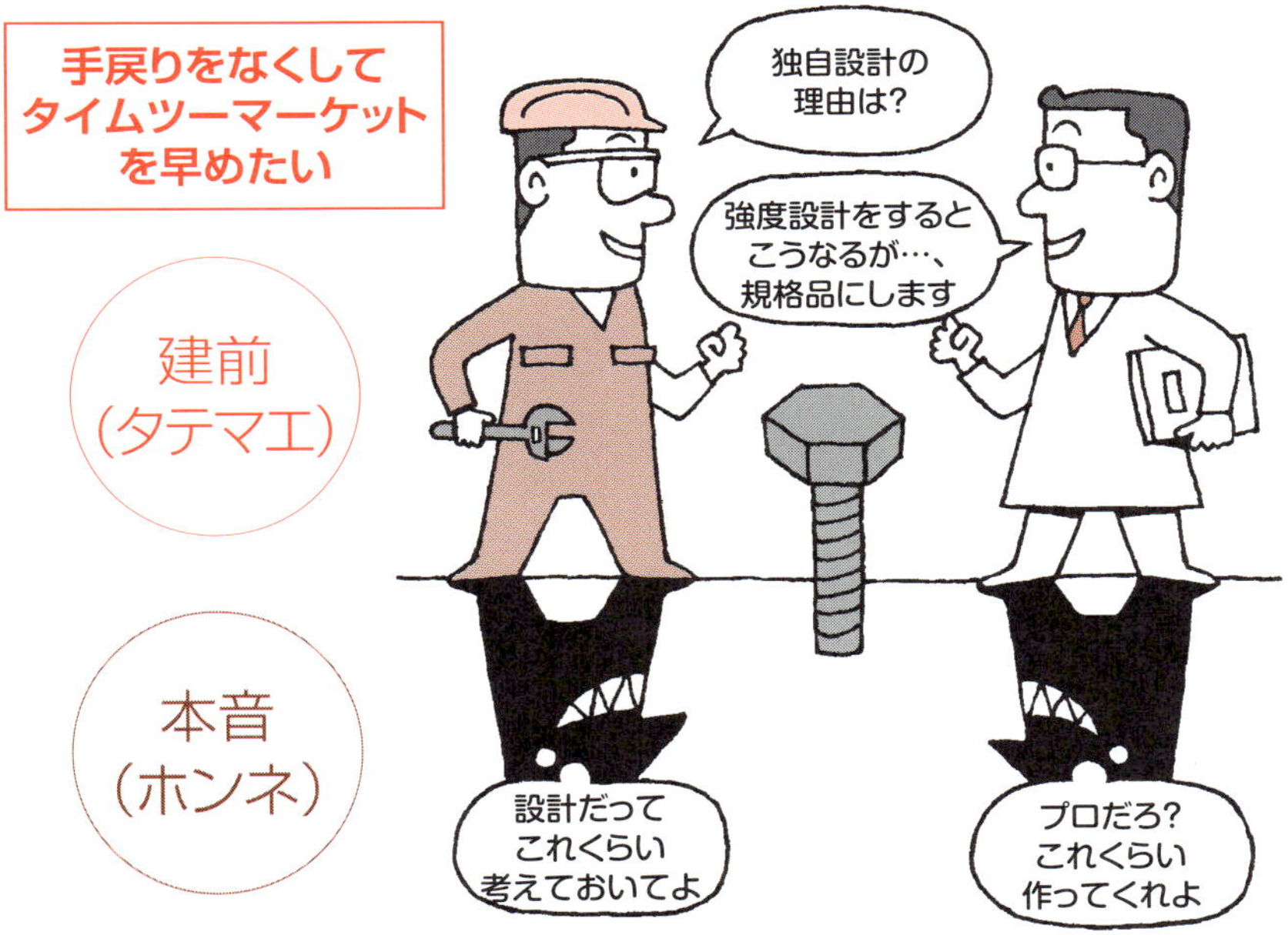

製品設計で考慮すべき製造要件一覧

1 形状に関するもの(安定性、対称性、アンダーカット、大きさ、梱包性、把持や分離性、材料歩留りなど)

2 材質に関するもの(加工性、剛性、リサイクル性、錆びにくさ、傷つきにくさ、環境負荷特性など)

3 寸法や形状精度に関するもの(加工基準と設備の加工精度、加工時間、計測基準と設備の計測精度、不良率など)

4 種類に関するもの(層別管理、在庫管理、生産計画、相似設計、誤組付のリスク、識別の容易性など)

5 組立構造に関するもの(作業性、位置決め基準、組立方向、部品点数、部品精度、安全性など)

6 保証特性に関するもの(強度、気密、作動性、性能、異音、出来栄え品質と作り込み品質の違いなど)

4 実際は、製品のライフサイクル全体を考える

真の目的を達成するための最適解を見つけよう

実は「業務プロセスをパラレルにおこなうこと」がCEのコンセプトの東の横綱だとすると、西の横綱は「製品のライフサイクル全体を考えること」です。

製造を考えた設計が望ましいことは明瞭でした。では、その延長線上には何があるのでしょう。

製品が製造されたら、次は顧客の使用や保守でしょう。グローバル時代です。世界中で色々な人々に使われる可能性があります。たとえば、手の大きな人、小さな人がいます。使いにくく、危険をともなう場合は設計的に改善が求められます。手戻りが発生します。製造を考えない設計と同じです。また、使用頻度の高い人、乱暴に扱う人もいます。何度も故障して修理が必要になったら、クレームとなり致命的です。

一方、丈夫で長持ちでも、最後は、埋め立てゴミにするしかない製品は、地球環境保護の点で不合格です。資源として回収され、素材として再利用されるように考える必要もあります。

以上のように、製品に求められるのはQ(品質)C(コスト)D(納期)S(安全)E(環境)と様々です。

製品のライフサイクル全体を考えてQCDSEの最適化をはかれば、これもCEによる大きなメリットです。最適化と言いましたが、単にバランスを考えることではありません。逆の発想をしてください。

QCDSEいずれかの高い目標が最初にあるはずです。真の目的です。CEを採用する場合、製品のライフサイクル全体を見て、その目的を達成するための最適な(最も効果的な)手段を選択するのです。

たとえば、小型化が目的の場合、高密度構造では自動組立が難しくなります。無理して自動化しても、顧客が保守できなくなります。少しでも部品点数を減らそうと、金属と樹脂を一体にすると、分別回収が困難になって埋め立てゴミになります。

研究や開発が必要になっても、最適な手段を選んで、目的を達成するのです。

要点BOX

- ●製品は世界中の人に使われる
- ●使用後の回収、廃棄のことまで考える
- ●真の目的を達成するための最適解を見つける

CEのコンセプトの東西の横綱

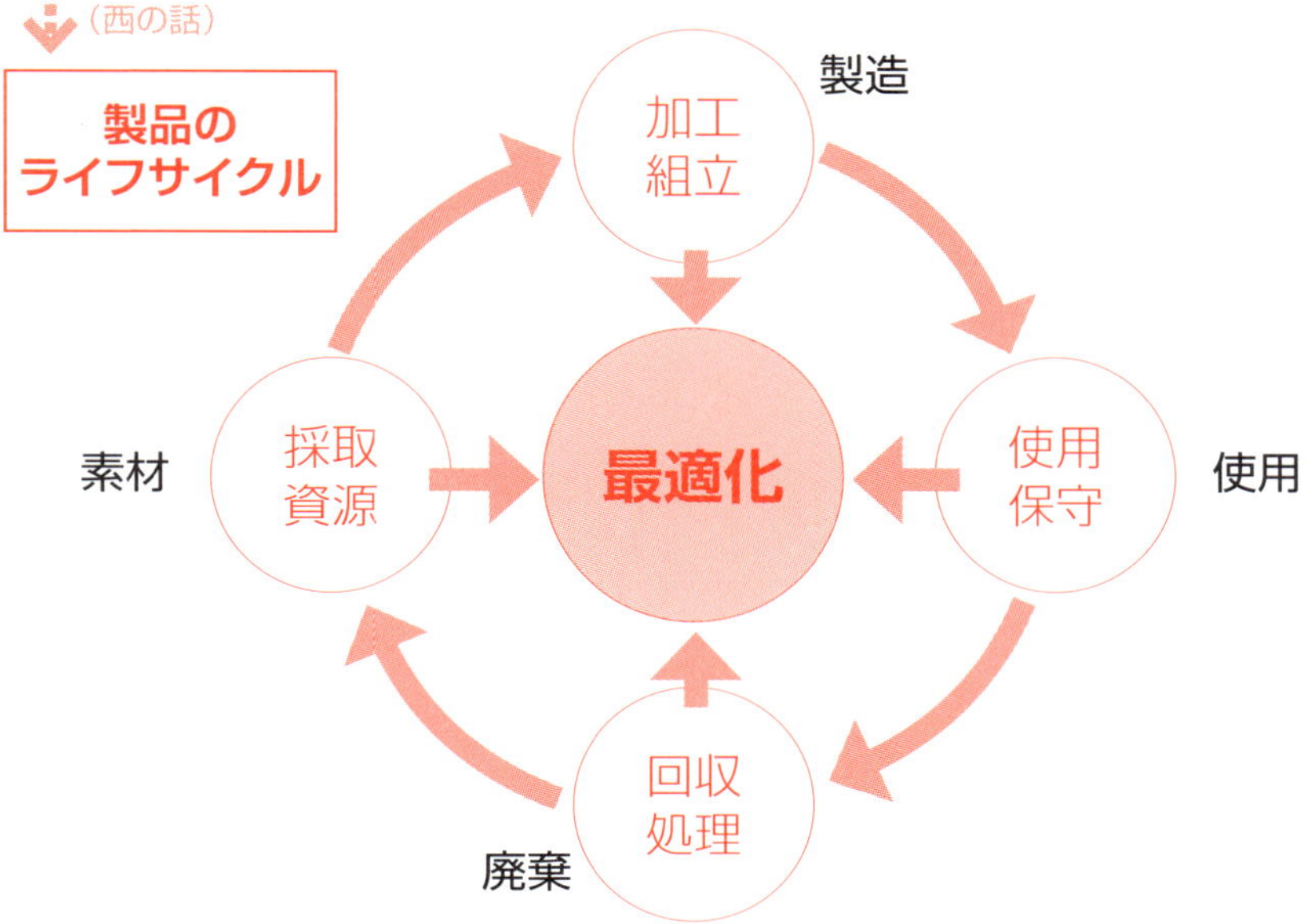

・製品のライフサイクル全体を考えて、Q（品質）C（コスト）D（納期）S（安全）E（環境）の最適化をはかります。
・逆に、QCDSEの高い目標値を実現するため、CEを採用して最適な手段を選択します。

5 コンカレント・エンジニアリングはどんな会社でもできるか?

まず目的を明確にすること。CEは手段の一つ

トヨタ生産方式（TPS）が、意外にも非製造業で、特にサービス業で導入されて効果を上げています。ムダを取ることで従業員の生産性が上がり、顧客満足度が向上するというのが一つの理由のようです。これは目的に合った利用の仕方という点で、手法であるCEにも通じる話です。

QCDSEいずれかの課題を抱えている場合、製造業なら商品や顧客に関係なく、CEが効果的な手法になりそうなことは何となくわかります。

では、中小企業だったらどうでしょう。大企業ならできて中小企業ではできないとするなら、経営資源（人、モノ、お金）の少なさがCEを選択できない理由になります。はたしてそうでしょうか。

業務プロセスを同時並行で進めるのは、本来の担当者がそうするのですから、新たに人を入れるわけではありません。ITツールがないからとか、ITツールを導入するお金がないからというのはどうでしょう。

ITツールはCEのさらに下層にある手法の一つです。手法であるCEをやるために、さらに手法を用意するのは誉められたやり方ではありません。ITツールの必要性は別議論です。大事なことは目的のために何をすべきかを明らかにすることです。それは効率的な経営資源の投入になるはずです。

次に、開発から製造まで一貫した機能を持っていない会社だったらどうでしょう。たとえば子会社で、下請けになっている会社です。この場合、親会社と同じ業界（経営環境下）にいるわけですから、共通の目的に向かってCEで協力すべきです。経営資源の不足は補い合えるでしょう。特定の加工技術の強みを持つ下請け専門会社なら、それを武器にCEを逆提案して貢献し、取引関係を強固なものにできます。

非製造業でもCEの特徴を生かせば効果が得られるかもしれませんが、発散する恐れもありますので、本書は製造業に限定して解説したいと思います。

要点BOX

- 手法であるCEは使い方次第で役に立つ（何とかとハサミは使いよう?）
- 中小企業でも製造専門会社でもできるはず

目的に応じて選択される手段

・まず目的を考える。そうすれば、会社の規模は関係ありません。
・同じ業界にいれば目的は共有されます。あとは、同じことです。

目的：タイムツーマーケットの短縮、シェア拡大、体質強化…

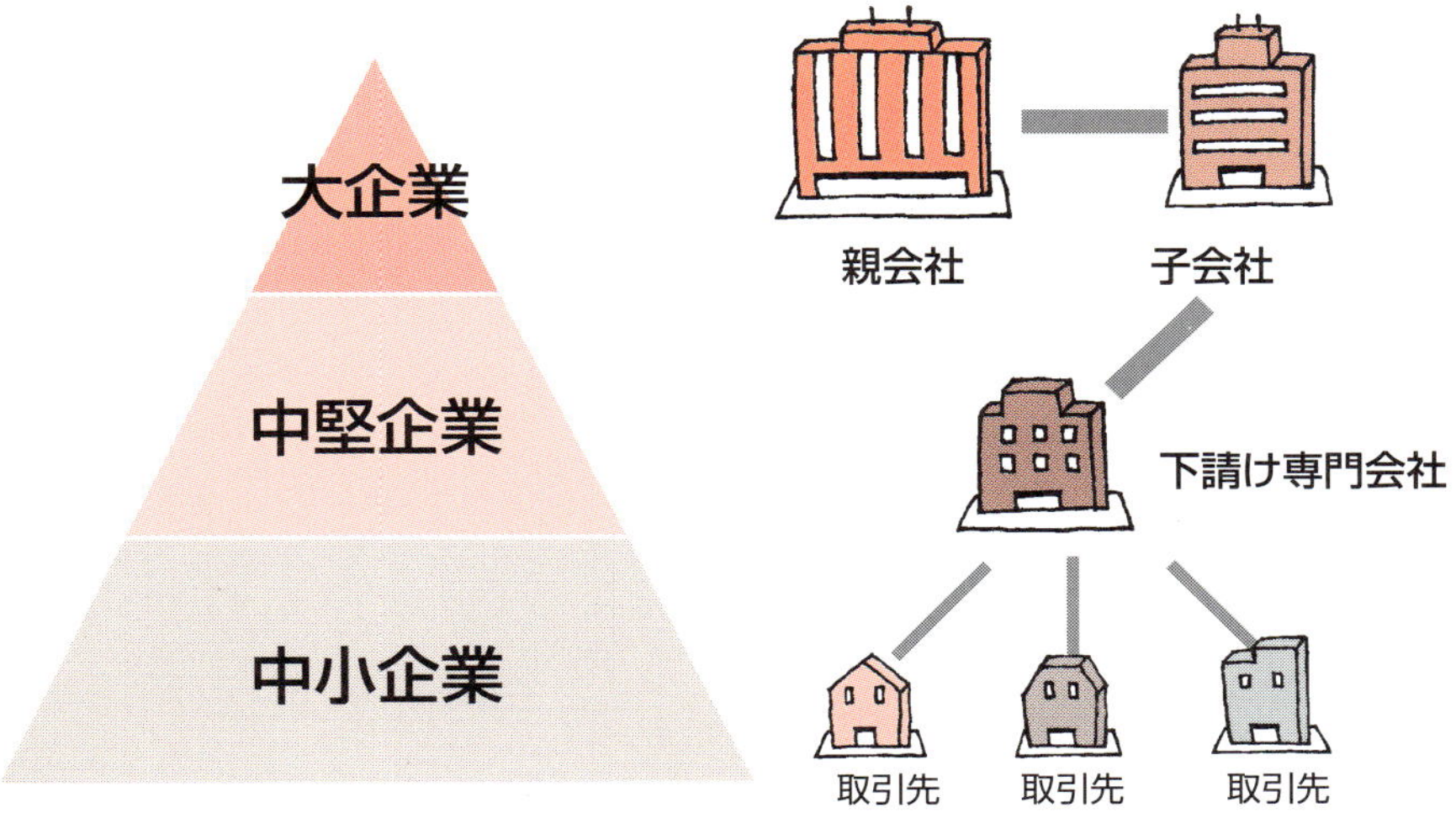

手段：CE、J/V、M&A、TPS、グローバル化…

手段を目的にするとおかしなことが起きます

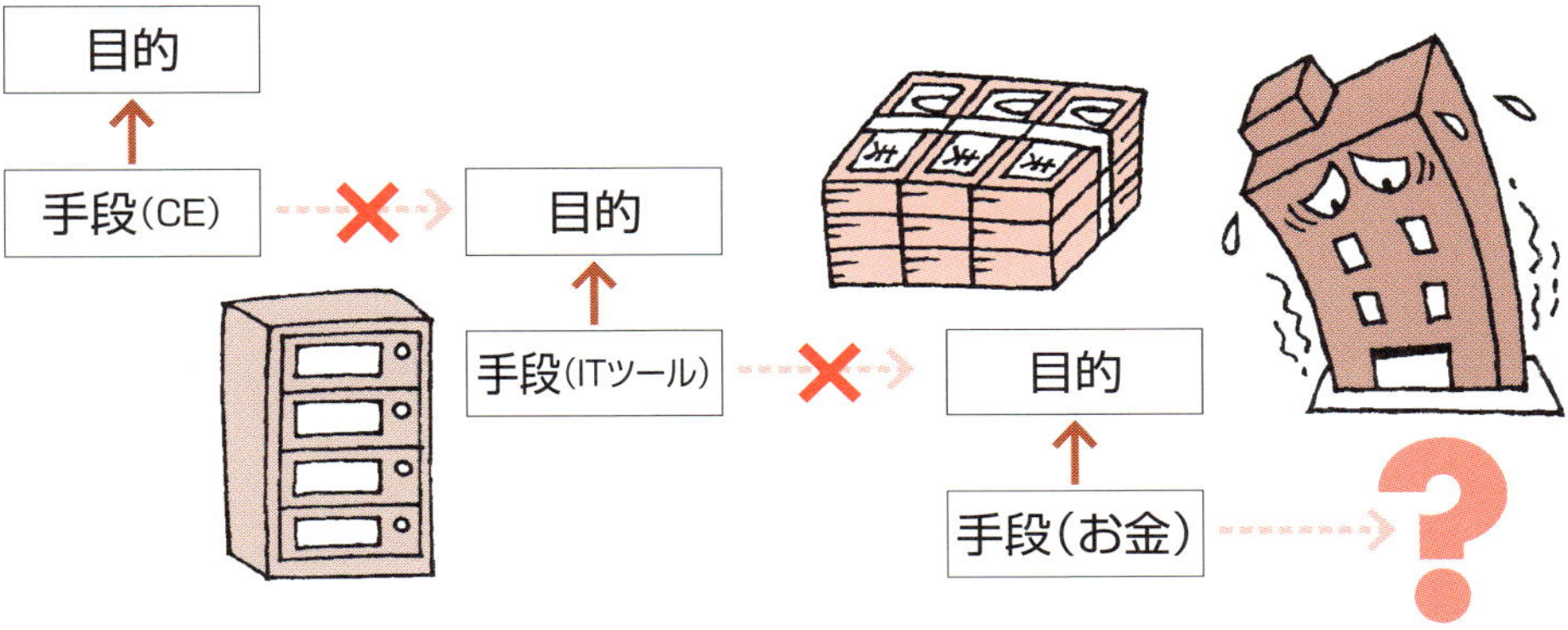

Column

MOTの中のコンカレント・エンジニアリング

デンソーでの生産技術者としての筆者の会社人生は、ほとんど戦略的開発製品の設計者とのCEでした。入社して二十五年目にはそれまでの経験を買われ、社内で開発中の新加工技術を核にした事業化プロジェクトを任されました。社内外の適用製品を新たに発掘しての事業化ですから、相当に手ごわい仕事です。部下も多く、年間の開発費も数億円規模でした。技術だけでなく、経営的能力も必要でした。

それは二〇〇四年のことで、世の中でMOT（技術経営）が政府の後押しもあって脚光を浴びていた時代です。筆者は親しい大学の先生からMOTのお話をうかがいつつ、自らも参考書を何冊も購入して勉強を始めました。すると、それらの中に、九〇年代に知ったCEが手法の一つとして書いてありました。

筆者は当然CEの経験を最大限に生かそうと考えました。しかし、それまでのCEは、事業戦略や製品企画は最初にあって、製品開発からおこなうものばかりでした。今回の仕事（事業化）は、技術シーズ（新加工技術）を社内の事業部あるいは社外へ提示し、まず事業戦略や製品企画を立ててもらわなければなりません。マーケティングを始めとする、CE以外のさまざまな経営手法も必要でした。

社内で開発した新加工技術は、さまざまな形で世の中から高い評価を受けていますが、持続性のある事業としてはまだ花開いていません。どんなにCEの知識や経験があっても、事業を起こすことは容易ではないことを痛感しています。CEは手法の一つなのです。

マクロ経済の影響が大きい現代、技術者に必要な経営的能力は、MOTだけでは不十分でMBA（経営学修士）取得も必須であると筆者は考えています。

第2章

コンカレント・エンジニアリングの概要

6 コンカレント・エンジニアリングは米国の軍事機関が研究した

最初から盛り込まれていたライフサイクル視点

CEのルーツは、米国国防省、高等研究計画局（以下DARPA）が1982年に始めた設計プロセス改善に関する研究です。そして、非営利法人である防衛分析研究所（以下IDA）の報告書『R-338』で定義されました。日本の仕事のやり方が研究されており、元になったのは日本流のTQMだという説もあります。

ポイントは二つです。

・コンカレントな設計をおこなうシステマチックなアプローチ

・製品のライフサイクルのすべてを考慮すること

DARPAの研究はDICE計画へとつながりました。これはGE社が中心となってスタンフォード大学など五つの大学がCEの手法に取り組んだものです。

一方IDAの成果は、軍のロジスティクス・システムCALSとして具体化されましたが、すぐそれは、軍事関係に限らないシステムへと拡張されました。

その後CALSは、「高速（光速）商取引」という意味のCommerce At Light Speedの略語とされたり、日本では、公共事業支援統合情報システムCALS／EC（建設CALS）と呼んだりするなど、エンジニアリングの色彩は薄れていきました。

しかしCEは、開発期間短縮を目的とするものとして世の中に広まっていき、特に3次元モデルを導入した「ボーイング777の開発」（この章のコラムで詳しく説明します）で有名になりました。

ところがデンソーでは、1965年にAA6ウォッシャーモータにおいて、すでに最初の製品開発、生技開発、設備開発の同時並行大型プロジェクトを推進していました。日本の製造業では決して珍しいことではありませんが、事実上のCEです。そして1972年からは、次期型製品研究会（略称次期型研）という名称で、システマチックなCEの取り組みも始まりました。

後に、CIRPという学会の論文でも取り上げられました。

要点BOX

●CEは米国の軍事機関により研究された

●CEは3次元CADを用いた「ボーイング777の開発」で有名になった

CEの定義（IDA R-338から）

Concurrent engineering is a systematic approach to the integrated, concurrent design of products and their related processes, including manufacture and support. This approach is intended to cause the developers, from the outset, to consider all elements of the product life cycle from conception through disposal, including quality, cost, schedule, and user requirements.

その邦訳

製品およびそれに関連する製造とサポートを含む工程に対して統合されたコンカレントな設計を行おうとするシステマチックなアプローチをいう。このアプローチは研究者に品質・コスト・スケジュール・ユーザー要求を含む諸要素を、最初から廃棄に至るまでの製品ライフサイクルのすべてで、考慮させるよう意図されたものである。

（『マネジメント用語集』から）

IDA:The Institute for Defense Analyses

CEの歴史

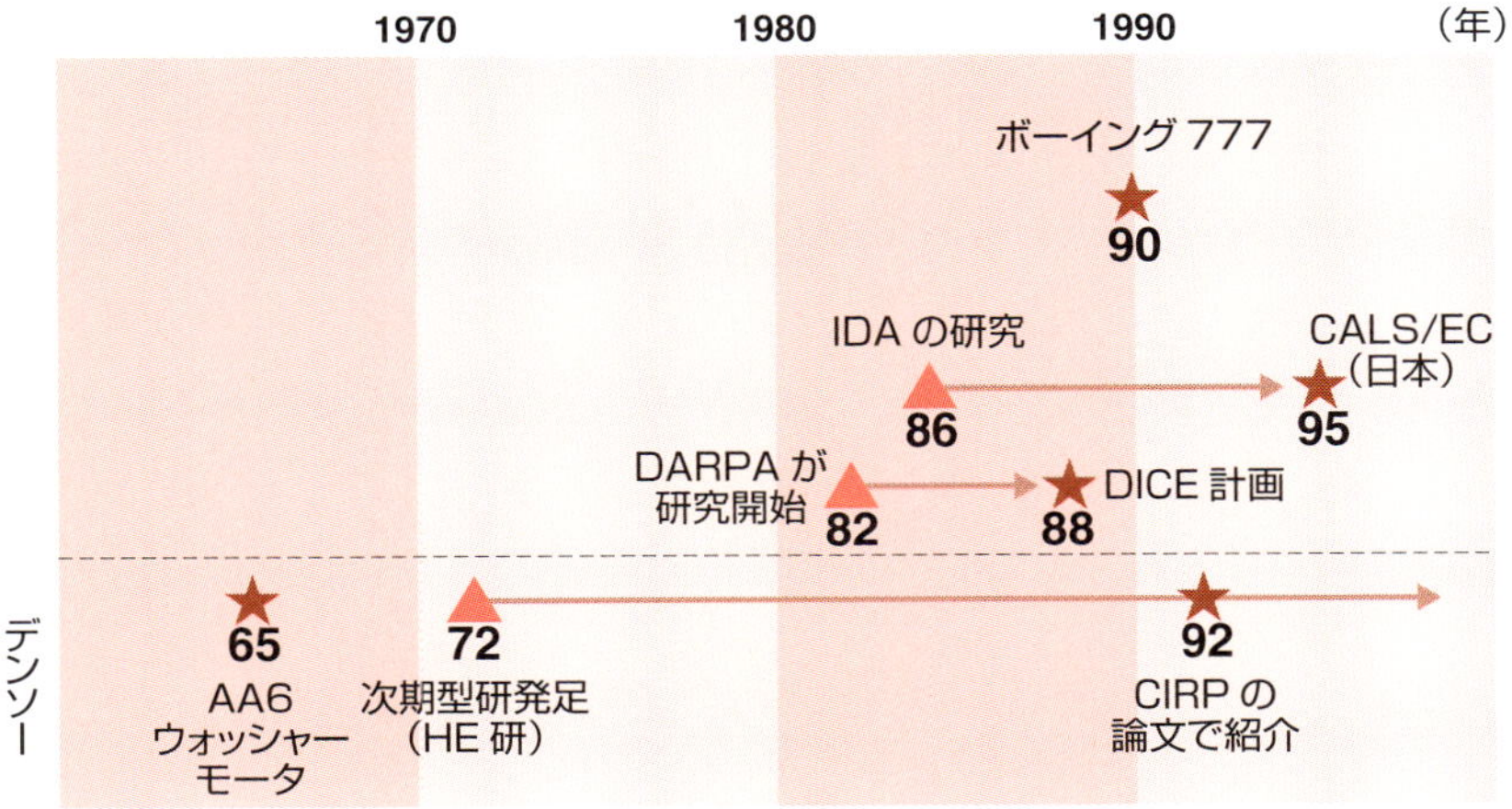

DARPA:Defense Advanced Research Projects Agency

7 日本のお家芸だったコンカレント・エンジニアリング？

これは日本人のDNAかもしれない

こんにち新興国の発展には目を見張るものがありますが、奇跡と呼ばれた日本の戦後の復興も似ていて、戦勝国である米国は、貿易摩擦まで引き起こした日本の高度経済成長を徹底して研究しました。

日本人の学習意欲の高さを示したエズラ・ヴォーゲルの『ジャパン・アズ・ナンバーワン』（1979年）や、高品質を生み出したムダのない製造現場を指摘した『メード・イン・アメリカ』（1989年）などが有名です。そういった日本研究の中で、CEの原形とも言うべき、組織の枠を超えたコンカレントな仕事の取り組みも注目されました。

それは日本人が意識して開発した仕事のやり方なのでしょうか。筆者はそうではなかったように思います。敗戦直後の日本は、産業に直結する科学技術で欧米に対する遅れが顕著でした。先進国の製品を入手し、分解して寸法をとりました。試作しては失敗し、また作り直すということを繰り返しました。皆で寄ってたかってやりました。製品設計者も生産技術者も関係ありませんでした。

やがて会社が大きくなって、組織が分化してきても、日本の場合、欧米に比べて組織の垣根は低く、役割分担もあいまいでした。他部署の仕事にも平気で口をはさみますし、言われた方も耳を傾けます。なぜでしょう。筆者の考えはこうです。一神教の国でない日本においては、神は八百万の神といって、そこらじゅうに存在します。なので、古来日本人の行動の規範は、世間全体に置く傾向が強く、個を主張することなく、全体の調和をはかります。

ですから、階層の上下に関係なく、小集団活動がやりやすく、チームワークも醸成しやすいと思うのです。「和をもって貴しとなし、さからうことなきをむねとせよ」で始まる聖徳太子の十七条の憲法は有名ですが、この第一条に違和感をおぼえる日本人は少ないと思います。日本人のもつDNAの一つのような気がします。

要点BOX

- ●日本の戦後の復興は世界の奇跡と呼ばれた
- ●米国の日本研究の中でCEの原形が注目された
- ●皆で取り組むのは、日本人のDNAかも

奇跡と呼ばれた日本の戦後の復興を米国が分析した本

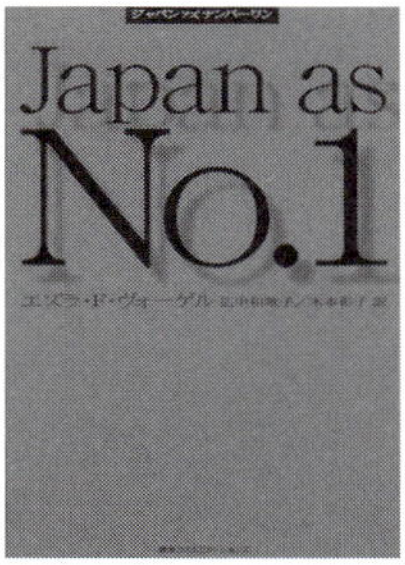

『ジャパン・アズ・ナンバーワン』は、戦後の日本経済の高度経済成長の要因を分析し、日本的経営を高く評価した、社会学者エズラ・ヴォーゲルによる1979年の著書。

『メード・イン・アメリカ』は、MIT産業生産性委員会が、日本の製造業の急成長の解明を試みた1989年のレポートで、高品質を生み出した経営手法を指摘。

上も下も全員参加のやり方は日本人のDNA?

8 高い目標値を達成するためのコンカレント・エンジニアリング

フロントローディングとアーリーソーシング

業務プロセスをシリーズからパラレルにすれば、期間短縮ができそうに思えます。それだけでも実現することは容易ではありません。そのために、さまざまなしくみやITツールなどが開発されています。

しかし、せっかく関連部署が集まって仕事を進めるのですから、苦しくともそこで得られるメリットを最大限に利用するのがCEの本当の姿です。関連部署が集まって得られるメリットとは何でしょう。それは複数の部署・担当者が持っている智恵の結集です。ことわざに言う「三人寄れば文殊の知恵」のシステマチックな実現です（それで智恵と書いています）。

製品設計者に対して、単に製造側から早目に作りやすさの注文をするだけでは不十分です。

たとえば上流側つまり商品企画、開発、設計部署の狙い（QCDSEいずれかのレベルアップ）を実現できるように、下流側つまり生産技術、設備製作、製造部署が持っている智恵を提供するのです。新しい材料や加工法の提案は、開発や設計において確認項目は増大するかもしれませんが、狙い通りの効果が出れば真の目的を達成できます。これをフロントローディング（初期段階の負荷を高めての前倒し研究）と呼びます。

一方「逆もまた真なり」です。下流側がまだ保有していない技術を、上流側から課題としてなるべく早く提案するのです。設計が完了してからでは十分な時間はとれないでしょうが、初期段階であれば研究テーマとして取り組めるかもしれません。これをアーリーソーシング（早目の提案による先取り研究）と呼びます。

フロントローディングとアーリーソーシングの効果を期待し、最初から目標値を高く設定してCEに取り組めるようになれば、企業の力は本物です。CEという手段を使いこなしているわけですから。

高い目標値を達成する手段であるCEには、多くの手法があります。しくみ系とツール系に分類できますが、しくみ系は人間がからんで、なかなか厄介です。

要点BOX

- CEでは関連する部署の智恵を結集させる
- 上流側、下流側に早目に検討させることを、それぞれフロントローディング、アーリーソーシングという

CEに取り組んで高い目標値にチャレンジ!

人が集まるなら
智恵も集めよう

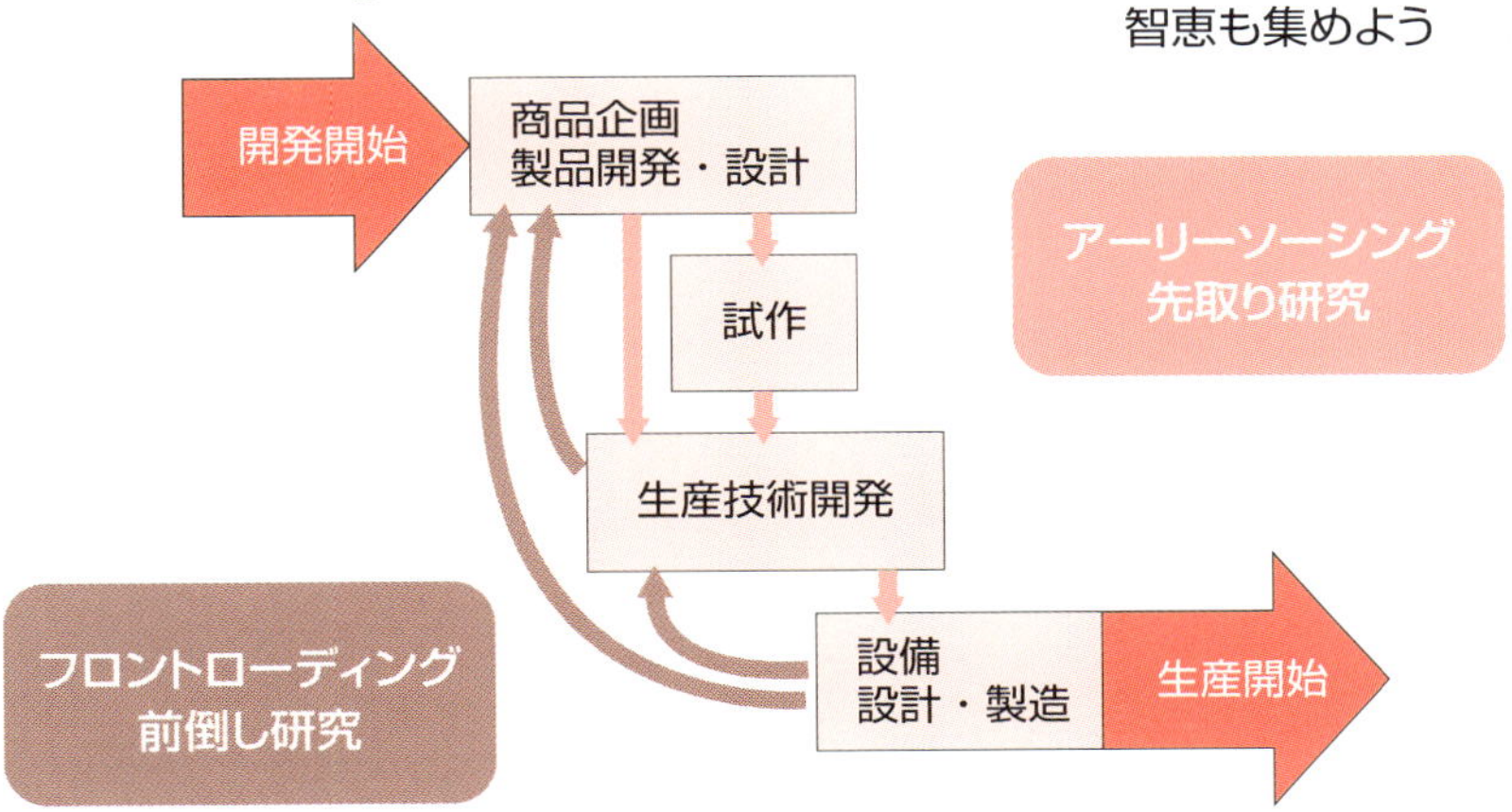

CEで使われる手法の大分類

CEで使われる手法

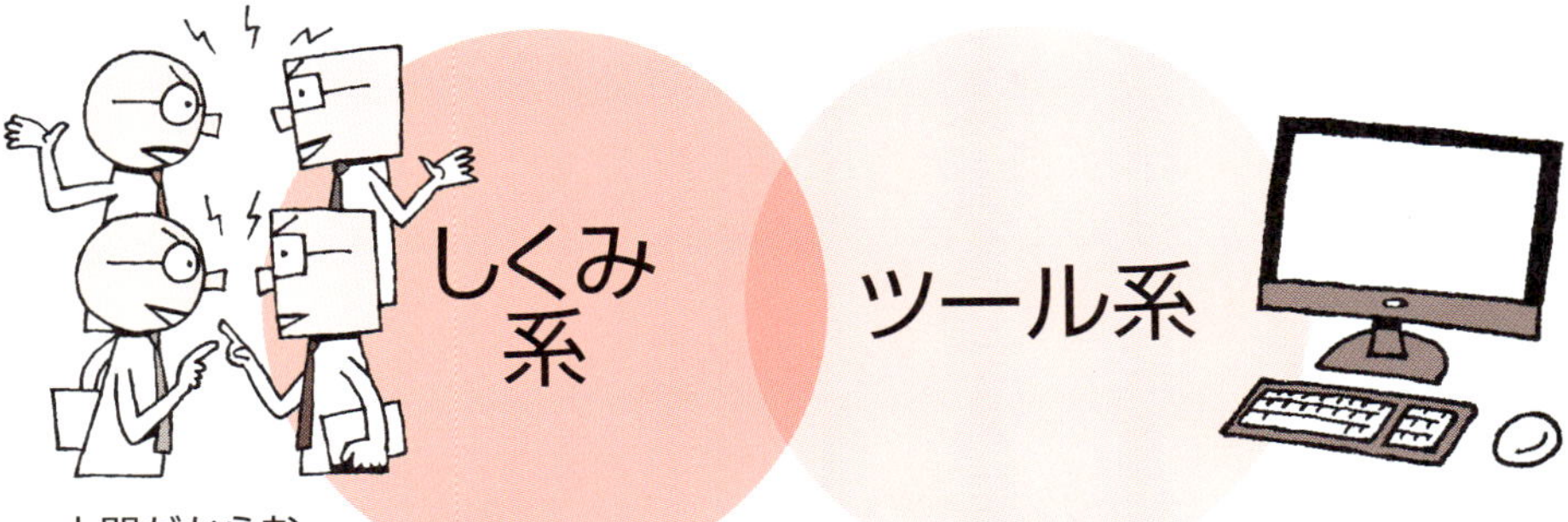

人間がからむ
手法は厄介です

9 超短納期開発の必要性から選択されたコンカレント・エンジニアリング

携帯電話で有名になった手法

日本における携帯電話事業の急激な普及期の話をします。多くのメーカーが参入して、次々に新製品を市場に投入して激しい競争が展開されていました。売れている期間は半年ほどしかありませんから、開発期間の短縮が非常に重要でした。

そのとき、携帯電話のプラスチック製のケースを短期間で開発し、市場投入するメーカーが出てきました。

プラスチック製のケース（本体）を大量生産するためには、射出成形用の高精度な金型が必要です。当時の常識としては、最初から量産に転用することを想定した試作金型を製作し、トライアンドエラー（一種の手戻り）を重ねながら修正加工を施して本型にしていました。なぜこのような面倒なことが必要だったかと言うと、金型設計段階で、金型内の樹脂の流れを把握した欠陥のない成形品の設計が難しかったことと、もう一つ、金型から取り出した後の成形品の収縮を正確に予測することが難しかったからです。

3次元設計（以下3DCAD）が普及する以前で、金型内の樹脂の挙動をコンピュータでシミュレーションする技術（CAE）も未発達でしたが、ケースメーカーは、3DCADを導入しました。3DCADでケースを設計すれば、それと同形状の空間部（キャビティ）を持つ金型は、3次元データを用いてたちどころに設計できます。そして、コンピュータによる製造支援（CAM）システムを用い、数値制御（NC）工作機械で加工もできました。ただし、樹脂収縮や成形品質については経験と勘で、最終仕上げは匠の手作業でした。

かなり力ずくのように見えますが、3DCADで設計することは、同時に金型の設計や加工データの作成をすること、つまりCEを実施したわけです。

その後、携帯電話以外の多くの家電製品にも、低コストと超短納期開発のために、標準化やモジュール化とともに、3DCADを用いた設計・製造が導入され、グローバル展開もされています。

要点BOX

●超短期開発の必要性から生まれた、3DCADによる携帯電話のケースの設計と製造
●3次元データを用いたCEは家電製品へ拡大

日本における携帯電話の加入者数と普及率の推移

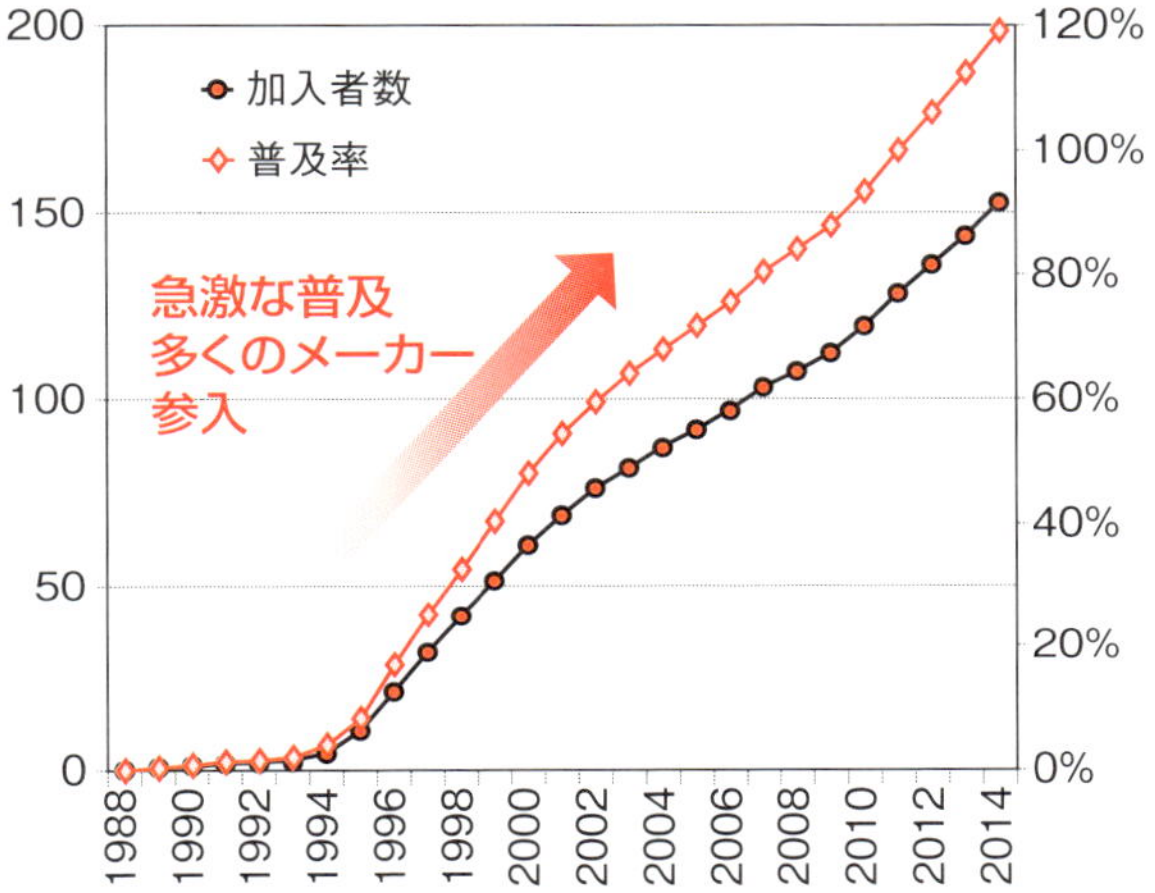

3次元設計データを用いたケース金型製作

3DCADの登場で、新しいCEの形が生まれました。

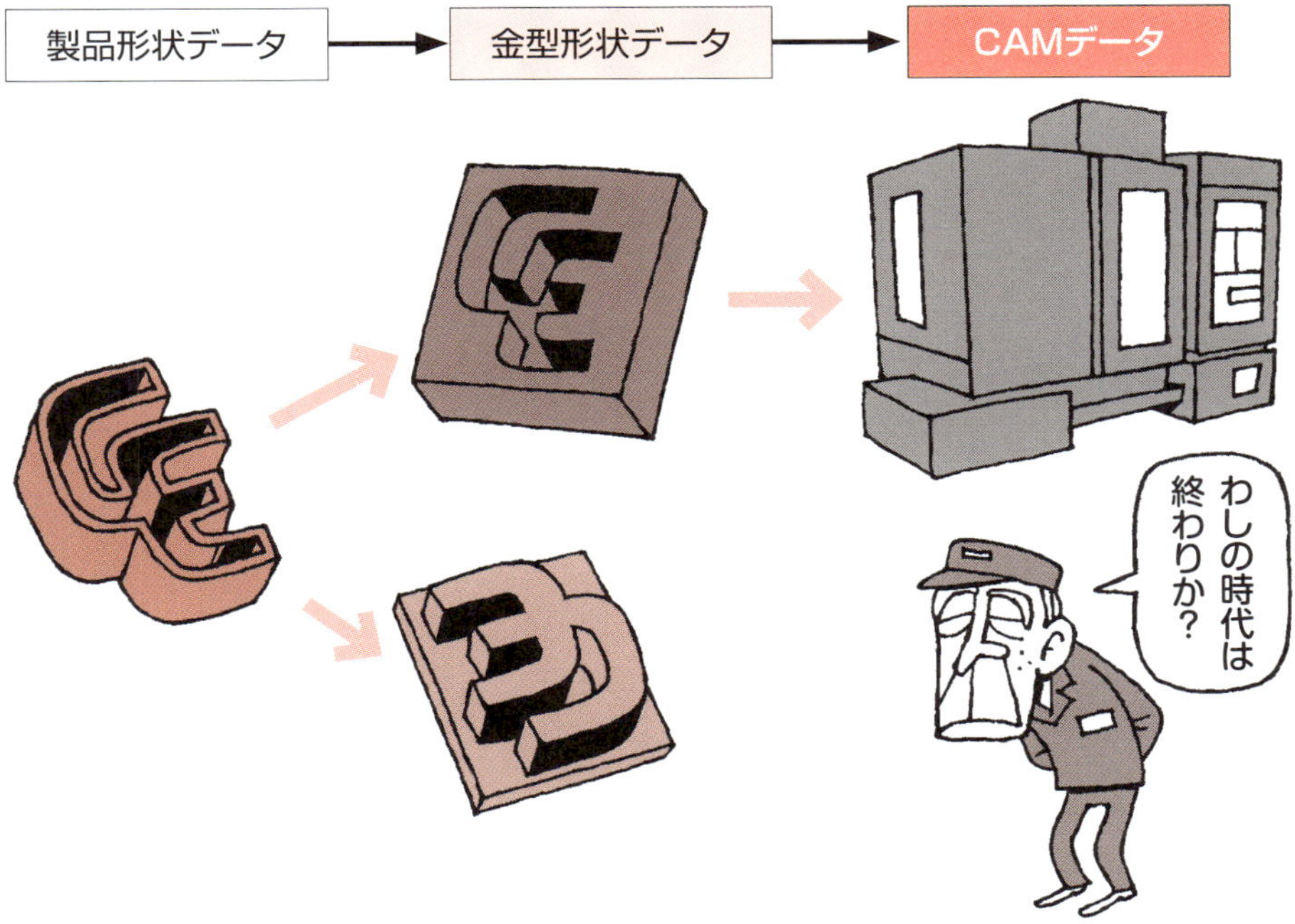

10 開発期間の長い自動車業界で選択されたコンカレント・エンジニアリング

デザイン・インから3DCAD、DEまで

1980年代はアメリカが日本の自動車メーカーを研究した時代でした。

トヨタ自動車（以下トヨタ）の開発期間の短さ（ビッグスリーの半分近い）も調査され、アメリカにはないデザイン・インが注目されました。サプライヤーが開発の早い段階から参加し、自動車メーカーの仕様に基づき同時並行で自社開発するというものです。また、トヨタ社内でも開発主査のリーダーシップの下、関連する部署の同時並行開発が推進されていました。

これをトヨタではサイマルテニアス・エンジニアリング（以下SE）と呼んでいました。

90年代に入ると、車種や生産台数の増加に対応するため、SEはさらに強化されました。3DCADの導入による試作回数の低減を狙ったものです。トヨタでは「統合CAD」を内製し、サプライヤーも巻き込んだ情報一貫システムの構築を目指しました。

当時の3DCADはまだ完成度が低く、他の自動車メーカーも独自のシステム（三菱自動車のMERIT、スズキのSCADなど）を採用していました。

ちなみに、筆者の勤務していたデンソーでは、自社製の2DCADを使用していて、顧客である自動車メーカーがそれぞれ違った3DCADを使い出したため、対応に苦慮したものです。

その後、世界的ベンダーの3DCADが進化し、また事業のグローバル展開（サプライヤーの拡大）に対応するため、自動車メーカーは自社製から汎用性のあるCATIAやPro/ENGINEERなどに移行しました。

CAE、CAMはもとより、業務プロセスに次々にITツールが導入され、開発は製造を含めてデジタル化、バーチャル化されていきました。これをデジタル・エンジニアリング（以下DE）と呼びます。それにともない自動車の試作回数は減少し、開発期間はさらに短縮されました。

個別の語句の詳細は、第3章以下で説明します。

要点BOX

- ●トヨタではSEで開発期間を短縮
- ●当初自動車メーカーは3DCADを内製
- ●グローバル展開のため汎用3DCADに移行

トヨタにおけるCEの歴史

トヨタ流のCEであるSEをベースに、
早くから3DCADの導入が始まり、DEとして現在も進化中です。

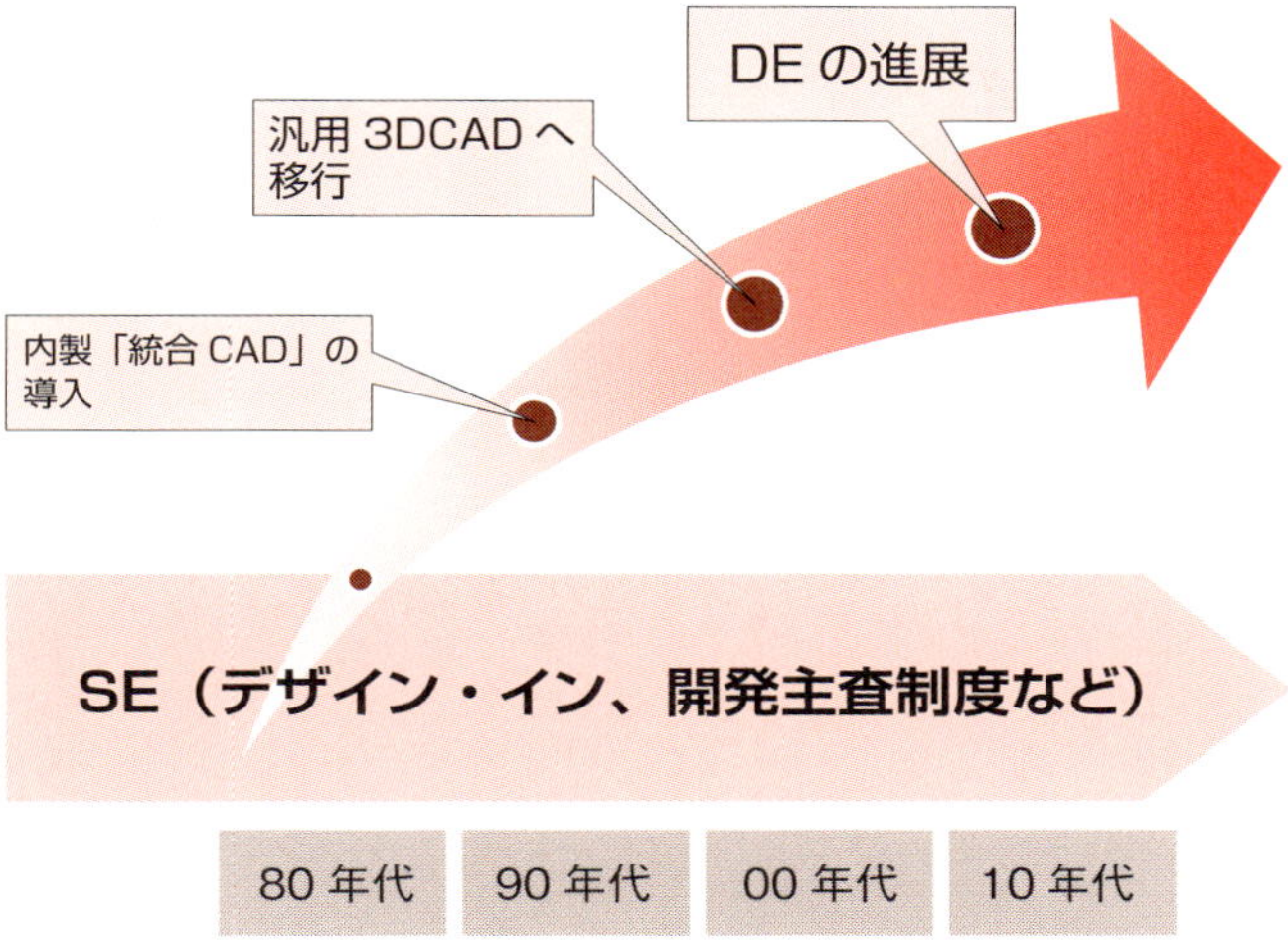

CAD/CAE/CAMの普及と開発期間短縮（自動車業界のイメージ）

開発期間の長い自動車業界では、試作回数を減らすため、
早くからコンピュータ技術や3DCADの導入が始まりました。

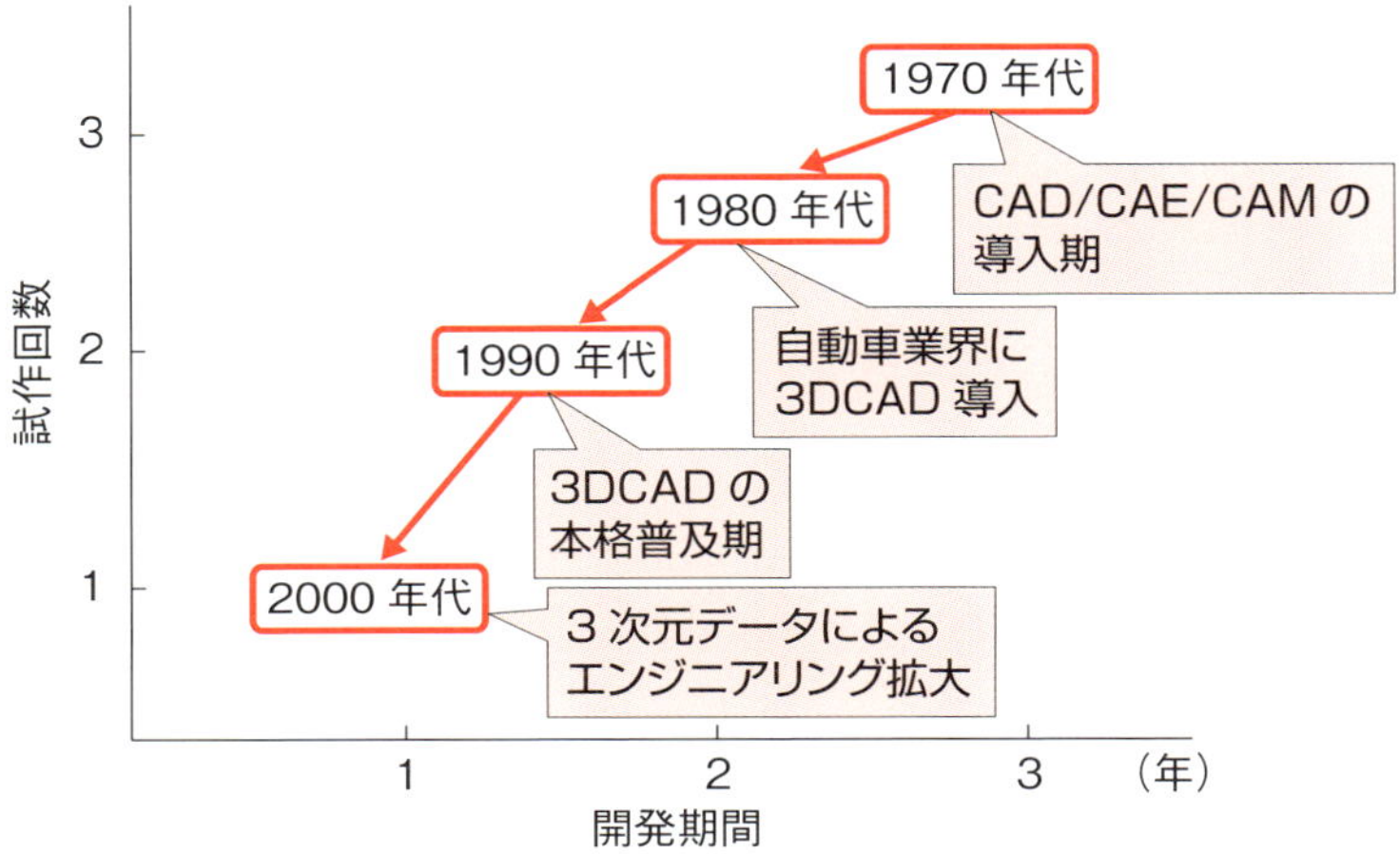

11 コンカレント・エンジニアリングに必要な組織

プロジェクトの目的達成のため柔軟に考える

CEは一般にプロジェクト体制で運営されます。つまり、会社の既存の組織とは違った形で推進されることが多いということです。コンカレントだから関連する全部門をすべて一ヶ所に、というのは現実的ではありません。目的に合わせて考えるべきです。

CEの組織を考える場合は、基本的に二つの軸で考えるのがよいでしょう。

一つ目の軸は「時間軸」です。CEでは業務プロセスをパラレルに進めますが、どのような場合でもすべてをパラレルにという必要はないでしょう。プロジェクトの目的によって重点的にパラレルにする範囲を決めるのです。たとえば、それほど戦略的ではなくて、品質やコストを大きく改善した製品を開発したい場合なら、製品開発と生産技術（開発）をしっかり並行して進めればよいのです。

二つ目の軸は「空間軸」です。同じ会社の中でも、業務プロセスの上流と下流では、担当部門が距離的に離れていることが多いものです。研究所（R&D）と工場の立地を想像してみればわかると思います。さまざまなしくみやツールを用いてコミュニケーションをはかりますが、CEの本質は技術開発ですから、メールシステムが充実していても3現主義（現場、現物、現実）は重要です。その障害となり得る距離的な問題は、組織を編成する段階で解消しておく必要があります。たとえば、生産技術や生産部門のコアメンバーを、長期にわたって開発、設計部門に常駐させる、場合によっては異動（出向）させるといったことです。

これら二つの軸で組織を考えることで、目的を再確認することができ、手法であるCEの組織も戦略的になります。ということは、目的を達成するために、組織は柔軟に考えるべきなのです。

それで、新規にプロジェクト室を作り、そこに関連する部門のメンバーが集結する大部屋活動（後述）といった組織・体制が登場してくるのです。

要点BOX

●CEはプロジェクト体制で運営される
●CEの組織は、あくまでも目的達成を念頭に置き、基本的に「時間軸」と「空間軸」で考える

CEの組織を考えるための「時間軸」と「空間軸」

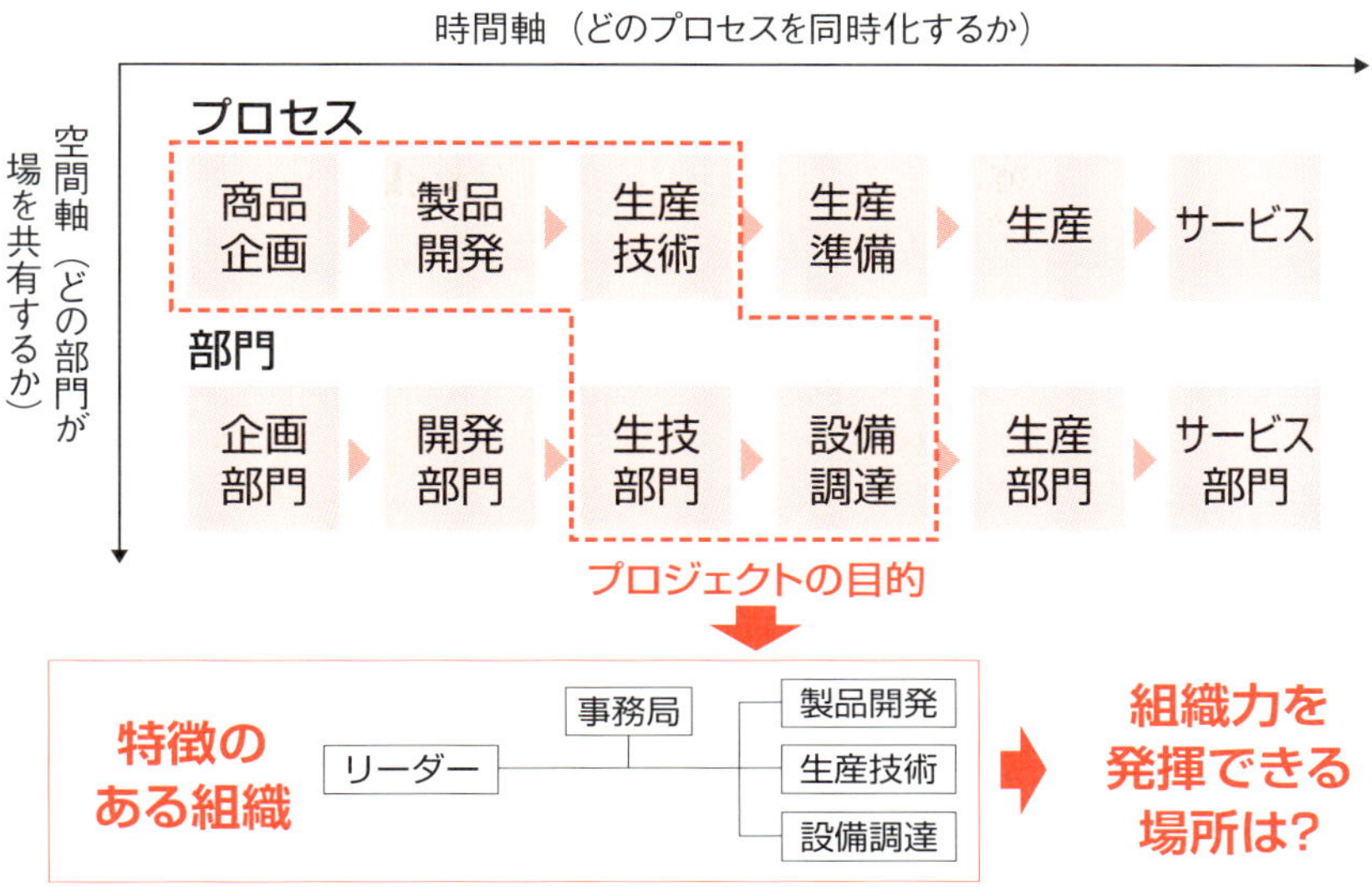

企業におけるR&Dと工場の距離はたいてい離れている

コアメンバーをR&Dへまたは工場へ出向させるなどを考えます。

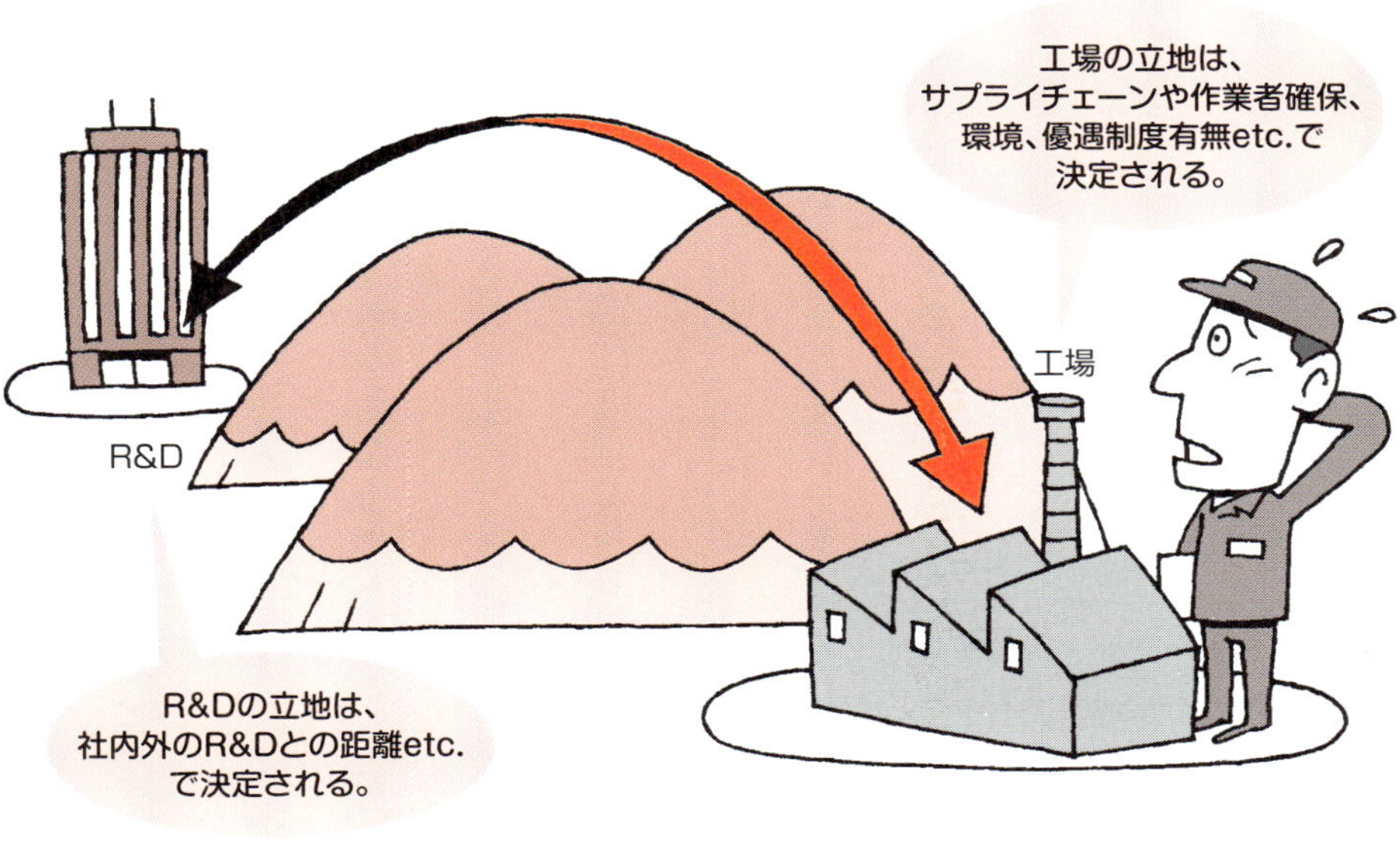

12 コンカレント・エンジニアリングに必要なマネジメント

最も重要なのは、運営の一貫性を構築すること

　プロジェクト体制で推進されるCEには、一般的なプロジェクトマネジメント手法はほとんど必要だと言えます。ただし、通常のプロジェクトと明らかに違うのは、製品のライフサイクル全体を見て最適解を追求するため、参加している部門や部署が広範囲にわたること、そして、業務プロセスの前の段階をラップさせてパラレルに進めることです。

　これらの特徴を踏まえて、弊害が起きないようにするのはもちろんのこと、むしろそこからメリットを引き出せるようなマネジメントが必要です。

　予想される典型的な弊害は、それぞれ固有のミッションを持つ部門の利害関係の衝突です。発生するあらゆる課題の解は複数案提示されます。智恵の結集の結果ですから当然です。ところが、それらの選択肢はトレードオフの関係になっていたり、選択の難しいジレンマになっていたりします。品質保証部門がコストの限界追求よりも品質重視を主張したり、製造部門が模倣困難な差別化よりも作りやすさを要求したり、サービス部門が信頼性を犠牲にしてでも保守性が大事だと強調したりといったことが起きます。

　特別にCEを実施するプロジェクトには目的があるはずです。それはたいてい会社の中期計画から導かれています。中期計画に示されている重点的に取り組む課題が、プロジェクトの真の目的です。これを基本思想と呼ぶことにします。

　基本思想を関連部門が共有すれば、選択に迷うような場面でも共通した判断基準で議論できます。具体的には、各部門が基本思想を共有した企画書や計画書を作成してCEを進めていくことです。人材こそ会社にとって最も重要な資産です。ややもするとタコツボになりかねない部門の中にいる各メンバーは、基本思想を共有するというCEの活動を通じて見識が高まり成長します。この真の目的を共有するためのマネジメントを「運営の一貫性」と呼んでいます。

要点BOX

- ●CEにはプロジェクトマネジメント手法が必要
- ●関連するすべての部門が真の目的を共有し、それに基づく企画書や計画書を作成してスタートする

運営の一貫性

多くの関連部門が、業務ステップをラップさせて進行する（大小さまざまなプロジェクトも発生する）ので、会社の真の目的を共有するため、企画書や計画書を作成して、基本思想を統一させます。

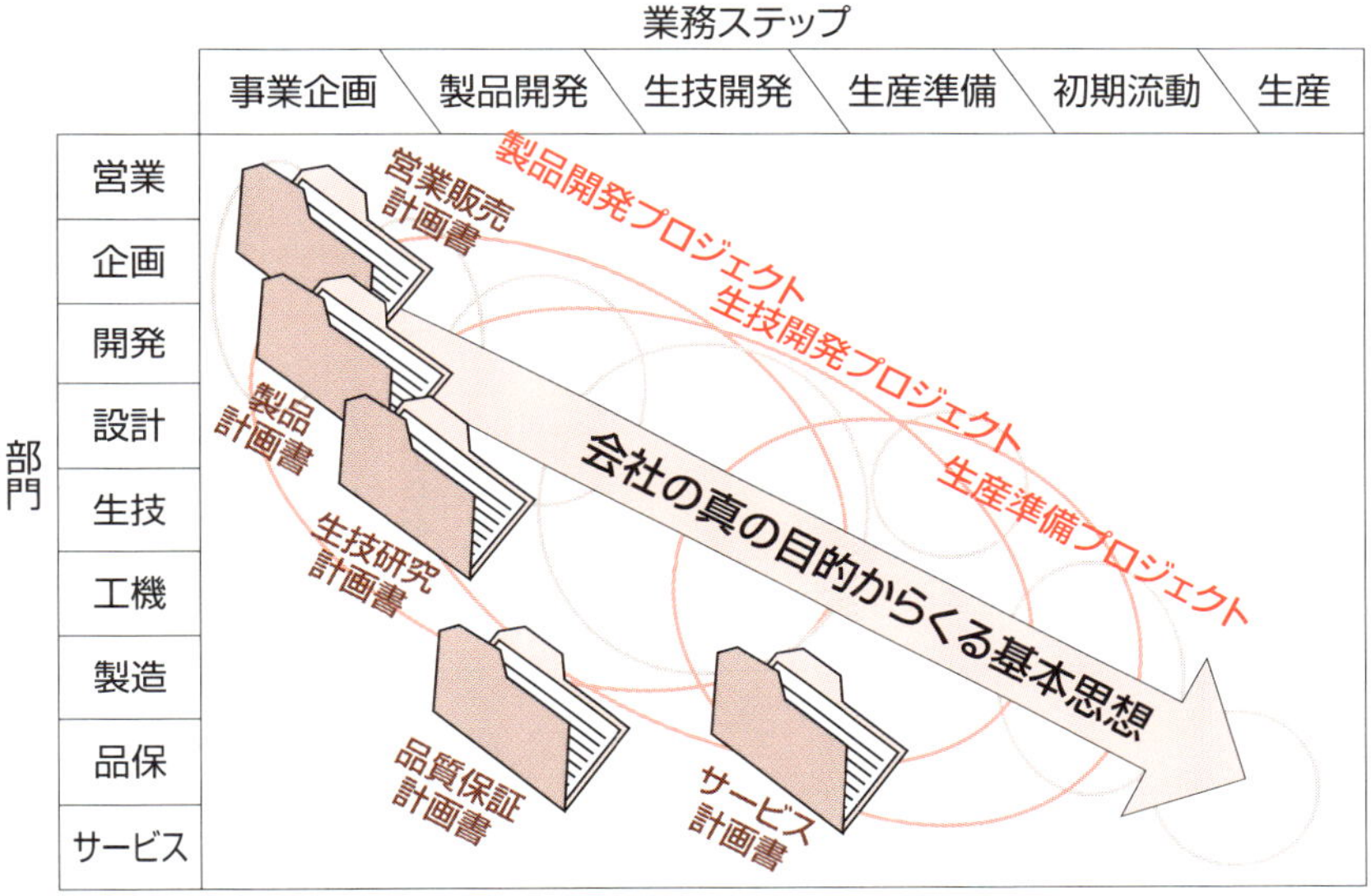

CEはメンバーがタコツボから出て仕事する

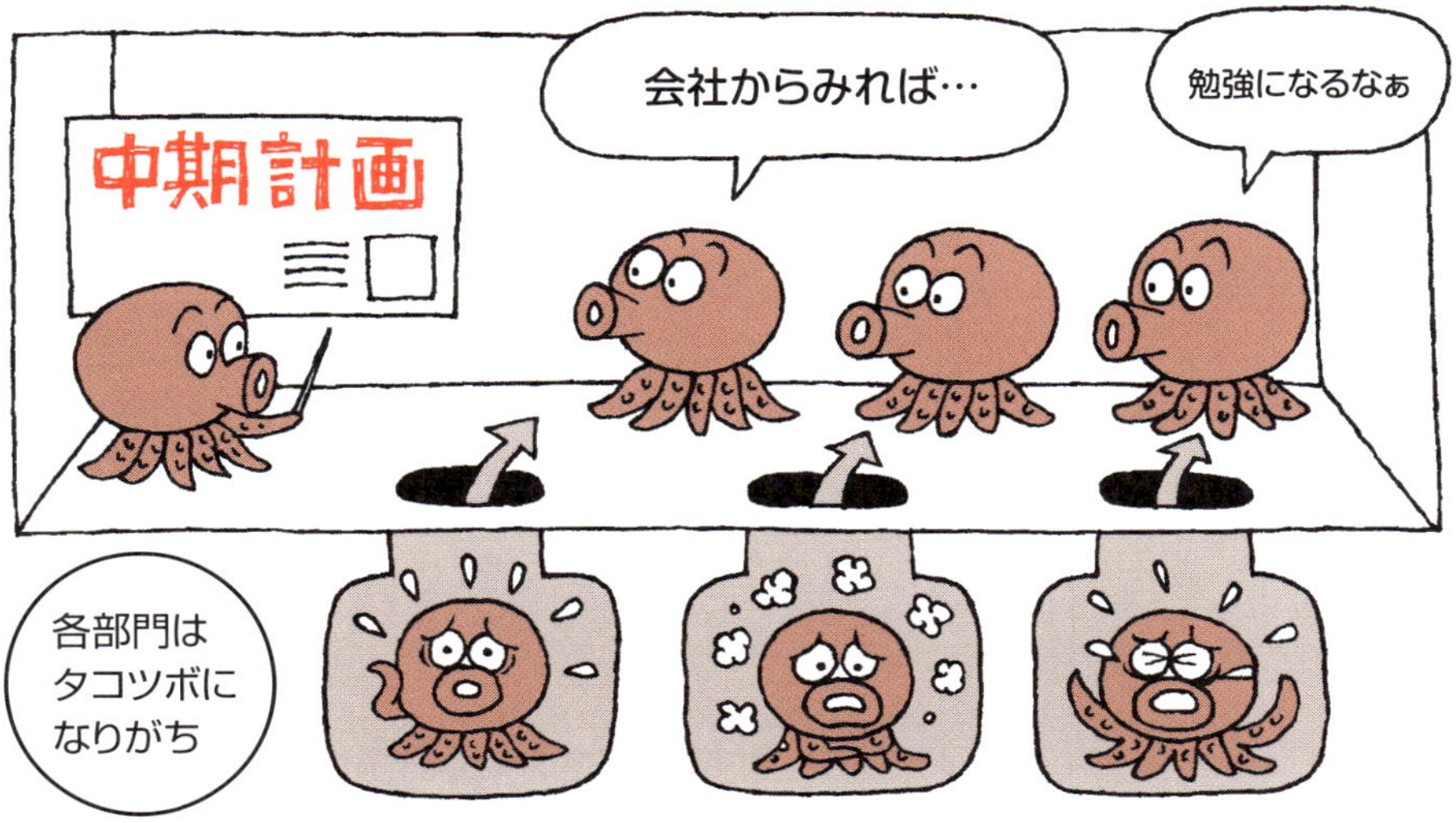

13 コンカレント・エンジニアリングの業務プロセス

パラレルだけでなく、協働のプロセスも重要

あらためてCEの業務プロセスを考えてみましょう。前節まで、あまり具体的なことや詳細は説明せず、どちらかと言うと、考え方を中心に解説してきました。それだけでも、一般的に言われているCEと何か違う気がしてきたのではありませんか。

第一に、最もポピュラーな、業務プロセスをシリアルからパラレルに並べただけの図では、何か重要な、本質的なことが抜けていることに気づかれたと思います。そうです。業務プロセスをパラレルに進めるだけでは、CEにはなりません。

実は、パラレルに進めていく業務プロセスと同時に、CEならではのシリアルに進めていく業務プロセスが重要なのです。それは、協働のプロセスです。順番にあげていくなら、たとえば「合同企画会議」、「合同設計DR」、「合同生産技術DR」、……といったふうになり、最後は、製品の「回収・廃棄」や「資源として再生」にいたるまで、合同で（前もってと書くべきですが）検討し活動していくことです。製品のライフサイクル全体を見るという、単にタイムツーマーケットの短縮だけでないCEのダイナミックさです。

CEは手法ですが、そのCEは多くの手法から成り立っていて、第8節では、主に「しくみ系」と「ツール系」で構成されると説明しました。どちらかと言うと、業務プロセスをパラレルで進めるために情報を共有したりコミュニケーションを円滑にしたりしていくのが、ITなどを生かした「ツール系」であり、人間と人間のぶつかり合いになる協働のプロセスを、効果的にマネジメントしていくのが「しくみ系」です。

この協働のプロセスは、日本では昔から当たり前のように実施されてきた傾向があります。しかし、QCDSEいずれかの高い目標値を意図的に設定し、それを実現するためには、この協働のプロセスは欠かすことができません。そして、CEを凄みのある手法にするため、さらに磨きをかける必要があります。

要点BOX

- ●CEの業務プロセスにはパラレルだけでなくシリアルの協働のプロセスがある
- ●「しくみ系」の手法は主に協働のプロセスを支援

CEの業務プロセスはパラレルとシリアルの両方

CEの業務プロセスには、パラレルだけでなく、シリアルの協働のプロセスがあります。これもなかなか難しいプロセスです。

CEの手法群の中には、どちらかと言うと、パラレルプロセスを支援する「ツール系」と、協働のプロセスを支援する「しくみ系」があります。

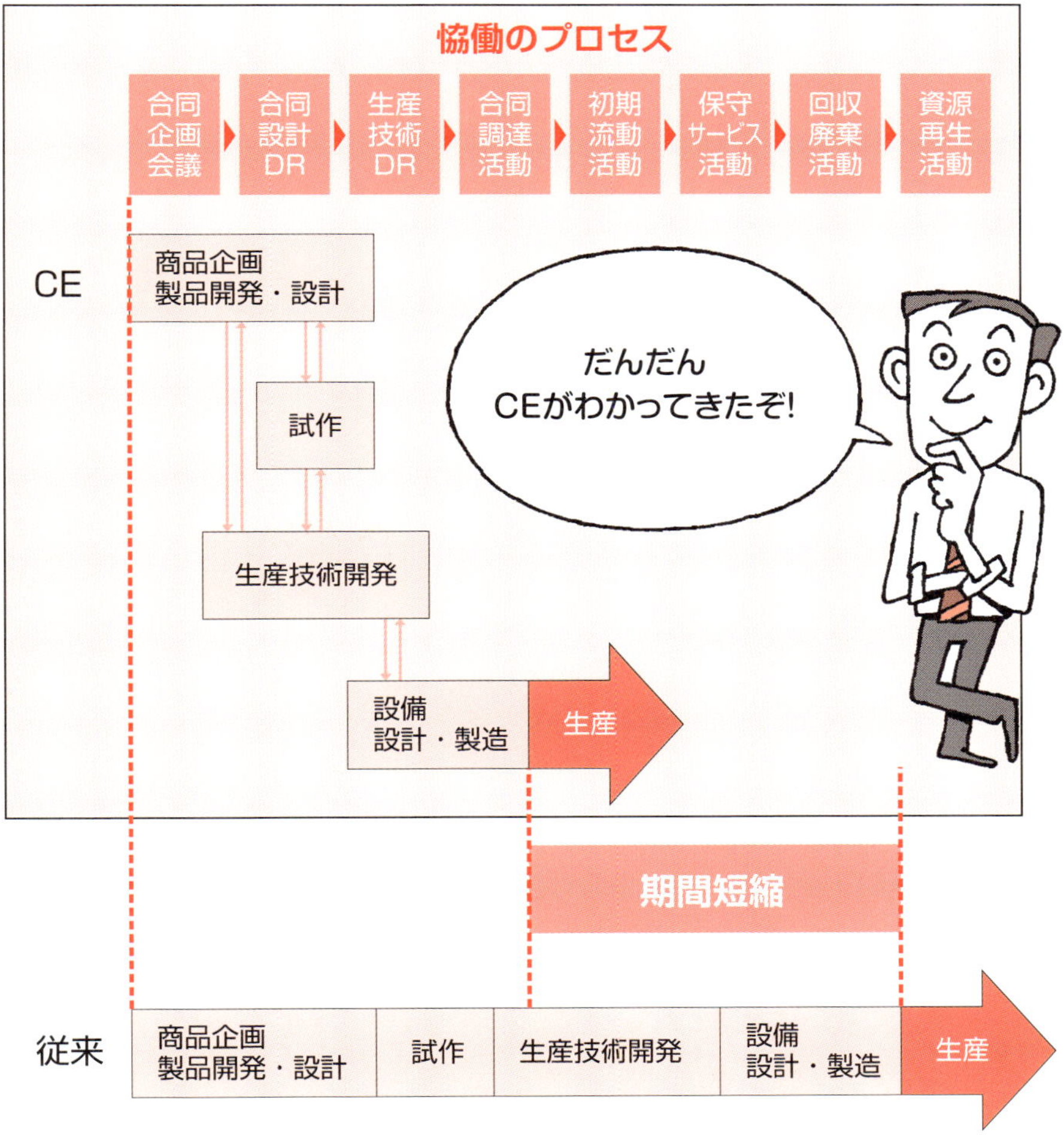

このプロセスにさらに3DCADを導入し、しくみとツールを強化し、付加価値型の開発プロセスへと進化させるのが、最後の結論となります。

Column

コンカレント・エンジニアリングの再認識

会社の中で夢中で取り組んできたCEを、あらためて考えるきっかけが、コラム1で述べた事業化プロジェクトの担当でした。

そして、のちに社会人入学し、大学の指導教官の下で研究した中で、貴重な示唆を得たことが二つありました。

一つは、ボーイング777の開発です。主に米国が研究した「日本型開発プロセス」との違いが一橋大学の先生の論文で紹介されていました。結論の一つは、3DCADの出現により、日本の機能横断的なプロセスを米国の従来の設計プロセスに導入してシステマチックに問題解決をはかることが可能になったということです。これは、問題が後で起こることは承知のうえで、上流から下流へ早め早めに情報を流し、下流は見切り発車してでもリードタイムを短縮するという、米国には苦手な（つまり真似できない）やり方の克服でした。そして、3次元CADの導入が、日本の開発プロセスを変革させる可能性についても言及されていました。

もう一つは、CIRP（THE INTERNATIONAL ACADEMY FOR PRODUCTION ENGINEERING）の「コンカレント・エンジニアリング」という論文です。そこでは、デンソーのCEの特徴として、フロントローディングとアーリーソーシングが紹介されていました。筆者は、「日本型開発プロセス」の重要な特徴として、高い目標値の設定と実現のためのCEがあることを再認識しました。

これらの知見を得た時には、既に日本の製造業にも3DCADはかなり導入されていました。これを高い目標値の設定と実現に生かすことが、さらなる日本の開発プロセスの変革つまり競争力に貢献するに違いないと思いました。それは今から十年ほど前のことです。本書はそれから十年経過した現在をベースに書いています。

第3章

コンカレント・エンジニアリングの計画

14 製品のライフサイクル全体から考える

エンジニアリングチェーンとサプライチェーンに分けて関連部門を抽出し、コアメンバーで議論する

基本的なマネジメントサイクルであるPDCAにちなんで、まずPすなわち計画の中にCEが盛り込まれるべきかについて考えます。

本書を貫く基本的考え方として、中期計画に基づく事業戦略や重点施策がある（目的が明確）という前提になります。最もわかりやすい、戦略的な新商品開発をモデルに説明しましょう。

ここで、CEは手段ですから、すぐにCEだというのは軽率です。戦略的な新商品開発をするにあたって、課題を分析し、その対策の一つとしてCEが必要であるという結論が出なければなりません。

一般的には、経営学における基本的な分析手法と戦略論が展開されて、自社の強みである開発力と組織力を活かした新商品開発に導かれたのであれば、CEが選択される可能性は高くなります。

しかし、開発すべき新商品が事業ドメインから外れていたり、あるいは全く自社にないコア技術を必要としていたらどうでしょう。M&AとかJV（協業）とか特許やライセンスの取得といった手段とどちらが有利か容易には判断できなくなります。

そこで、新商品開発の重点取り組み課題をもっと絞り込む必要があります。そのとき、CEの特徴の一つである「製品のライフサイクル全体から考える」ことで、重点取り組み課題抽出と同時にCEの有効性も明らかになります。

製品のライフサイクル全体と言うだけでは漠然としていますから、もう一歩踏み込んでみるために、まずエンジニアリングチェーンとサプライチェーンに分けてみます。そうすると、関連する部門がたくさんあることがわかります。

事業戦略や重点施策を達成するために、今回の新商品開発のポイントがどこにあるか、製品開発の責任者が原案を作成し、関連する部門からできるだけ少人数のコアメンバーを集めて議論します。

要点BOX

- ●エンジニアリングチェーンとサプライチェーンに分けて、関連する部門を明らかにする
- ●少人数のコアメンバーを集めて議論する

製品のライフサイクル全体の見方

製品のライフサイクル全体から、CEの有効性を確認します。エンジニアリングチェーンとサプライチェーンから関連部門の少人数で検討します。

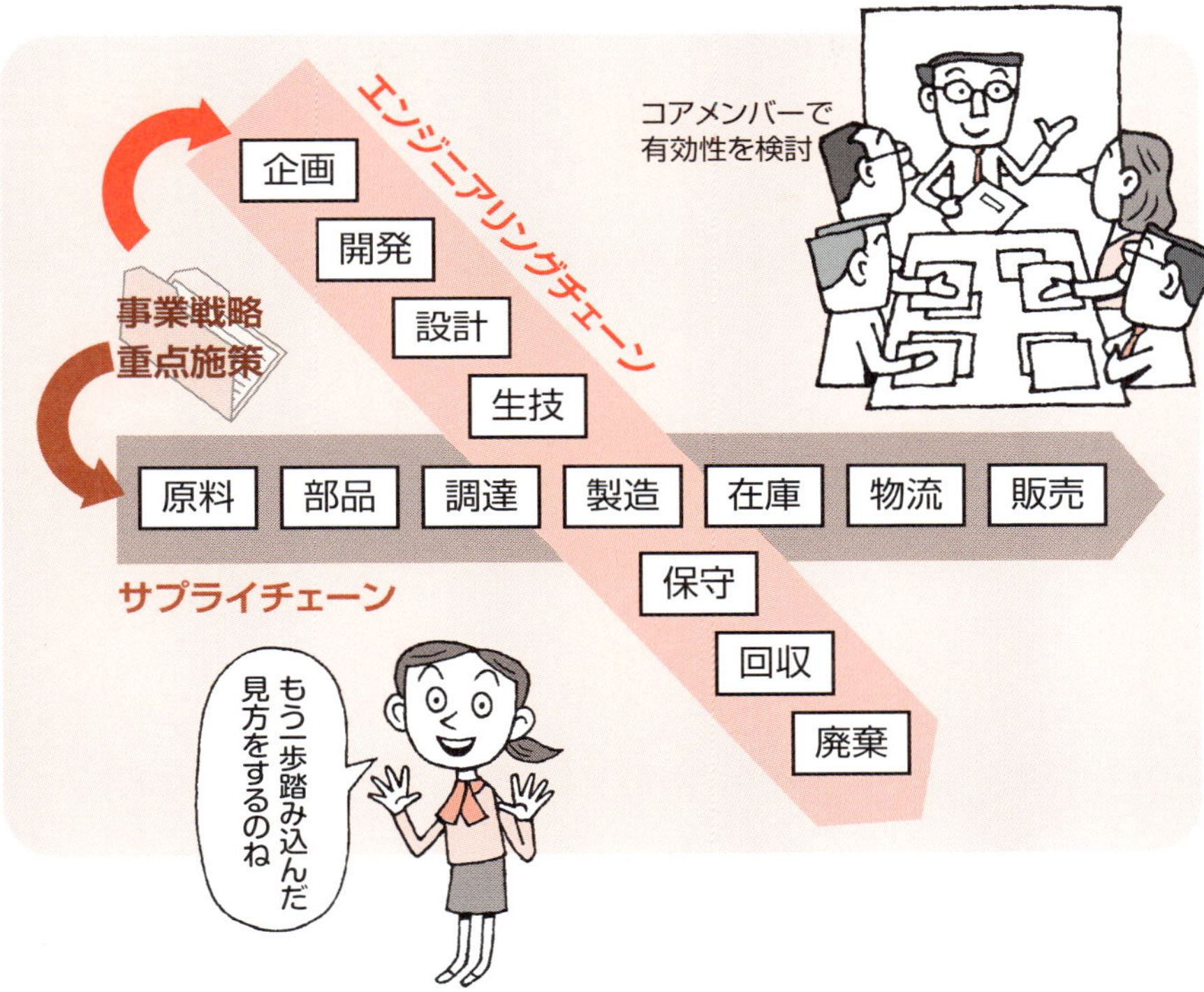

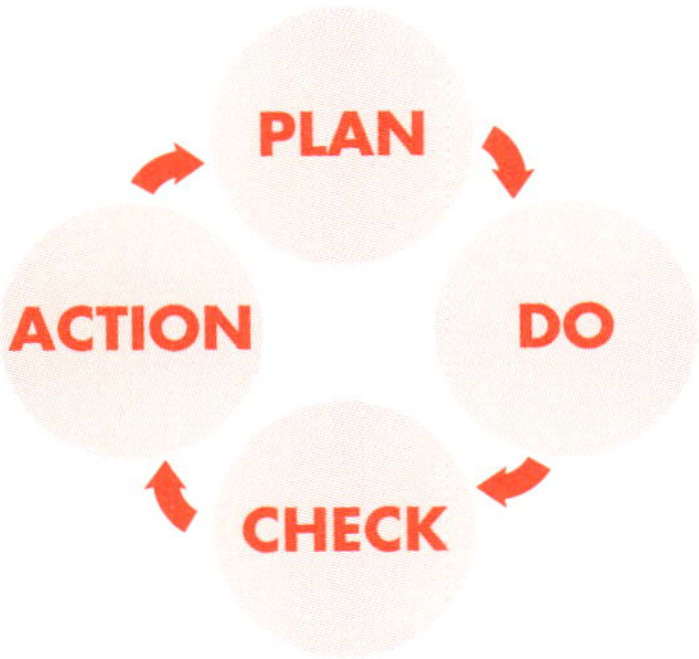

手段である CE を選択
すべきかしっかり考える

15 基本思想とは重点取り組み課題

中期計画から基本思想が決まっていく例

関連する部門のコアメンバーが集まって議論する中で、どのように重点取り組み課題が決まり、CEの有効性が明確になっていくのでしょう。具体的な例で説明します。

たとえば、中期計画が「売上高経常利益率20%」で、そのための事業戦略または重点施策が「事業採算の大幅改善」だったとします。

ある事業部では、「シェアの十分ある主力製品の採算が悪い（利益率が低い）」という問題が明らかになり、「競争力を落とすことなく利益率を大幅改善できる」新商品を開発することになりました。

製品開発の責任者は、主力製品が品質、性能、売価すべて競争力があると認識していましたから、利益率を大幅に改善するため、徹底して原価低減する原案を作成して、コアメンバーを招集しました。

すると、意外な事実がいくつか出てきました。営業部門から指摘されたのは、主力製品は地球環境配慮の点で他社品に劣るため、ユーザーは回収や廃棄の負担が大きく、その分値引きしないと売れないということでした。さらにサービス部門からは、同じ理由で他社品よりも保守・点検・修理費用がかかり、そのままユーザーには請求できないと言われました。

製品開発の責任者の原案は、主力製品よりさらに小型で部品点数も少なくした「分解しにくい一体構造」でしたから、現状の問題はさらに悪化し、そのままでは採算を大幅改善できないことは明らかでした。

製品のライフサイクル全体からみた議論をすることで、「他社品よりも劣る地球環境配慮」という重要な課題が明確になったのです。同時に、この課題を解決するために、営業やサービス部門も入ったCEが有効だという結論が得られました。

抽出した重点取り組み課題「地球環境配慮を他社品以上にする」を基本思想とした、CEを計画することになりました。

要点BOX

●各部門の視点で現状の問題点を明らかにする
●抽出された重点取り組み課題をCEの基本思想としてCEを計画する

中期計画から基本思想が決まる例

背景

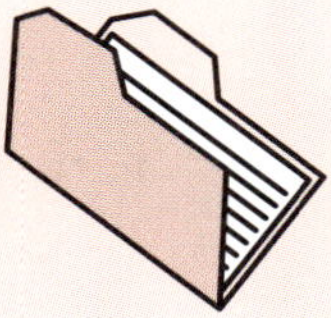

中期計画
「売上高経常利益率 20%」

目標値

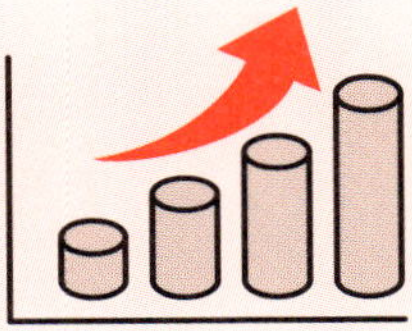

事業戦略または重点施策
「事業採算の大幅改善」

コアメンバーによる議論

競争力を落とすことなく利益率を大幅改善できる新商品を開発したい
現状品は他社品よりも保守費用がかかり請求できない
現状品は廃棄の負担が大きくて値引きしないと売れない
現状品は地球環境配慮の点で他社品に劣る

基本思想「地球環境配慮を他社品以上にする」

16 他の手段と有効性を比較する

CEと比較すべき主な手段とは

一般に、課題の解決手段はたくさんあります。それらの中から、手段の一つとしてCEを選択すべきかどうかも、コアメンバーでしっかり議論します。

先ず、CEの大きな三つの目的（メリット）のいずれかが、重点取り組み課題の解決に直結するかどうか判断します。

三つの目的（メリット）とは、（一）期間短縮、（二）QCDSEの高い目標値の設定と実現、（三）業務プロセスの革新です。

前節の事例では、（二）と（三）が関係しそうです。もし、どれにも関係しない場合は、CEを実施しても効果は小さいということです。

次に、上記の三つと同じ効果がある他の手段と比較することになります。具体的にどのような手段があるのでしょう。社内と社外のリソースを利用する場合に分けて、いくつか例を示しましょう。

社内のリソースを利用する場合です。CEを実施しなくても、開発部門のリソースを強化する、つまり必要な経営資源（人・モノ・お金）を特別に投入する方法があります。また、リーダーを抜擢して一時的に役員レベルの権限を与えるとか、その関係の業務は全社最優先というしくみを作るといった方法があります。具体的な例になりますが、海外生産の場合、既存製品をできるだけ流用し、人と治具、汎用設備で工程を編成することで、開発と生産準備（以下生準）の負荷を低減することができます。

社外のリソースを利用する場合です。M&AやJV（協業）、特許・ライセンスの取得、ヘッドハンティング、EMSの利用による生準期間短縮などがあります。

どれでも、内容がチャレンジになれば、業務プロセスの革新というメリットが得られます。

CE以外の手段とは、重点取り組み課題の解決における、IN（投入リソース）とOUT（成果の大きさ）及びそれらの効率性（OUT/IN）を数字で比較します。

要点BOX

- CEの目的が課題解決に直結するか判断する
- 社内外のリソースを利用するCE以外の手段と数字で比較する

STEP1　CEによる課題解決の有効性を検討する

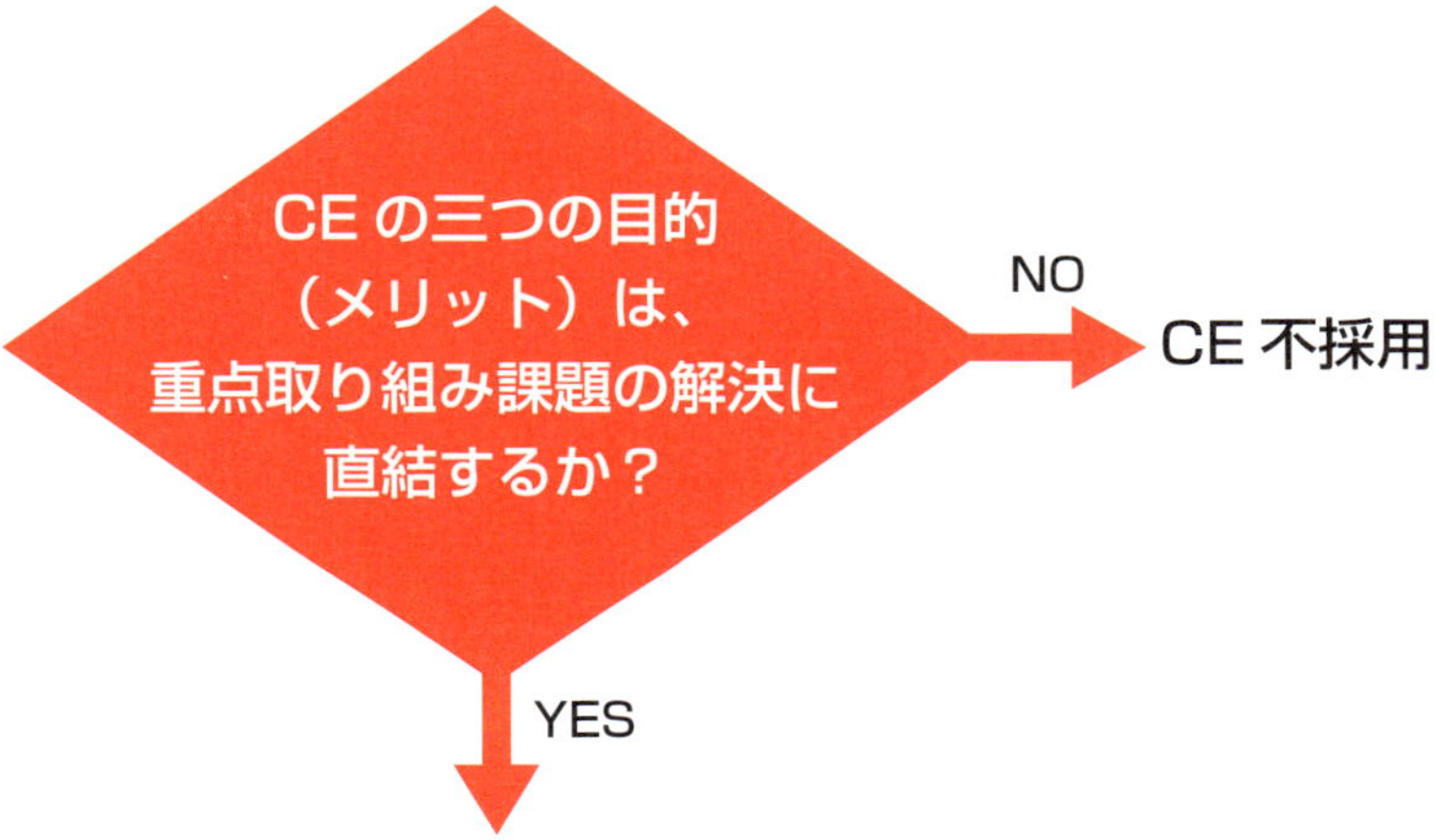
CE の三つの目的
（メリット）は、
重点取り組み課題の解決に
直結するか？
NO
CE 不採用
YES

STEP2　CEの代替手段との比較

◎　代替効果あり
○　代替効果ややあり

	CEの代替手段	CEの三つの目的		
		期間短縮	QCDSEの高い目標値の設定と実現	業務プロセスの革新
社内リソースの利用	開発部門に特別リソース（人·モノ·お金）投入	○	◎	
	リーダーの抜擢·権限（役員相当）付与	○		◎
	全社最優先業務のしくみ導入（何でも特急扱い）	◎	○	
	既存製品と汎用設備を基本に海外生産（新興国、新市場の場合）	◎		○
社外リソースの利用	M&A（必要なリソースを保有する会社の買収）	○	○	○
	JV（必要なリソースを保有する会社と協業）		◎	○
	必要な特許·ライセンスの取得（回避技術の開発をしない）	◎	○	
	ヘッドハンティング（その分野のキーパーソン）		◎	○
	EMSの利用による生準期間短縮（電子製品の場合）	◎		○

↓

有力と思われる代替手段を選び、INとOUT及び（OUT/IN）で数値比較する

17 企画書、計画書の全体構成

基本思想で貫かれた関連部門の企画書、計画書

真の目的は会社の中期計画を達成するための事業戦略や重点施策の実現です。

ここからは、第15節の具体例を用いて説明します。事業戦略や重点施策を実現するために、製品開発部門のリーダーは、関連部門を集めた様々な議論や分析に基づき、重点取り組み課題を明確にします。そして、課題解決の最適手段を多くの候補の中から（CEを含めて）選択し、基本思想で貫かれた具体的な計画を作成し、関連する部門に示します。

自部門である製品開発部門では、開発する新商品の製品コンセプト（この例では、地球環境配慮を他社以上にして採算の大幅改善をはかる製品構造案）を明確にします。イメージだけでは仕事はできませんから、地球環境配慮を数値化して他社とどれだけ差別化するか目標値を決めます。さらに部品や材料単位に分解し、関連部門が課題を共有しやすくします。それらを「製品企画書」にまとめます。

生産技術部門では、数値目標を達成するため、製品構造案を実現するための研究だけでなく、原材料から製品構造にいたるまで製品開発部門へ逆提案し、また、新しい材料や加工方法、生産システムを研究するための「生産技術研究計画書」を作成します。

品質保証部門では、新商品の品質や信頼性を保証するために必要な品質保証体制を構築するための「品質保証計画書」を作成します。

製造部門では、製品コンセプトにふさわしい工場や設備、ユーティリティ、作業者などを準備するための「製造計画書」を作成します。

サービス部門では、製品コンセプトにしたがった保守・点検・修理方法を標準化し徹底するように「サービス計画書」を作成します。

営業部門では、製品コンセプトを確実にユーザーに訴求して売り込み、利益を確保するように「営業販売計画書」を作成します。

要点BOX

- ●リーダーは目的実現の基本思想を明確にする
- ●関連する部門すべてが、基本思想で貫かれた計画書を作成する

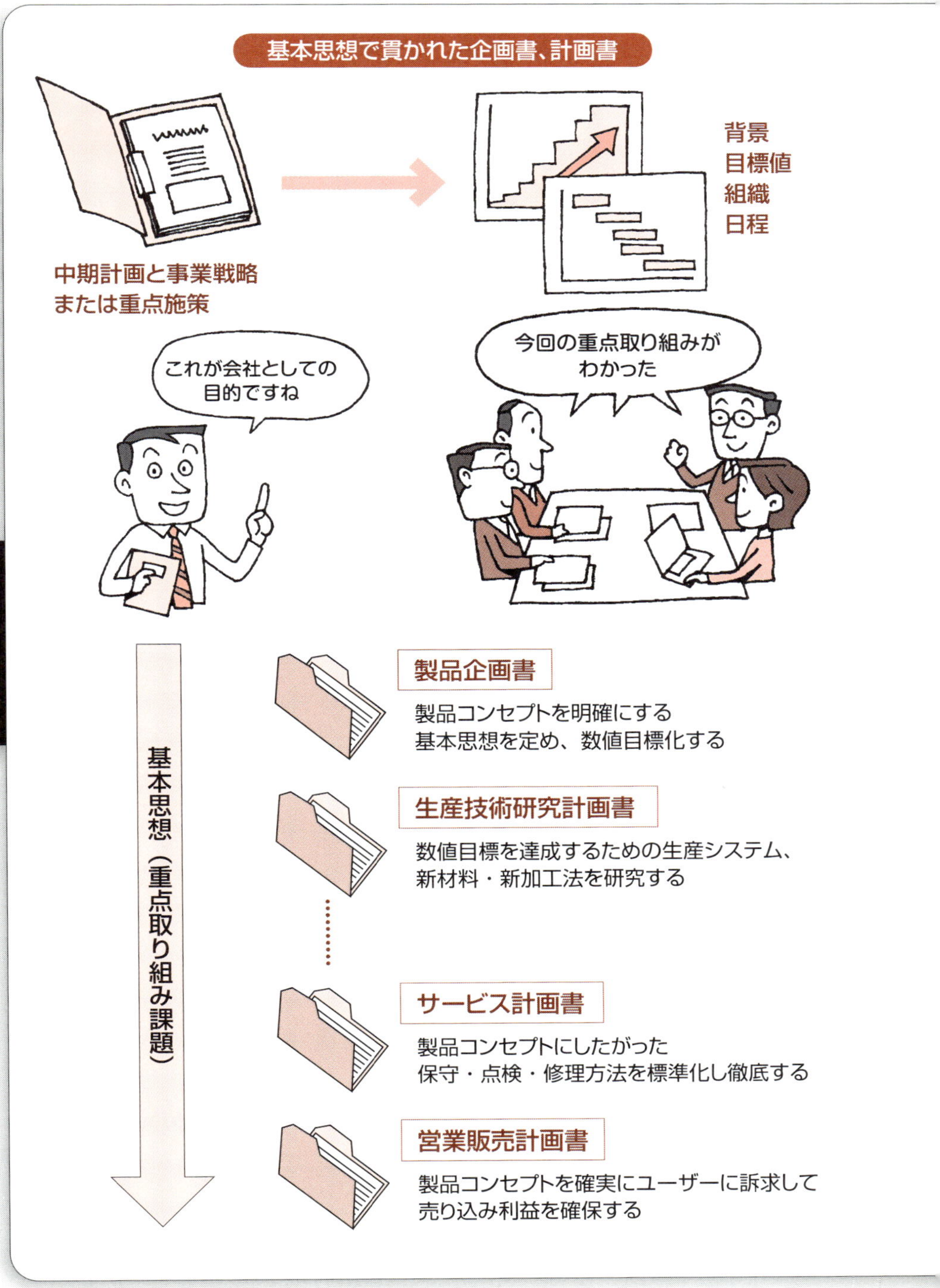
基本思想で貫かれた企画書、計画書
背景
目標値
組織
日程
中期計画と事業戦略
または重点施策
これが会社としての
目的ですね
今回の重点取り組みが
わかった
基本思想（重点取り組み課題）
製品企画書
製品コンセプトを明確にする
基本思想を定め、数値目標化する
生産技術研究計画書
数値目標を達成するための生産システム、
新材料・新加工法を研究する
サービス計画書
製品コンセプトにしたがった
保守・点検・修理方法を標準化し徹底する
営業販売計画書
製品コンセプトを確実にユーザーに訴求して
売り込み利益を確保する

18 コンカレント・エンジニアリングが盛り込まれた製品企画書

CEの必然性と基本思想を明記したプロジェクトのバイブル

通常の機能横断的な組織で推進されるプロジェクトと、CEを含んだプロジェクトの大きな違いは、関連する部門が基本思想を共有し、それを強く意識した活動をすることです。活動の中身はフロントローディングやアーリーソーシングであり、高い目標値を達成するための積極的な行動です。単に意見を述べることではなく、場合によっては研究開発をしてでも貢献することです。総智を結集し、協働することがCEの本質的な価値です。

その基本思想で一貫した活動がなされるために、関連する部門は企画書や計画書を作成するわけですが、前節までに具体例で説明した中から「製品企画書」を取り上げて、CEを含むとどのような内容になっているか説明したいと思います。

まず、プロジェクトの背景として、会社の中期計画と事業戦略または重点施策から事業部としての取り組みテーマを示します（新商品開発による採算大幅改善）。

事業部内でのマクロ、ミクロ分析結果から、重点取り組み課題（地球環境配慮は他社以上）を示します。ここで、目的を達成するために関連部門の総智を結集する必要があることを強調します。

製品コンセプト（製品構造案）を示し、重点取り組み課題を数値化します。数値は可能な限りブレークダウンして、関連部門が個別テーマとして検討できるようにします。

関連部門と議論し、全体最適の視点から、トレードオフの関係を超越したテーマ設定（製造性より分解性重視、売り切りでなく回収・再利用）をします。

必要な組織体制と日程計画を明確にします。それにより、必要な経営資源の全体と内訳が明らかになりますから、それを執行する権限と責任を持つリーダー（たとえば事業部長）によって承認されて初めて「製品企画書」となります。

要点BOX

- 関連する部門の総智と協働が必要であることを示す
- 製品コンセプト、重点取り組み課題の数値化、組織、日程を明らかにし、トップの承認を得る

CEが盛り込まれた「製品企画書」の構成例

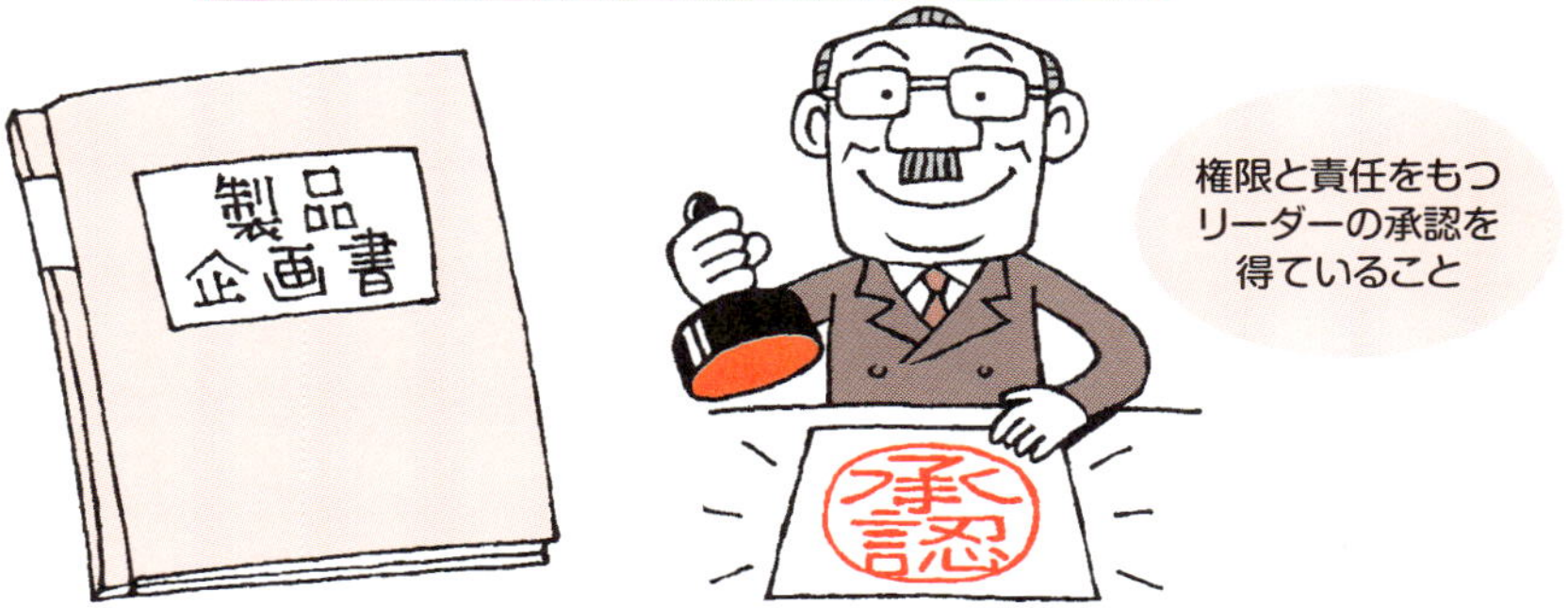
製品
企画書
承認
権限と責任をもつ
リーダーの承認を
得ていること

1. 背景	・中期計画と事業戦略または重点施策 ・事業部の事業戦略の考え方 ・事業部取り組みテーマのすべて
2. 目標と重点取り組み課題	・本プロジェクトの目標 ・事業部内マクロ、ミクロ分析結果 ・関連部門の統智結集と協働の必要性
3. 製品開発の考え方	・製品コンセプト ・重点取り組み課題の数値目標 ・製品構造案と特徴（独自技術）
4. 関連部門の課題	・課題抽出の考え方「全体最適の視点」 ・製品開発の主要課題とテーマ ・関連部門の主な課題
5. 組織・体制	・総括:全体組織と推進方法 ・製品開発の組織と推進体制 ・関連部門ごとの組織と推進体制
6. 日程計画	・全体日程計画 ・製品開発日程計画 ・関連部門ごとの日程計画
7. 経営資源計画	・総括：必要な経営資源の総額 ・製品開発に必要な経営資源の詳細 ・その他（設備投資計画など）
8. 補足資料	・コンペチターの詳細情報 ・事業のグローバル化との関係 ・既存製品、既存設備、現状 SCM の処置

19 大日程計画表の作成と使い方

実際の推進リーダーが戦略的に作成する

　CEにおいては、関連する複数の部門が協働する形をとりますから、全部門が共有できる日程計画が必要です。したがってそこには、全部門の日程計画が書き込まれています。また、製品のライフサイクル全体を見て重点取り組み課題が設定されていますから、活動の中心となる時期と効果を確認する時期は離れていることも多く、計画の対象となる期間は比較的長期間になります。普通は数年規模になるでしょう。

　これを大日程計画表と呼ぶことにします。

　大日程計画表を作成するために、その構造を説明しましょう。

　一番上の段には、関連するすべての部門が集まるような、大きなイベントを書きます。普通はプロジェクトの全体推進会議です。定期開催ではありますが、重要問題があれば必ず取り上げ、リーダーの下で、全体最適の視点から議論し、特に経営資源すなわち人、モノ、お金、技術、時間の投入判断をすることになります。複数のプロジェクトを統括する、さらに上位の会議体があれば、同じくこの段に書きます。

　次の段から下は、関連するすべての部門の日程計画を並べて書きます。CEの特徴から、業務プロセスの初期段階に、それらはパラレルに集中することになりますが、並べる順番は通常の業務プロセス順がよいでしょう。

　それぞれの部門の日程計画には、標準的な節目となるイベントがありますが、大日程計画表に並べて記載する場合は、タイミングを調整します。同じ時間軸の下に日程を入れることで、異なる部門のそれぞれのイベントの因果関係を明確にするということです。上下に破線でつなぐなどして、この関係を強調します。

　この大日程計画表の作成は、時間という資源を戦略的に配分していることになり、実際の推進リーダーが作成します。腕の見せ所です。

要点BOX

- ●大日程計画表は協働する部門が共有するためのもの
- ●関連するすべての部門の日程計画と、部門をこえた因果関係がわかる表現となっている

大日程計画表の例

大日程計画表の特徴

①製品のライフサイクルを意識した比較的長期間の日程表。
②全体に関係するイベントが最上段に記述されている。
　プロジェクトを推進・フォローする会議体はその中。
③関連する複数の部門の長期計画が時間軸を共有して
　併記されている。
④各イベントに関係のある部門が枠をこえて縦の
　破線でつながれていて因果関係がわかる。
⑤品質やコストに関係する計画は
最下段に記述されている。

○△プロジェクト大日程計画表

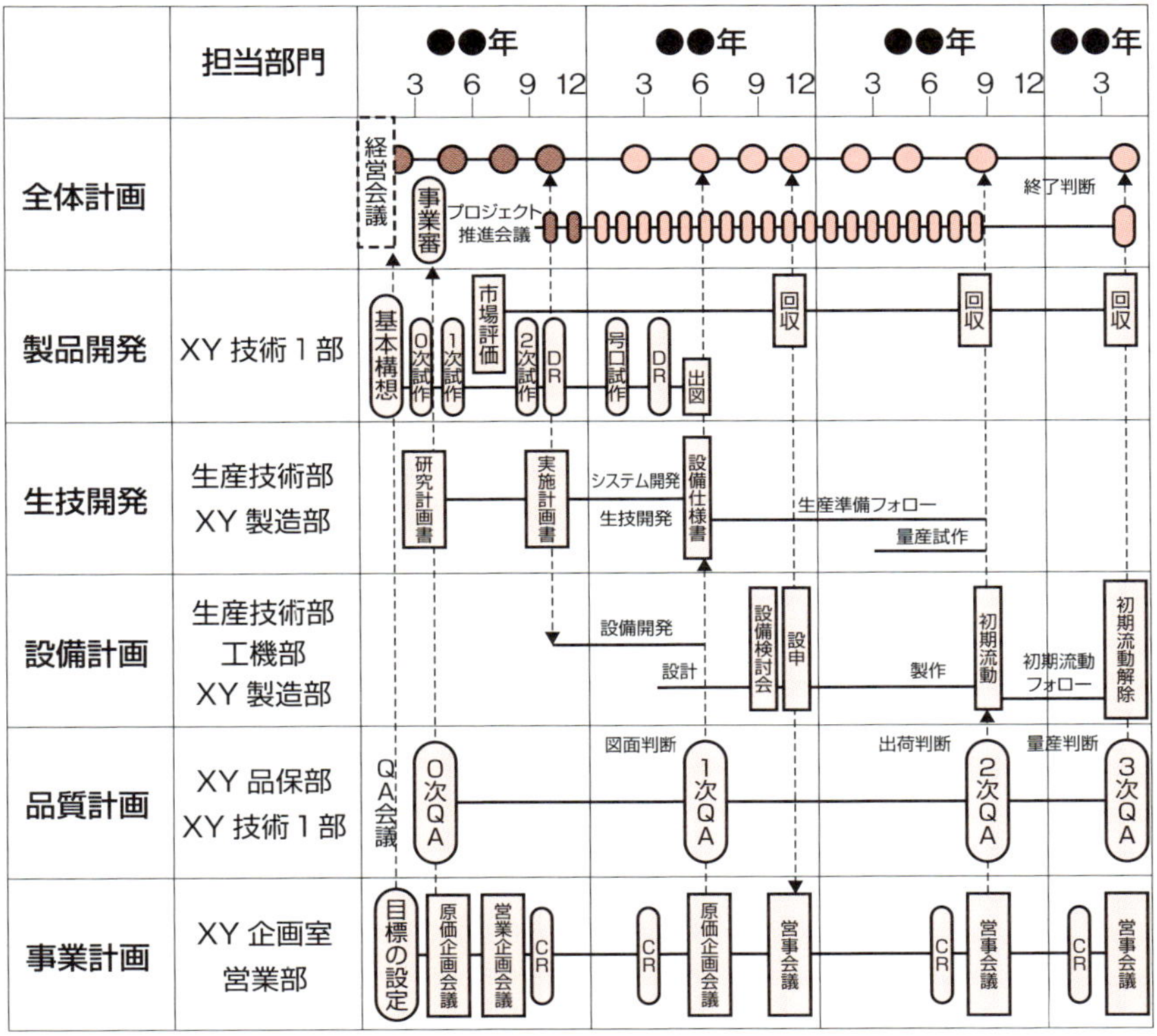

20 研究（開発）テーマ一覧表の作成と使い方

マネジメントが見える一覧表にすること

CEに関連する部門は、重要取り組み課題からブレークダウンされた、さまざまなテーマに取り組むことになります。部門長の下で推進会議が開催されるでしょう。重要問題があればプロジェクトの全体推進会議で報告し、事業部長などの判断をあおぐことになりますが、各部門は責任をもってテーマを推進していかなければなりません。

生産技術部門が多くの研究（開発）テーマに取り組む場合を想定して、その一覧表の作成と使い方を説明しましょう。

大日程計画表と同様に筆者の実務経験がベースになっていますが、ここで紹介する研究（開発）テーマ一覧表の特徴の多くは、よく知られているトヨタにおける製品開発のやり方が投影されています。それは、同じ目的に対して複数のテーマを同時に走らせ、あるタイミングで選択する、しかし採用しなかったテーマも技術資産として残す（トヨタでは棚入れと呼んでいます）、というものです。

まず、テーマ名は目的をイメージできるものにします。担当は部署名だけでなく個人名を書いてモチベーションを高めます。目標値は具体的に表現します。

ここからが、マネジメント的になりますが、テーマを重要度と難易度で層別します。重要度は、目的を達成することの必要性のレベルで、難易度は、研究（開発）の進捗度合です。難易度は進捗に応じて表現を変えて見える化し、場合によっては目標値の実現の可能性を定量的に示す尺度にします。

日程計画の中には、必ず採否判断時期（トリガーポイントと呼びます）を記入します。同時に走っている複数のテーマの中から選択する時期ですし、単独テーマでも残念ながら採用か不採用が決まる時期です。テーマが不採用になった場合でも、慌てないように、前もって代替案（たとえば自動化研究が失敗して手作業になるといった）は決めておきます。

要点BOX

- ●テーマ一覧表もマネジメントのツールにする
- ●担当と目標値を具体的に示し、重要度、難易度で層別し、採否判断時期を明らかにする

生技研究テーマ一覧表の例

研究（開発）テーマ一覧表の特徴

①同じ目的に複数のテーマがあってもよい。
最終的に不採用になっても技術資産として残す。
②目的のわかるテーマ名となっている。
③担当は部署名だけでなく個人名も記述する。
④目標値を具体的に数値表現する。
⑤目的達成の必要性で重要度をランク分けする。
⑥難易度は、進捗度合で変化させる見える化の指標。
⑤日程計画の中に採否判断時期
（トリガーポイント）を記入。
⑥不採用の場合の代替案も明記しておく。

生技研究テーマ一覧表

研究テーマ	担当	目標	重要度	難易度	日程 2015 4 6 8 10 12 2016 4 6 8 10 12	代替案
パイプ取付方法の開発	生技研究1 ○◇担当	ワンタッチ自動	W	B		ナット締め
非発熱非交換レジスタの開発	電子生技課 △◇担当	コスト現状並 ガイドプレートなし	W	C		レジスタ+ガイドプレート
レジスタ組付方法の研究	生技研究1 ○○主任	4秒自動	M	C		
コントローラ部一体樹脂化研究	生技研究2 △△主任	コスト▲10円／枚 重量▲50%	M	B		
シャフト高周波熱入れ開発	XY製造課 ◇◇課長	4秒自動	W	C		手組付
パッキン貼付け技術の開発	生技研究1 ○△担当	4秒自動	W	C		手組付
コア高精度切削	生技研究3 ◇○主任	4秒自動 ±0.005	M	C		
ダンパ組付技術	生技研究4	4秒自動	M	C		

難易度

M —— Must
W —— Want

重要度

A —— 実用化段階
B —— 量産研究段階
C —— 基礎研究段階

▽(T) トリガーポイント
開発技術の採用可否の決定タイミング
（代替案への変更）

Column

コンカレント・エンジニアリングとTQM

奇跡と呼ばれた日本の戦後の復興の原動力になったのは、モノづくりにおける品質向上活動だと思います。きっかけは、アメリカの統計学者デミング博士の日本での講演でした。そこから改善で有名なQC活動が始まりました。その後、TQCへと発展していきました。TQCもアメリカから入ってきたものですが、ボトムアップと品質重視が日本の活動の基盤でした。

筆者がデンソーに入社した一九八〇年は、TQCの延長で、源流管理の徹底がされていました。

当時のデンソーは「八〇年代対応要綱」というビジョンが出された直後で、本社の生産技術部では、東大の先生のご指導を受けながら、研究開発戦略に落とし込む議論の真っ最中でした。それは先生のお名前にちなんで「朝香研」と呼ばれていました。

完成した研究開発戦略の柱の一つは、デンソー流のCEである「次期型製品研究会活動（略して次期型研）」の全社展開でした。

ビジョンの筆頭は「八〇年代末までに一兆円企業を目指す」となっていました。次期型研では、「世界一製品を世界一生産システムで」が合言葉でした。世界一製品とは世界トップシェアの製品という意味ですから、次期型研の拡大は、世界一製品を増やすことすなわち会社の売り上げ増に確実につながります。

事業部単位でおこなう次期型研は、それから数を増やし、それによって次々に世界一製品が誕生していきました。デンソーが一兆円企業を達成したのは、目標より早い一九八八年でした。

振り返ってみると、当時の朝香先生のご指導は「経営（マネジメント）品質の向上」でした。それはアメリカが日本を研究して構築したと言われるTQMの考え方そのものでした。

トップは5～10年先のビジョンを策定し、部課長はそれを自部署の方針・方策へ展開させる

朝香鐵一先生
（1914～2012）
東京大学名誉教授

第4章

コンカレント・エンジニアリングの組織

21 コンカレント・エンジニアリングの組織構成

全体リーダー、推進リーダーそして実務担当メンバー

中期計画に基づく事業部の重要プロジェクトでCEが実施される場合で、筆者の経験（自動車業界）をベースにしたマトリクス組織で説明します。

CEでは、事業目標を達成するために、製品のライフサイクル全体を見ることや、関連する複数の部門が業務プロセスをラップさせて協働することが特徴です。そうなりますと、全体のリーダーは、経営資源（人、モノ、お金等）を動かす権限を持っていて、最終的には責任がとれる（プロジェクトの成否に進退を賭ける）人ということになります。たとえば事業部長か担当役員といったところです。

次に、このプロジェクトを実際に推進するリーダー（プロジェクトマネジメント用語で言えばプロジェクトマネジャー、自動車メーカーならチーフエンジニア）です。推進リーダーは、全体のリーダーから任命され、プロジェクト推進の基本思想となる企画書（たとえば製品企画書）を書き上げます。製品開発の責任者が適任ですが、CEの特徴からは、業務プロセスに精通していることも重要なので、生産技術の責任者にサブリーダーになってもらうとよいでしょう。二人は、全体のリーダーのスタッフ（事務局）という位置づけでもかまいません。

実務を担当してもらう部門の構成は、推進リーダーが考えます。事業部が中心になるでしょうが、本社や場合によっては他事業部、他社も含めます。それを全体のリーダーに説明して承認してもらい、自分（たち）で交渉します。このとき、必要なスキルを要求するだけでなく、CEの特徴（高い目標値を達成するために協働することなど）も説明して、ポテンシャルのある実務担当メンバーを選定してもらいます。

ちなみに、全体のリーダーは、常に推進リーダーの後ろ盾となります。精神的な支えでもあります。そして、全体のリーダーは、推進リーダーにすべてを任せ、必要な経営資源の判断をし、最後の責任をとります。

要点BOX

●全体リーダーは経営資源を動かせて責任をとれる人
●推進リーダーは製品開発と生技開発の責任者
●メンバーは（スキルを持つ）ポテンシャル人財

CEをおこなう組織の構成人員とは

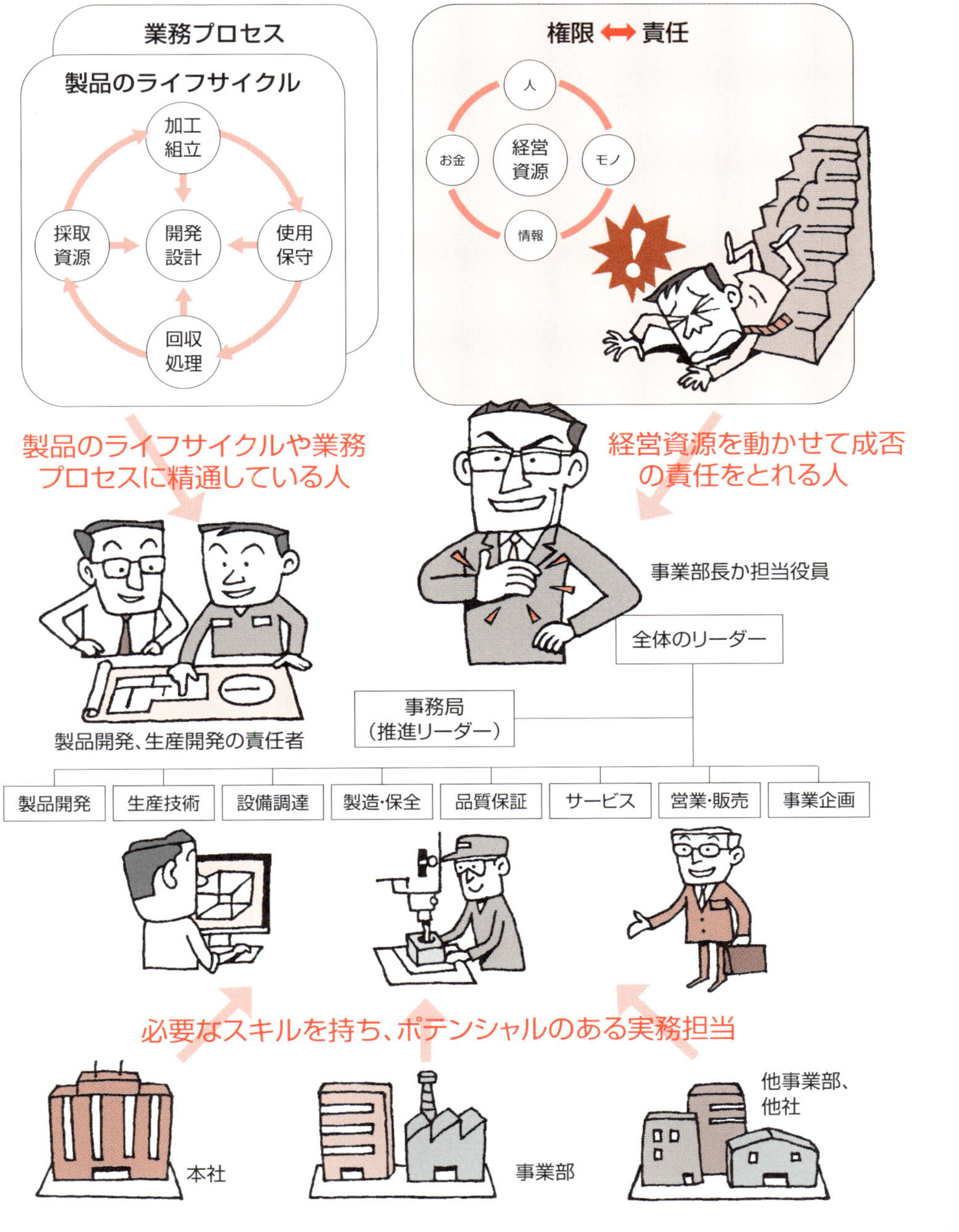

業務プロセス
製品のライフサイクル
加工
組立
採取
資源
開発
設計
使用
保守
回収
処理
権限 ⟷ 責任
人
お金
経営
資源
モノ
情報
製品のライフサイクルや業務
プロセスに精通している人
経営資源を動かせて成否
の責任をとれる人
事業部長か担当役員
全体のリーダー
製品開発、生産開発の責任者
事務局
（推進リーダー）
製品開発
生産技術
設備調達
製造･保全
品質保証
サービス
営業･販売
事業企画
必要なスキルを持ち、ポテンシャルのある実務担当
本社
事業部
他事業部、
他社

22 組織内情報伝達の重要性

総智を結集して協働するための重要課題

本書で解説しようとしているのは、かつて日本が得意だった（組織の壁の低さとあいまいな役割分担ゆえの）CEではありません。前工程がどんどん仕事を先出しし、後工程はあいまいな中でもやれることからどんどん仕事を始めていき、できるだけ問題が後で起きないように緊密に情報交換（すりあわせ）するCEではありません。

かつての方法は期間短縮には有利かもしれませんが、競争が激化している現在、QCDのDだけで勝ち抜くのは困難です。QCDどころかQCDSEH……（Sは安全性、Eは地球環境、Hはヒューメイン……）のどの軸が勝敗を決するかわかりません。そして、勝つためには、その軸できわめて高い目標設定が必要です。

したがって、本書では、高い目標を達成するために、会社の総智を結集し、関連する部門が協働するCEを解説しようとしています

総智の結集や協働の、最も基本的で重要な課題は何でしょうか。それは組織内情報伝達です。

計画時点で、基本思想（重点取り組み課題）が明確になり、組織全体がそれをしっかり共有したら、あとは自律的に動いていくのでしょうか。

実際は、想定内、想定外の多くの問題や内外の変化が起きます。上からは、経営者としての方針や判断がトップダウンで、下からは、現場での変化や発見がボトムアップで、早く正確に伝わらなければなりません。総智の結集と協働は、プロジェクト発足後の問題や変化に対しても機能させなければなりません。

そうすれば組織は、生き物のようにしたたかに対応しながら、高い目標に向かって前進していけるのです。

組織内情報伝達の敵は、一般に「組織の壁」と「マネジメントギャップ」です。さまざまな「しくみ」や「ツール」がCEにはありますが、全体リーダーから担当者にいたるまで、フェースツーフェースと3現主義（現地、現物、現実）を徹底しなければなりません。

要点BOX

- 総智の結集と協働のために、組織内情報伝達が重要
- 全体リーダーから担当者にいたるまで、フェースツーフェースと3現主義の徹底が必要

CEの組織における情報伝達の重要性

CEの本質「総智の結集と協働」のために、組織内情報伝達はきわめて重要です。組織内情報伝達の最大の敵は「組織の壁」と「マネジメントギャップ」です。

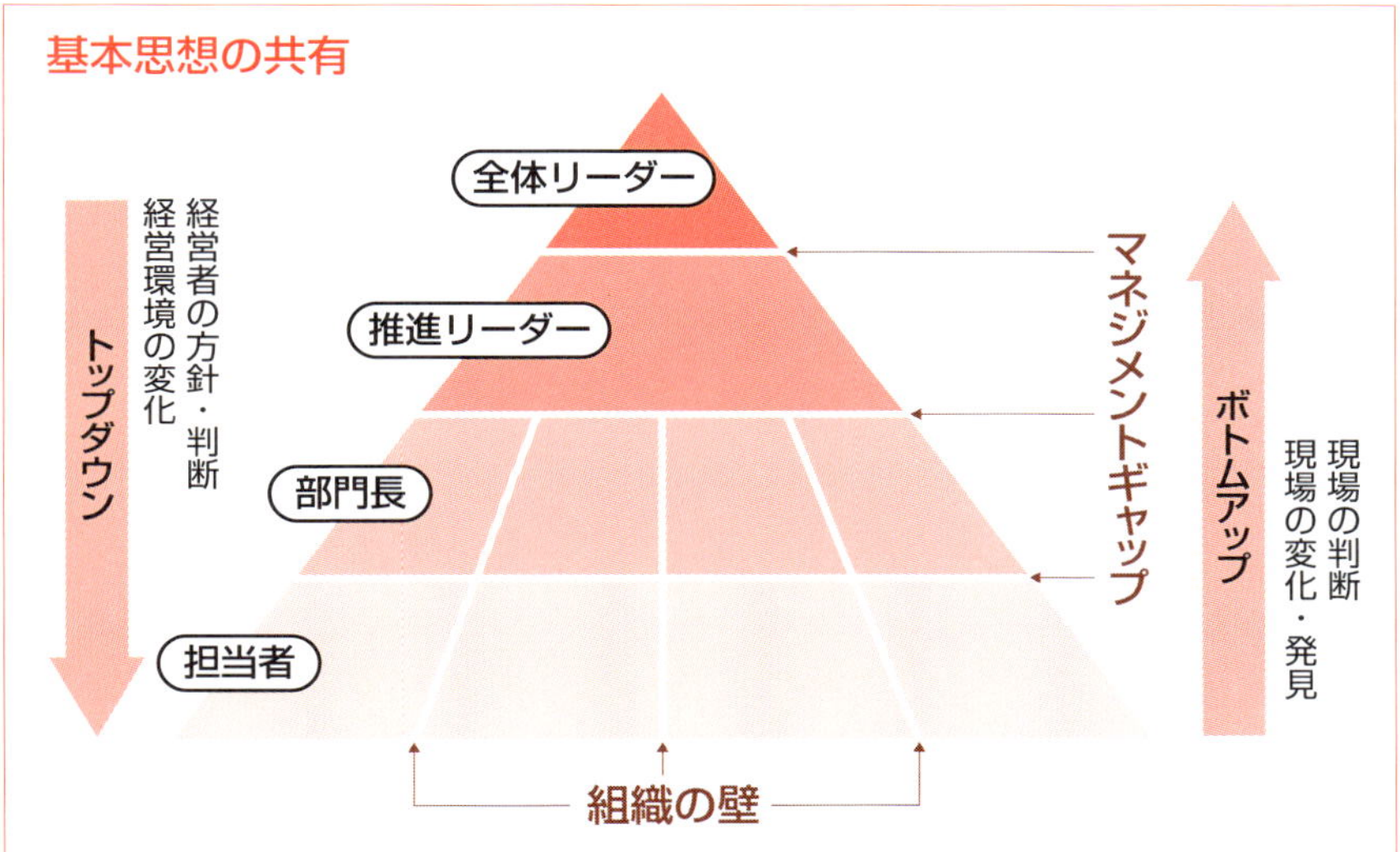

フェースツーフェースのコミュニケーションと3現主義

全体リーダーから担当者にいたるまで、フェースツーフェースのコミュニケーションと3現主義（現地、現物、現実）を徹底しなければなりません。

23 指示系統の考え方

通常のプロジェクトより増える「判断に迷う場面」

　CEでは確信犯的に高い目標を設定します。総智の結集と協働は、プロジェクト活動の前の方の段階に集中します。したがって、分析して抽出された課題に対して、ブレインストーミング的に多くの異なった意見やアイデアが出ます。

　それらの中から、たとえば製品ライフサイクル全体を見て最適と思われる実施案を選択したり、実現の可能性がよくわからない場合は同時に走らせる複数の開発テーマを選択したりするわけですが、それでもなかなか議論が収束しないことがあります。

　CEがおこなわれるプロジェクトのほとんどはマトリクス組織という形態をとります。社内外の専門家の智恵を集め、効率的に開発を進めたいときにふさわしい組織です。メンバー一人ひとりを見たとき「本籍と現住所が違う」といった表現をすることがあります。

　マトリクス組織では、メンバーの立場になったとき、あたかも上司が二人に増えたような状況になります。これを2ボスシステムと呼びます。

　プロジェクト内の会議で決定したアクションアイテムを自職場に持ち帰って上司に報告したら、上司から全く違った意見が出て困惑するということが、CEでは起きがちです。

　より前向きの、誰が聞いても納得できる意見であれば、すぐさま関係者へ電子メールで伝えて、決定事項の変更を求めればすむでしょう。しかし、単なる組織の論理やメンツから出た意見だとしたら、メンバーは直属の上司を説得する必要があります。そのときのよりどころは、CEを貫く基本思想とより上位の目的認識に基づく全体最適の考え方です。

　しかし、専門家の意見としてあらためて議論に値するものであったなら、プロジェクトのリーダーへ再議論を提案しなければなりません。専門家の意見つまり総智を結集することはCEの基本ですから、リーダーは必ず耳を傾けてくれます。

要点BOX

- CEではマトリクス組織になることが多い
- メンバーは2ボスシステムの中で仕事をする
- 判断のよりどころは基本思想や全体最適の考え方

マトリクス組織の例

CEでは、事業部主体のプロジェクトに本社機能部や社外のメンバーが参画したマトリクス組織で運営されることが多いものです。

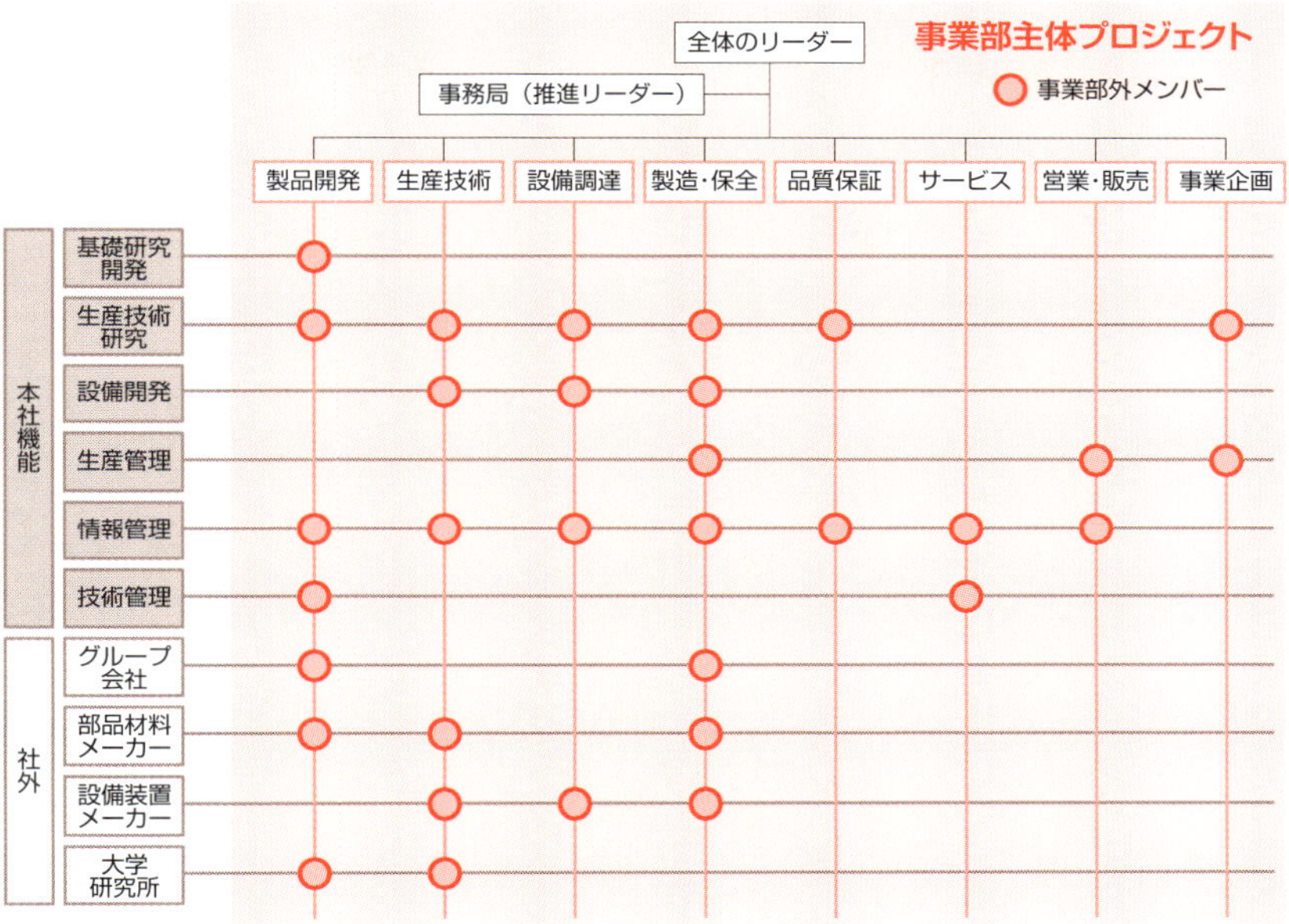

2ボスシステム

事業部外メンバーにとっては上司が2人いる状態になりますが、CEを貫く基本思想やより上位の目的認識が判断のバイブルとなります。

24 大部屋活動的プロジェクトの運営方法

情報共有や即断即決、チームワークの醸成

大部屋活動という名称は、一九九八年、トヨタにおけるカローラの収益強化を目指したEQ活動の中で「聖域なき活動」「三位一体」とともに三本柱の一つとして採用されたのが最初です。

名称はともかく、マトリクス組織でおこなうプロジェクト活動において、プロジェクト専用の部屋があれば、関連する部門の距離的隔たりが解消され、情報共有や即断即決、チームワークの醸成などに便利です。

筆者の経験でも、そういった場所では、パソコンの中にある資料でも大きく印刷して壁に掲示し、あたかも生産現場のように見える化を徹底したものでした。また、同僚が運営したプロジェクトでは、机のレイアウトにも工夫があり、所属している組織では考えられなかった職種の異なる人たち（たとえば開発者と実験要員）を、開発テーマで集約して隣り合わせに座らせていました。一方で、せっかく席を並べても、情報交換は電子メールだけという、笑えないことも起きますから、ノミニケーションなどの工夫も重要です。

高い目標を目指して総智を結集しますから、場合によっては、社内外のメンバーが集まることもあります。意外なことに、普段使っている用語の意味や帳票類の使い方、会議の進行方法から休憩の取り方まで違っていることがあります。長時間、同じ空間で過ごすためには、そういった習慣を統一・標準化したり、相互理解の下に違ったままにしたりすることがあります。

大部屋活動の考え方は、３ＤＣＡＤでＣＥをおこなったボーイング社でも後に取り入れました。当然、そっくり真似たのではなく、アメリカの会社になじむ形に改良し、たとえば経営者やマネジメント層が常駐する部屋も大部屋の機能をもたせたそうです。

グローバル時代です。国境を越えて集結することは困難なため、サイバー空間に作ったさまざまなITツールで構成された大部屋「デジタル大部屋」という考え方も出てきているようです。

要点BOX

- ●マトリクス組織に欲しい共有できる空間
- ●PCの中の資料も大きく印刷して壁に貼り出す
- ●人間同士のコミュニケーションの工夫はさらに重要

大部屋のメリット

プロジェクト専用の部屋があれば、色々な部門のメンバーが時間と空間を共有することで、色々なメリットがあります。

大部屋の様子

大部屋はただの部屋ではありません。出身部門をこえてテーマで席を共有します。帳票類や各種サンプルが常に部屋の中にあります。

せっかく席が隣同士になったのに、コミュニケーションが電子メールでは問題です。
（ただし、プライベートな話なら別ですが）

25 他社を含むプロジェクトの運営方法

実務担当者同士の意見や考えが重要

高い目標を達成するために、総智を結集して協働するのがCEですが、どうしても社外の智恵がしかも協働する形で必要になることがあります。CEは手段の一つであり、目的が最も重要ですから、CEは純血でなどとこだわっていてはいけません。

プロジェクトがかなり進行した時点では混乱の元になりかねませんので、社外の智恵を入れるかどうかは、早い段階で徹底的に議論しておく必要があります。グループ会社や長年取引のある仕入先との協業であれば、すでに協業の経験もあって検討はスムーズにいくでしょう。問題は、初めての他社との場合です。

まず、欲しい智恵が何なのかを明確にすることです。協業の必要性も再確認できます。その結果、特許やライセンスで取得できるものであれば、最後はお金の問題に帰着するでしょう。もしその会社が保有している有形の資産（人財や開発設備など）を含めた開発能力だとすると、協業の検討ということになります。交渉は、明らかに一方が有利になる形では決着しません。俗に言う「WIN-WINの関係」へ持ち込めるかどうかです。

トップ同士が合意したからあとは実務でうまくやれでは、仕事はできません。実務担当者というのはルールに忠実に行動しようとするものです。契約書が必要です。まず、機密保持契約を結び、実務担当者同士で協業の詳細を議論して契約内容を検討します。「WIN-WINの関係」というのは、最終的に成果をどのように分配するか、ということです。法務や知財の専門家の協力が絶対に必要です。それを互いのトップが承認して仕事を始めることができます。

よくある例を紹介すると、協働でない部分つまり合意した役割分担の中で発生する費用はそれぞれが負担する、知財の担当者が常駐して知的財産につながる発明などの記録をしっかり残しながら同時に権利化の作業も始める、などがあります。

要点BOX

- ●社外の智恵を入れるかは、早目に徹底的に議論
- ●協業の内容については、法務や知財の専門家を入れ、実務担当者同士で詳細を議論して契約書にする

WIN-WINの関係で協働する場合の留意点

①パートナー含めて全員が基本思想の具体的な内容（製品の要求、仕様、相互依存、優先順位）を理解していること。
②パートナーの代表も重要な局面で判断や決定に関与すること。
③パートナーの分担業務についても権限が委譲され、責任を持って実行されること。
④パートナーに部分的な実力不足があれば、補強や教育などの対策を打つこと。
⑤ツールやしくみ（用語含む）が統合されていて、互いに利用可能となっていること。
⑥それらを通じて、問題点や状況がリアルタイムでアップデートされ、伝達され利用されていること。
⑦DRやチェック、問題対策についてのレポートは記録され、フィードバック（改善のため）可能な形で保存されるように、パートナー含めて徹底されていること。
⑧最初の機密保持から成果の配分まで契約書で確実に取り決めておくこと。

国内自動車メーカーの主な提携関係

自動車メーカーと部品メーカーは当然のことながら、ライバル関係にある自動車メーカー同士もさまざまな提携関係を結んでいます。

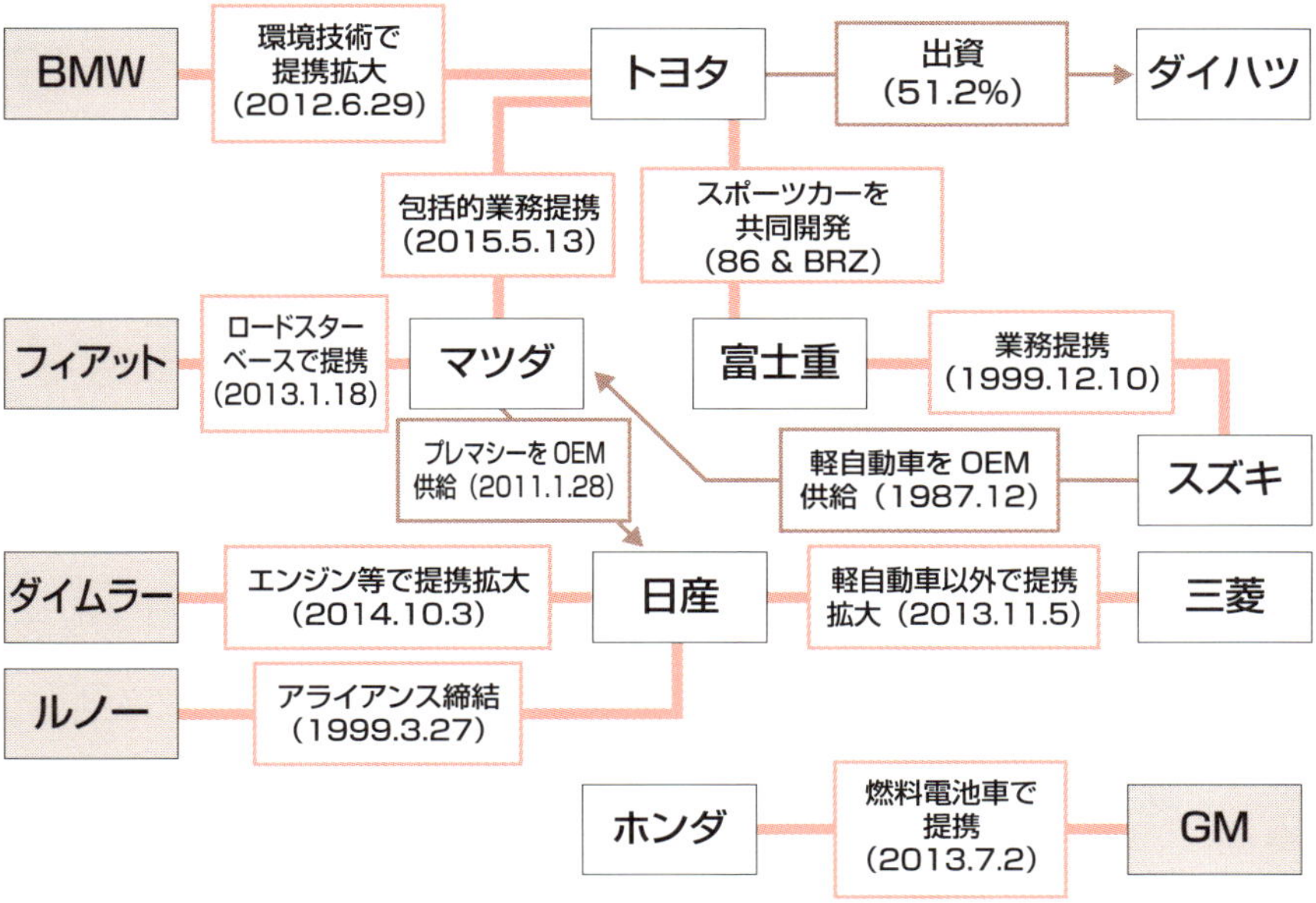

26 推進リーダーの要件

より高い「技術力」「マネジメント力」「人間力」が必要

本書では、CEをおこなうプロジェクト組織のイメージとして、全体構造はマトリクス組織、上から経営判断をおこなう全体リーダーがいて、事務局あるいはスタッフ的な位置づけでもかまいませんが、実際の推進リーダーがいて、その下に関係する部門がある（部門長がいて、実務担当メンバーがいる）、そういう図を描いています。

プロジェクトの成否の鍵を握るのは、推進リーダーの資質です。推進リーダーには、一般に言われるプロジェクトマネジャーの要件、つまり「技術力」「マネジメント力」「人間力」が必要です。CEの場合は、特に高い目標値を達成するため、ポテンシャルの高いメンバーを集め、パラレルに協働してもらいますから、それらの要件はより高いことが望まれます。

本書では、製品開発の責任者をメイン（主）とし、生産技術の責任者をサブ（副）にする形を提案していますが、ここでは特に分けて説明はしません。一人でできるならその方がよいですが、現実にはなかなかスーパーマンはいないものです。

推進リーダーは、全体リーダーから任命されますが、会社の中期計画、事業戦略を理解し、重点取り組み課題を明確にします。それをプロジェクト推進の基本思想として、企画書を書き上げます。目的を達成するための組織構成を考え、ゴールまでの数年にわたる大日程計画表も作成します。それらを必要な経営資源とともに全体リーダーに説明して承認してもらいます。部門長に交渉して、実務担当メンバーを出してもらうのも推進リーダーの仕事です。

プロジェクトの推進にあたっては、メンバーから多くの智恵を出してもらい、目的達成へ向けて全体最適の視点から調整していきます。一方で、ポテンシャルの高いメンバーであればあるほど個性の衝突が起きることがあります。人間を見る力や3現主義を重視する姿勢はプロジェクトをまとめる上で重要です。

要点BOX

- ●企画書を作成し、大日程を考え、組織を構築する
- ●目的を達成するため、多彩なメンバーから智恵を引き出し、協働の効果を出す

推進リーダーは大車輪で行動する

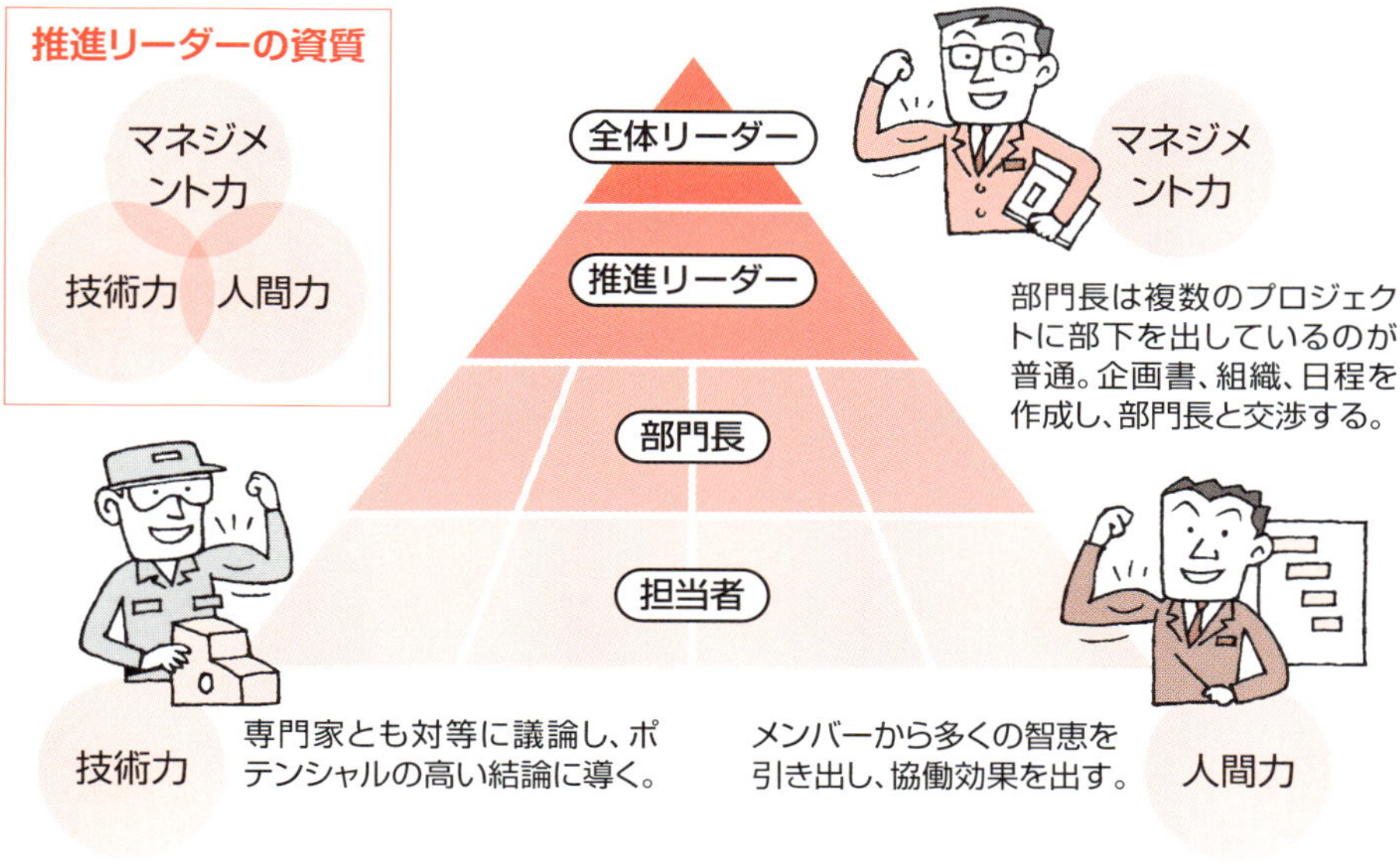

主査に関する10ヶ条から学べること

初代カローラを企画したトヨタの開発主査（現在のチーフエンジニア）長谷川龍雄氏が残した「主査に関する10ヶ条」は、CEの推進リーダーの要件を示しているように思われます。CE版に翻訳して示します。

(1)技術や経営環境は変化している。常に広い智識、見識を学べ。
(2)広く意見や助言を求めつつ、自分自身の方策も持つこと。
(3)プロジェクト内外に人的ネットワークを持つこと。
(4)想いは通じる。前向きに全知全能を傾注すること。
(5)努力は積み重ねである。改善と同じである。
(6)メンバーは自分を見ている。自信と信念を持つこと。
(7)失敗を他人のせいにしたら対策にならない。1人称で考えよ。
(8)全体リーダーと推進リーダーは、同一人格が望ましい。
(9)課題解決のために努力を惜しんではならない。
(10)推進リーダーに必要な資質は、智識、技術力、経験、洞察力、判断力、決断力、度量、感情的でなく冷静であること、活力、粘り、集中力、統率力、表現力、説得力、柔軟性、そして無欲という欲（人格）である。

27 実務担当メンバーの要件

担当でありながら推進リーダーと同等の意識

プロジェクトメンバーに選抜されたということは、それだけの専門知識、固有技能を持っているということです。しかし、特にCEをおこなうプロジェクトの場合は、それだけでは十分ではありません。CEならではの進め方を理解している必要があります。部門長や推進リーダーからの説明を聞いて、それを理解し、実際に行動できなければなりません。

まず、最初から自分の仕事が決まっているわけではないことを認識しなければなりません。高い目標に向かって総智を結集して協働するわけですから、課題に対して専門家の立場から解決策を積極的に提案しなければなりません。フロントローディング、アーリーソーシングの考えから、なるべく早い段階に、です。

課題の解決策はたくさん集まります。全体最適の視点から絞り込んでいきますが、判断がつかない場合や失敗のリスクを考慮して複数案が選択され、ある判断時点（トリガーポイント）まで同時並行で検討することもあります。それを理解しなければなりません。

また、与えられた課題だけではなく、業務プロセスで言えば、自分の前後のプロセスについても把握し、前工程に対しては前もって取り組んでおいてもらうことを提示します。後工程に対しては、これから予想されることを予告します。つまり他メンバーの課題も指摘できることが必要です。

プロジェクトの目的は会社の中期計画から導かれたものです。事業戦略を実現するための重要なものです。自分が担当する業務は、それにつながる重要テーマであり、分業化された一つのタスクではないのです。クリティカルな問題が生じたとき、あるいはその予兆を感じただけでも、情報はすみやかに部門長や推進リーダーへ上げねばなりません。解決のためには経営判断（他部門の協力や人材面、資金面などでの支援）が必要なこともあるのです。早い話が、推進リーダーと同等の意識を持つことです。

要点BOX

- 専門家の立場から積極的に解決策を提案
- 自分の前後プロセスの課題も指摘
- クリティカルな問題はすみやかに打ち上げる

実務担当メンバーには行動要件が多い

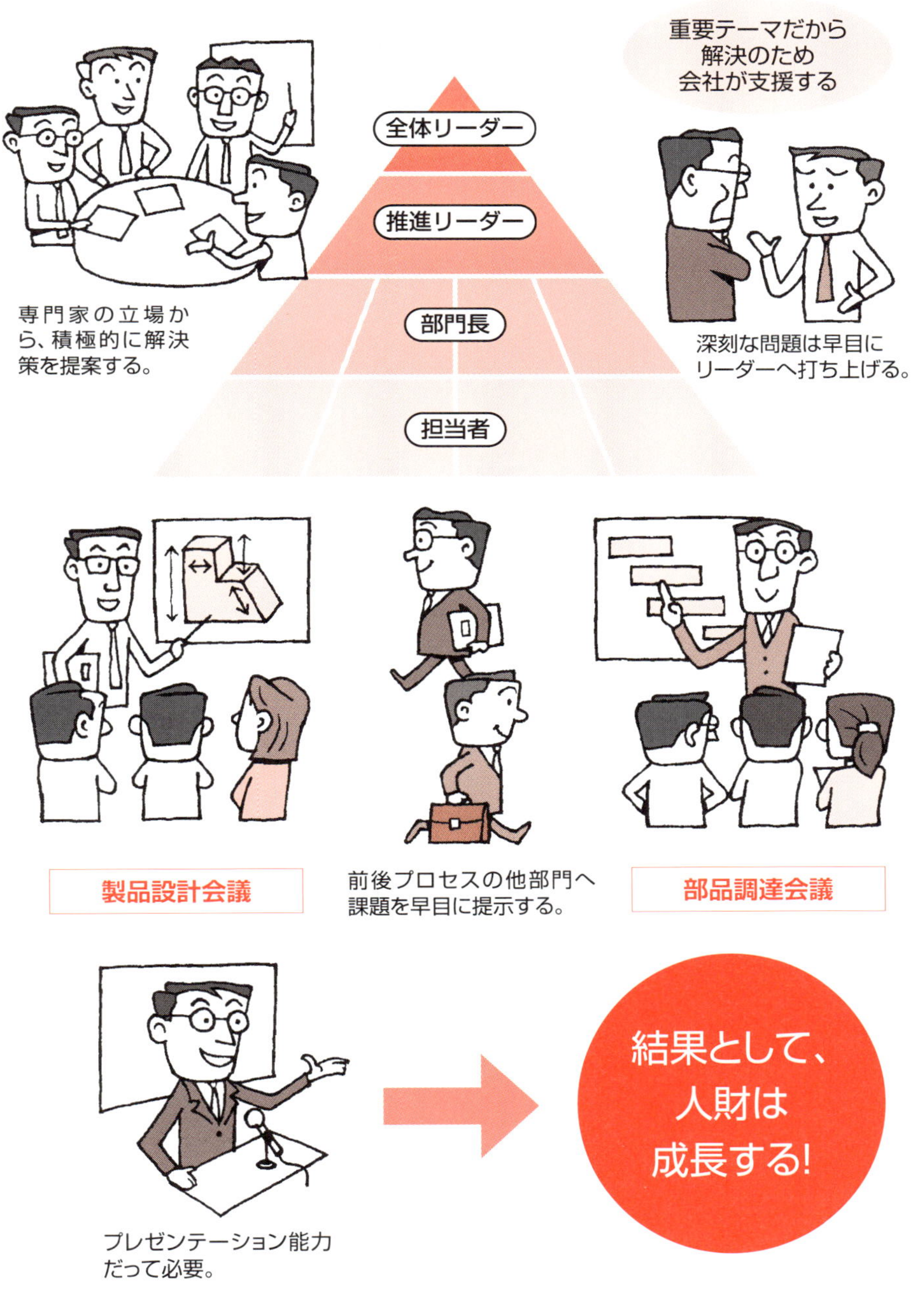
重要テーマだから
解決のため
会社が支援する
全体リーダー
推進リーダー
部門長
担当者
専門家の立場から、積極的に解決策を提案する。
深刻な問題は早目にリーダーへ打ち上げる。
製品設計会議
前後プロセスの他部門へ課題を早目に提示する。
部品調達会議
プレゼンテーション能力だって必要。
結果として、
人財は
成長する!

28 ファブレス企業とEMSのコンカレント・エンジニアリング

実は智恵を出し合って協働していた？

第4章の最後に、CEの組織論の番外編として、単独ではCEができない企業同士のCEの可能性について、事例で説明したいと思います。電子機器における、製造部門を持たないファブレス企業と、開発部門を持たないEMSとのCEです。

ファブレス企業の考えは、スマイルカーブと言って、業務プロセスの中で製品の製造に関わるところ以外の付加価値で勝負しようというものです。一方、EMSの考えは、電子機器は部品の標準化やモジュール化が進んでいますから、安価な労務費と汎用設備を利用して製造に特化し、規模の経済で利益を上げるものです。

アップルとフォックスコンの例で説明しましょう。

アップルの販売戦略は、前宣伝で顧客の購買意欲を刺激し、一気に売り出してシェアを獲得するものです。実際アイフォンは、販売開始からわずか一ヶ月の間に、世界で数千万セットも売られています。そのためアップルでは、調達担当が世界中を駆け回って、このスピードと量についていけて、0・1セントでも安い部品メーカーや組立メーカーを開拓しているそうです。

メーカーにとって、このアップルの要求に応えることはとても高い目標です。最初からできた部品メーカーも組立メーカーもなかったと思います。しかしフォックスコンは、汎用の工作機械や実装機を超大量に購入して対応しました。

特に、アイフォンの美しいケース（筐体とも言います）の加工のためには、マシニングセンターとエンドミルという、普通は金型加工のような、精密で少量生産に向いた方法をあえて選択しました。つまり、数千台規模のマシニングセンターを用意したそうです。これが、アップルの販売戦略と目標を共有し、何らかの協働をする中で初めて出た智恵の結果だとすれば、CEがおこなわれていたことになります。ファブレス企業とEMSのCEは、できないことではないのです。

要点BOX

- ●アップルの販売戦略にメーカーが対応するのは難しいが、フォックスコンは智恵を出して対応した
- ●ファブレス企業とEMSも協働できる

スマイルカーブ

スマイルカーブとは、電子機器産業における、業務プロセスと付加価値の構造を示すグラフです。

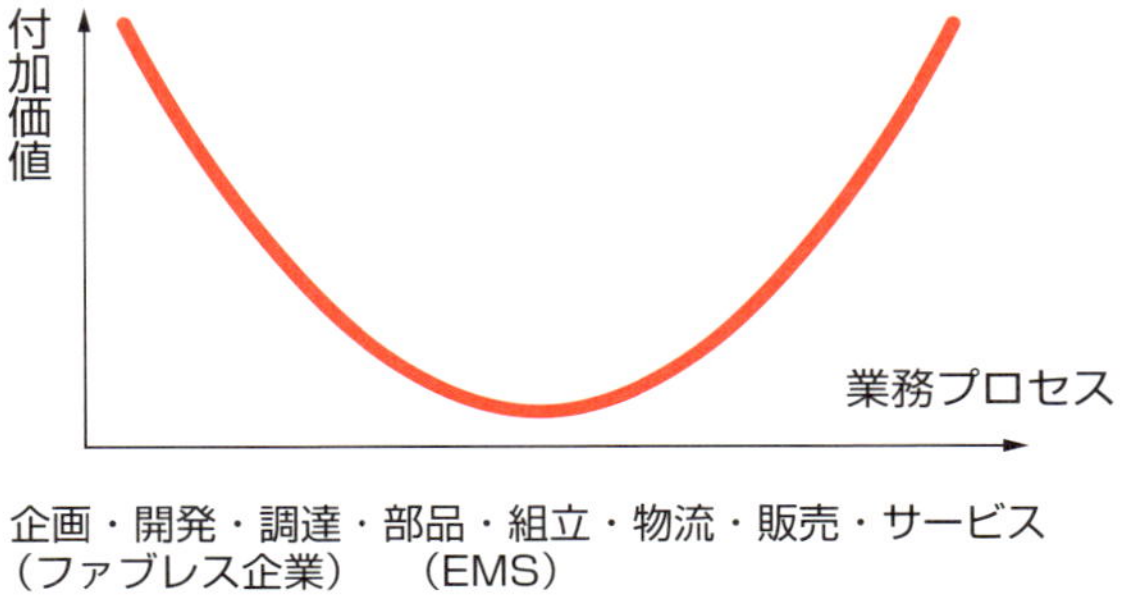

アップルの世界販売戦略とフォックスコンの生産体制

2014年9月発売のiPhone6/6Plus は、10-12月期に7447万台を販売しました。その陰には、EMSの巨人フォックスコンとの協働（CE?）があったことが想像されます。

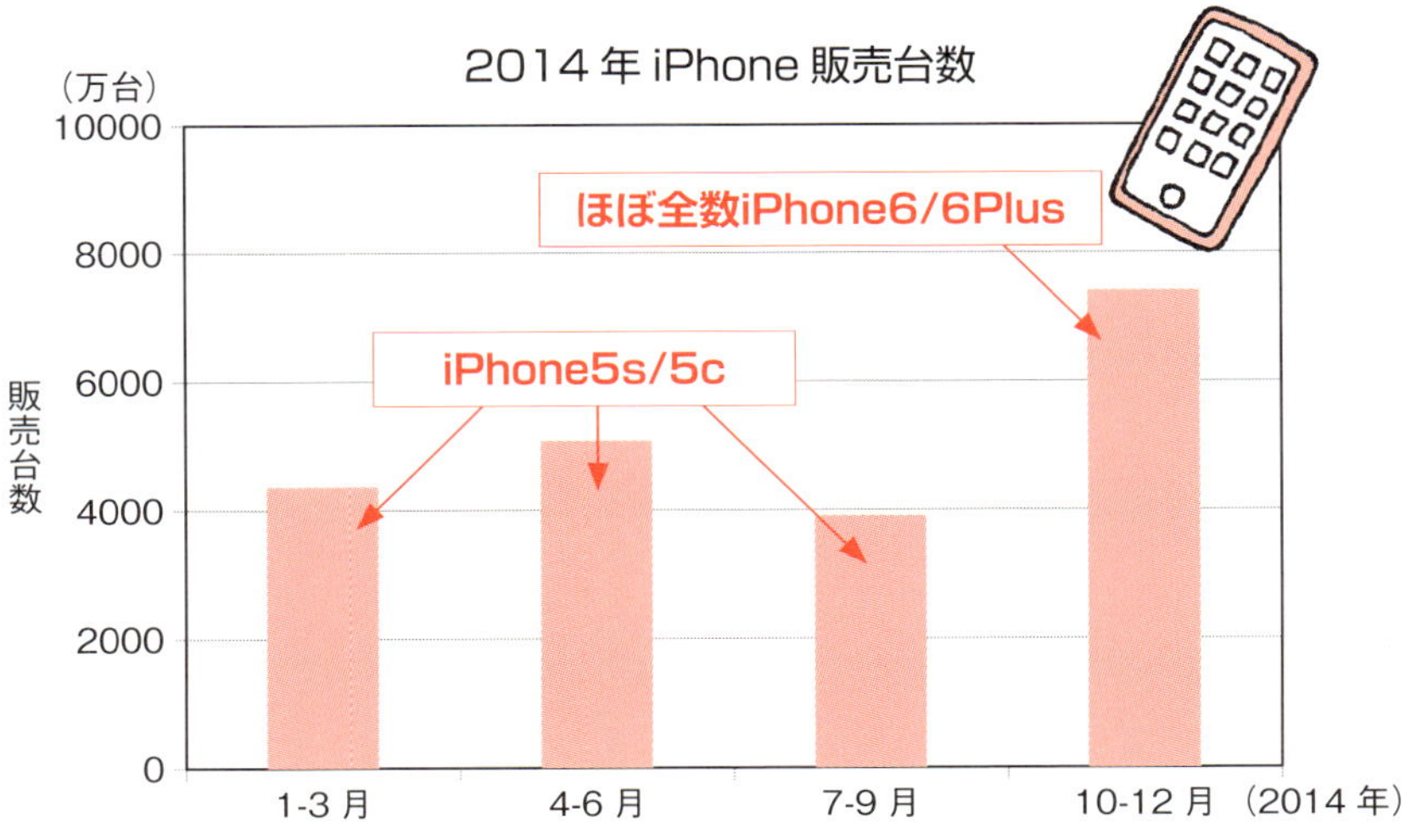

アップル発表数値から筆者作成

Column

アーリーソーシングのみで信頼感を得た話

筆者は長年、本社機能部の生産技術部で生産システム開発の仕事をしていました。その間に、多くの事業部と、大規模な（設備投資額が十億円前後になる）CEを経験しました。目的は、ほとんど次期型製品（画期的な競争力を持つ戦略製品）の開発でしたから、事業部の技術部が主なお客様でした。

ある時、次期型研を経験したことのない技術部に、こちらから協働を提案しました。ちょうどその技術部は、海外の顧客に新製品を売り込もうとしているときで、うまくいけば大きなビジネスになるのは間違いありませんでした。しかし技術部は、筆者たちとの協働にきわめて慎重というか懐疑的でした。失敗したら失うビジネスがあまりにも大きかったからです。

その心理の奥には、（売上や利益が最大の成果となる）事業部として、（一事業部の売上や利益よりも開発した技術が全社に横展開した方が大きな成果となる）本社機能部の体質に感じている不安がありました。

筆者は部下と相談し、通常のCEと異なるアプローチをとることにしました。毎週開催する定例ミーティングの中で、技術部から提示される製品成立のための課題のみを検討し、こちらからは相手に生産技術上の課題を提示しないというやり方です。少しずつ貢献しながら信頼感を得ようという考えでした。

数ヶ月後のことです。錆び止めと黒くすることを目的に塗装していた鉄の部品がありました。そのコストダウンのために、特殊な表面加工をして黒く見える安価なステンレス材を提案したら、技術部の態度が一気に変わりました。彼らの全く知らない材料だったからです。

その後は、通常のCEになりました。CEと言えば誰でも飛びつく手法ではなかったのです。

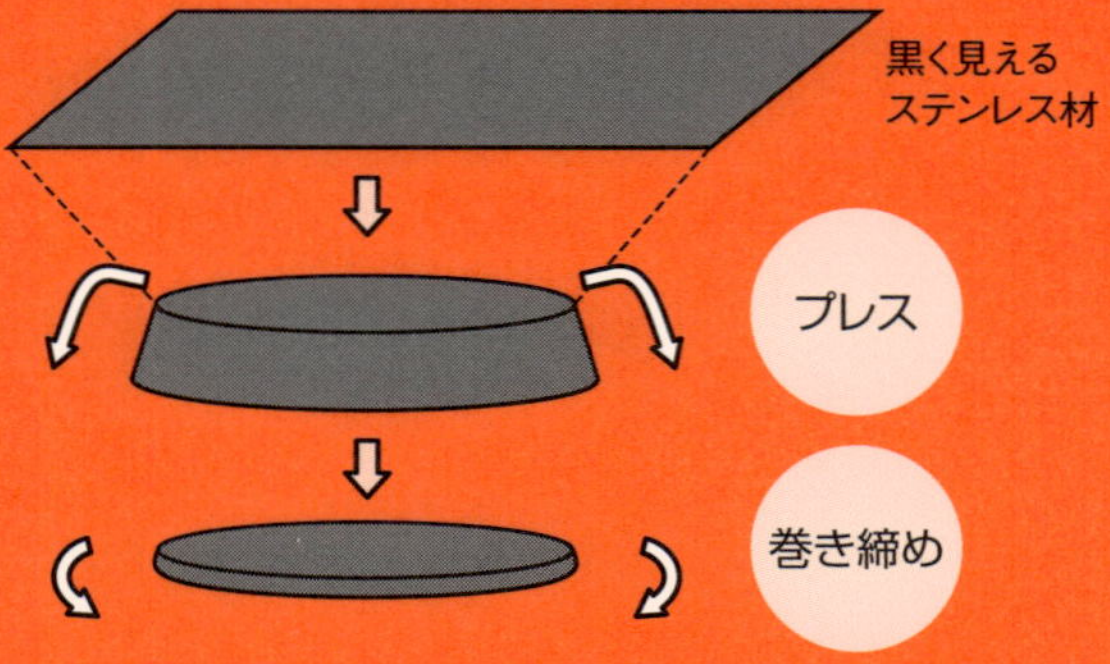

第5章

コンカレント・エンジニアリングにおける活動やマネジメント

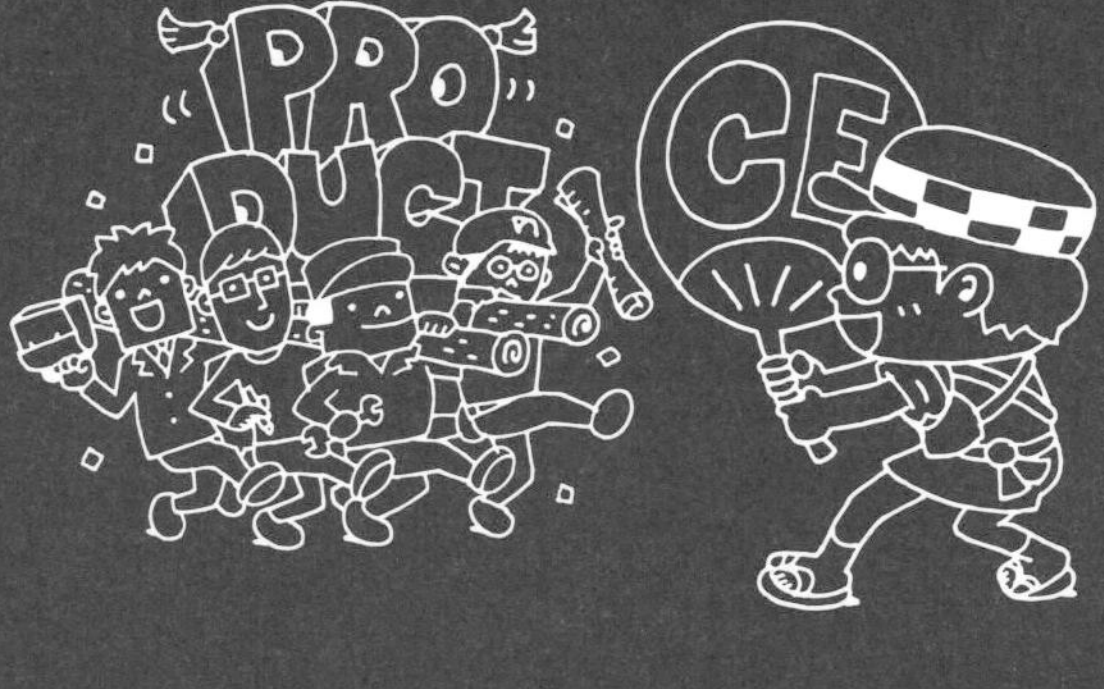

29 導入判断と結果評価およびフィードバック

本当に役に立つか、役に立たせられたか

CEにおいて最初におこなうマネジメントは、はたしてCEを実施すべきかどうかという判断です。

CEの経験があまりない会社や、本書で強調している高い目標を達成するためのCEに初めて取り組もうとする会社の場合は、この事前判断は重要です。

会社の中期計画から導かれた事業目標があって、その目標を実現するための課題を解決することを目的にプロジェクトが起きます。手段の一つであるCEの特徴が、その目的に合っているかどうかを判断すること（第16節参照）と、もう一つ重要なことは、取り組むための覚悟ができるかどうかということです。

ここで覚悟と書いたのは、CEの取り組みはある意味業務革新への挑戦だからです。たとえば、CEにはフロントローディングという考え方がありますが、業務プロセスの初期の段階に負荷が集中します。この段階が重要であることを十分に理解し、それを配慮した詳細計画を作成していなければ、プロジェクトは混乱し、CEは放棄されるでしょう。

また、ITツールを導入するなら、大きな投資と、使いこなすための努力が必要です。本書はその判断に役に立つように、CEとはどのようなものかきわめて平易に解説していますから、ぜひ役立ててください。

続いて、結果の評価ですが、メトリクスの導入が必要です。あらかじめ目標値や課題を定量的に表現（数値化）しておくのです。そして、プロジェクト管理の中で、CEならではのイベントとこの数値の変化を追跡しながら記録していけば、最後にCEと結果の関係も評価できるはずです。

また、フィードバックとは、開発した技術を標準化、資産化して再利用することです。社内の他製品に応用できないか、特許として競合以外の会社に売れないかなどを検討することです。そういう意味では、失敗した開発は失敗事例として、途中で不採用に終わった技術でも技術資料として残すことは重要です。

要点BOX

- ●CEがプロジェクトの目的に合った手法か、取り組む覚悟はできているか
- ●結果評価のためのメトリクス導入とフィードバックが必要

CEを導入する場合の業務ステップ

目的を認識

会社の真の目的(中期計画)
　⇒事業戦略または重点施策　⇒　事業目標
事業目標を達成するために、分析して得られた重点取り組み課題
　⇒　これを解決することを目的にプロジェクトが起こる。

CEの特徴を判断

①製品ライフサイクル全体を見る(全体最適の視点)
②業務プロセスをパラレルに実施(初期段階に総智を結集)
このときフロントローディングアーリーソーシングが
さかんに起きる。
③目的に合っているか判断

先ず、目的に合うかどうか
取り組む覚悟ができるか

CEに取り組む覚悟

CEを実施するために、手段の手段つまり手法として、
多くの「しくみ」や「ツール」が用意されている。
　これらを利用することは、そのまま業務革新や
組織風土改革になるので、相当の意識改革をともなう。
　また、ITツールの導入をするなら、大きな投資と使いこなすための相当の努力を要する。その覚悟をする。

結果の評価

メトリクスの導入つまり目的を定量化表現(数値化)しておくことと、
CEならではのイベントと数値の変化を追跡・記録。
　⇒　最終報告書の中に数値結果と考察を書いて残す。

フィードバック

これなら
仕事として完璧!

開発した技術は標準化、資産化しておいて再利用する。
　⇒　社内の他製品に応用
　⇒　特許を競合しない会社に売る。
　注)　失敗した開発は「失敗事例」
　　　　途中で不採用になった技術は「技術資料」

30 作りやすさ向上活動の可能性

自社の製品や製造の特徴から活動方法を選ぶ

CEで見られる製造側から設計側に対する要求、たとえば製造不良を防止したいとか自動化しやすくしたいといったことを、作りやすさ向上活動という表現で包括してみると、意外と広がりがあることがわかります。

80年代に登場した「組立性評価法（DFA）」は、部品の形状や部品同士の結合方法などに点数をつけて、合計点数を減らすことで組立性を向上するツールでした。手作業であれば工数を、自動化するなら設備費を低減することができます。

その後、この種のツールは拡大していきました。組立だけでなく、切削性とか、溶接性とかさまざまな加工法に対して考えられるようになり、「製造性評価法（DFM）」と呼ばれました。

地球環境の考慮が重要になってからは、分解性（DFD）やリサイクル性、省エネなどを評価する項目も追加されています。

プロジェクトが発足してから指摘するより、設計者に理解しておいてもらうために、作りやすさの社内研修をする会社も増えました。社内講師は経験豊富な人で、設計者に工場見学や実際の組立や加工を体験させたりもします。研修で使う評価法はたいてい内製で、自社を意識しています。つまり、加工法には優先順位があり、点数は自社の実力が反映されています。さらにその点数は、加工法ごとに重み付けがされていて、コスト計算ができたりします。

逆に、設計側が自主的に用意するものがあります。たとえば半導体製品では、線幅や配線ピッチなどを「設計ルール」と呼んで標準化しています。試験や検査方法含めて、作り方を同時に設計するような製品の場合は、作りやすさ向上活動は設計側の責任です。

結局、扱っている製品とその設計のやり方、自社の製造の特徴などによって、作りやすさ向上活動の内容を考えることが重要です。

要点BOX

- ●作りやすさを評価する概念や手法は種類が多い
- ●製造側の要求だけでなく、設計側の姿勢として用意される「設計ルール」もある

作りやすさ向上活動の例

作りやすさの評価項目（時代とともに増加）

組立性（部品形状、結合方法など）
加工性（切削性、プレス性など）
分解性（保守性、分別性など）
リサイクル性（使用材料など）
省エネ性（熱処理の有無など）

評価法いろいろ（パッケージ製品もあり）

DFA（Design For Assembly）
DFM（Design For Manufacture）
DFD（Design For Disassembly）
DFE（Design For Environment）

（例）結合方法の組立性・分解性

	組立性	分解性
スナップフィット	◎	◎〜△
ねじ締付	○	◎
圧入	○	△〜×
かしめ	○〜△	△〜×
インサート成形	○〜△	△〜×
はんだ付け	△	△
接着	△	△〜×
溶接	△	×

自社に向けカスタマイズ

作りやすさ向上のための社内研修

本来設計の仕事

結論はこうなります

作りやすさ向上活動は自社の製品の特徴（機械組立か電子組立か）、設計方法（製造方法含めてか）、製造の特徴（生産量、多種性、得意な加工技術、内製化率、サプライチェーン、国内生産か海外生産か）などから総合判断して選択する。

31 フロントローディングとは

過負荷になる期間のマネジメントもセットで考えておくこと

よく知られたCEの効果は、製品設計の初期段階で製造側の指摘を多く入れることで設計の手戻りをなくし、タイムツーマーケットを早めることです。しかし、効果はそれだけではありません。単なる仕事のやり直しの時間を減らせるだけではなく、それに関わる設計コストが削減できます。もし、そのやり直しが生産開始後も発生すると、製造コストも下がらず、ロスは無視できない金額になってしまいます。

総智の結集と業務プロセスのパラレル化は、業務プロセスの前段階で、設計側の担当者を中心に負荷が高まることからフロントローディングと呼ばれています。確かに、プロジェクト活動の全期間でみれば、たとえば設計変更の数はフロントローディングのCEの方が確実に少ないものです。しかし、この前段階の大きな負荷をどのようにマネジメントするか、セットで考えておかなければ、かえって余計な時間がかかったり、雑な仕事になって失敗したり、場合によっては大きな魚（成果）を逃がしてしまったりしかねません。

大事なことは、目的（達成したい高い目標値）を再確認することです。

タイムツーマーケットの短縮（D）よりもコストダウン（C）の方がはるかに重要だとすれば、時間をいくらか増やしてでも、Cの目標値を達成するために多くの検討項目をこなします。逆にCよりDの方がはるかに重要だとすれば、前段階に設計者を多めに配分したり、検討項目を絞ったりします。

本書で推奨しているのは、高い目標値を達成するためにCEを活用することです。そのためには、この前段階はきわめて重要な時期になります。

そういう意味で、生産技術者の役割は重く、設計側に指摘するだけでなく、同時に、設計側の意図を理解して、高い目標値を達成するための生産技術のアイデアを発見し、先取り研究（アーリーソーシング）にも着手しなければなりません。

要点BOX

- 高い目標値という目的を再確認し、過負荷期間のマネジメントに優先順位付を導入
- 同時にアーリーソーシングのテーマも発掘

フロントローディングの基本的な効果

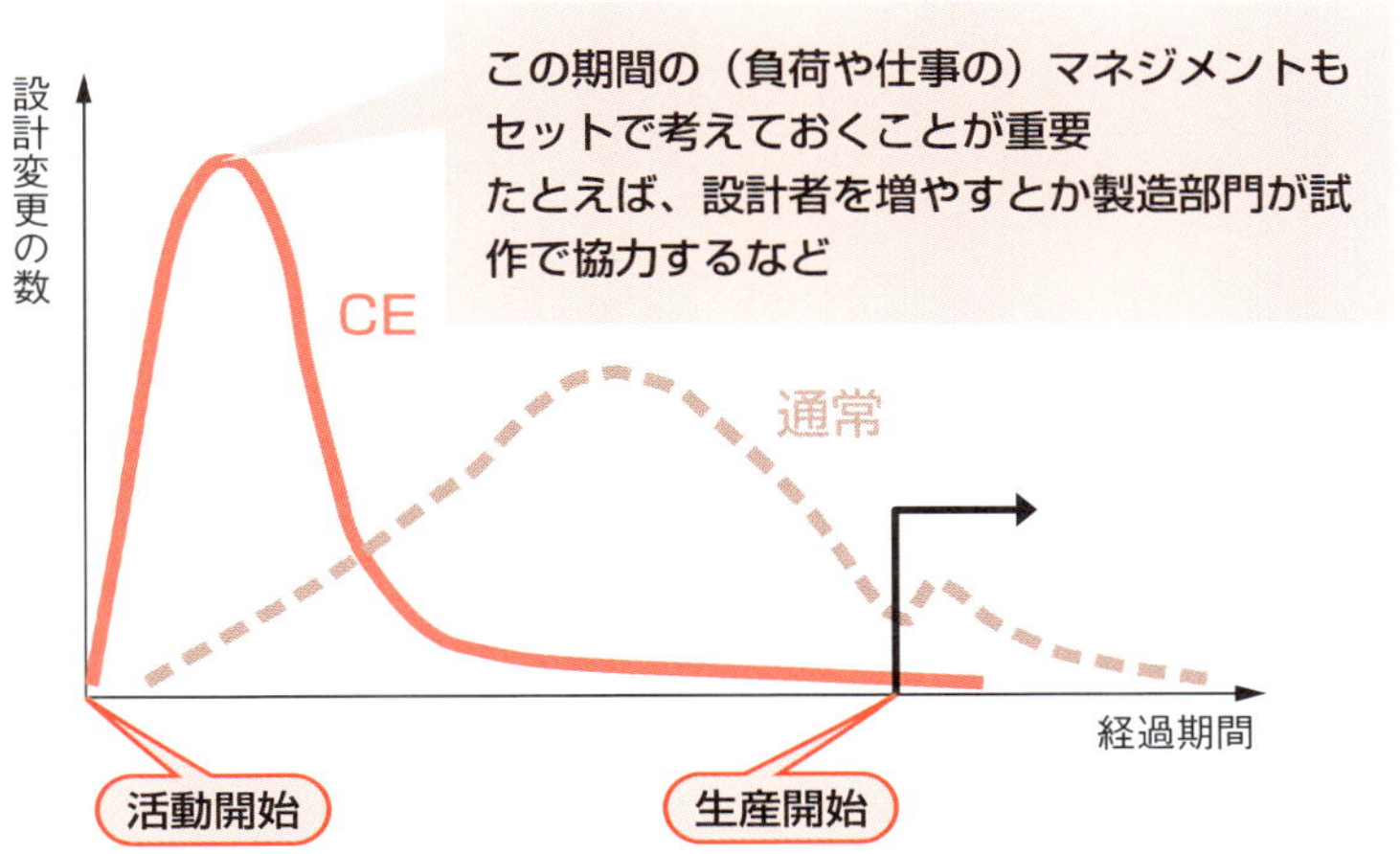

製造側も協力してトータルで効果を出す（下はコストダウンの場合）

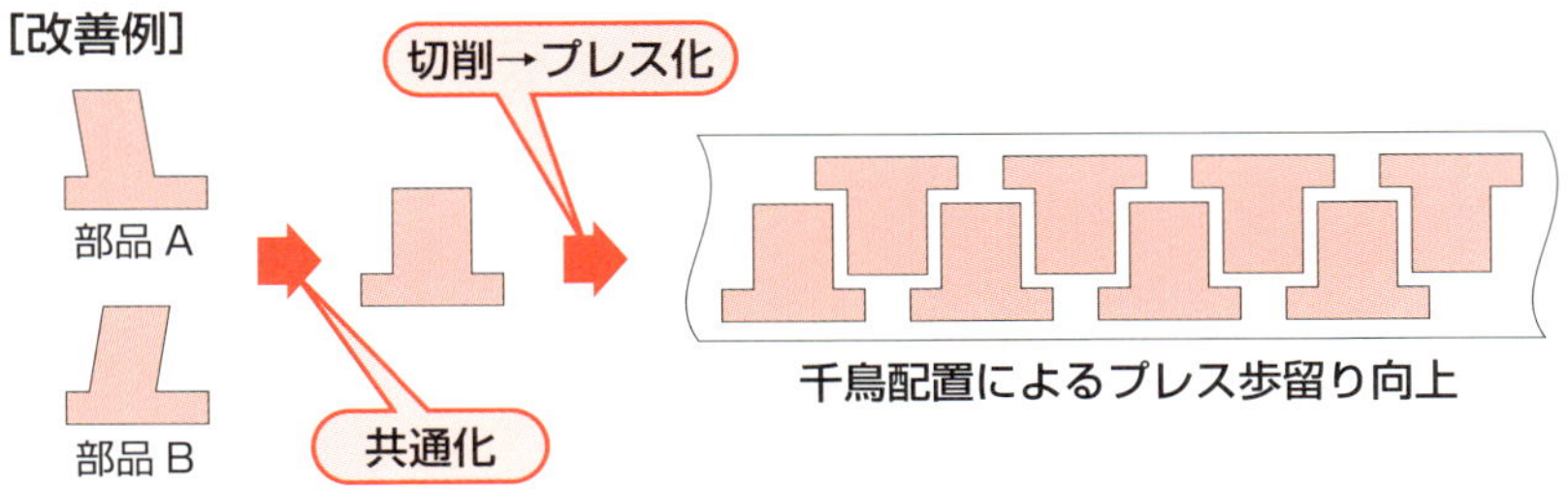

2種類の薄い金属部品AとBがありました。製造側の指摘「間違えやすい」を受けて、設計側は何とか共通化して左右対称にしました。続いて、製造側の提案「プレス打ち抜きで加工したい」を受けて、金属の材質と厚さをシート材に合わせ、耐久試験で品質確認もしました。製造側は、現有プレス機の負荷調整を計画し、レイアウトを工夫して材料歩留りも向上させコストダウンしました。

32 アーリーソーシングとは

高い目標値を達成するために、きわめて有効な手法

グローバル時代に突入して、ビジネス競争は熾烈になるばかりです。ＱＣＤＳＥＨ……どのような軸ででも勝負するためには、会社の経営資源のすべて、中でも社員の総智を効果的に発揮しなければなりません。そのために、ＣＥにおけるアーリーソーシングはきわめて有効な手法です。

アーリーソーシングの本質的な効果は、何と言っても業務プロセスの後工程側で研究や開発の期間をしっかり確保できる点です。スピードが要求される現代、もっと時間があれば、と思う局面は誰でも経験しているでしょう。それがかなうのです。

技術開発のスピードアップのために、新しい技術やツールは次々に生まれてきています。最新の技術を取り込むだけでは、それを独占できない限り、他社に差をつけることができません（コンピュータの高速化が進んでいた頃、アメリカのコンピュータ会社の最新鋭機をすべて買い占めて、しばらく競争優位に立った日本の会社も実際にあったそうですが）。

他社が真似できない競争力とは、必ずしも技術だけではありません。組織や仕事のしくみ、やり方、そしてこれが最も説明しにくい会社風土（歴史のある会社に多いですね）などがあります。

ＣＥはよく知られたビジネス用語になっていますが、これをどれだけ使いこなせるか、会社によって大きな差が出てくると思います。アーリーソーシングもその一つです。

たとえば、一つの課題に対して、設計側が主体で解決するのがよいのか、それとも製造側が主体で解決するのがよいのか、はたまた共同で解決するのがよいのか、判断することは意外と難しいものです。

目的をしっかり意識して、たとえば製品のライフサイクル全体を見ながら、全体最適の視点で議論を収束させていくには、ＣＥの組織やマネジメントが洗練されていなければできないことです。

要点BOX

- ●アーリーソーシングで、研究開発期間を確保
- ●全体最適の議論のためには、ＣＥの組織やマネジメントが洗練されている必要がある

アーリーソーシングの効果（生産技術開発期間確保の例）

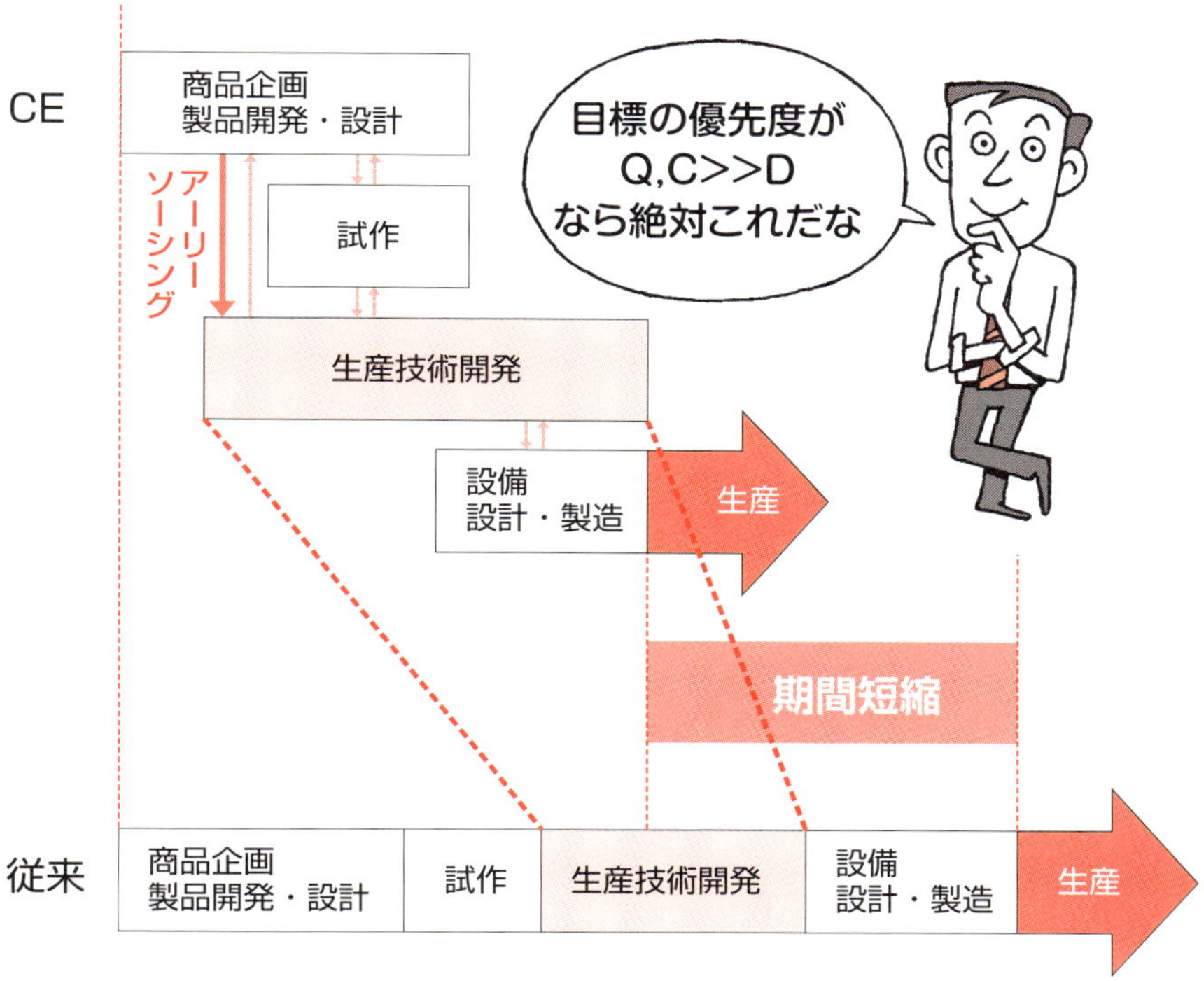

設計要求を満足しさらに効果を出す（機能確保+コストダウンの場合）

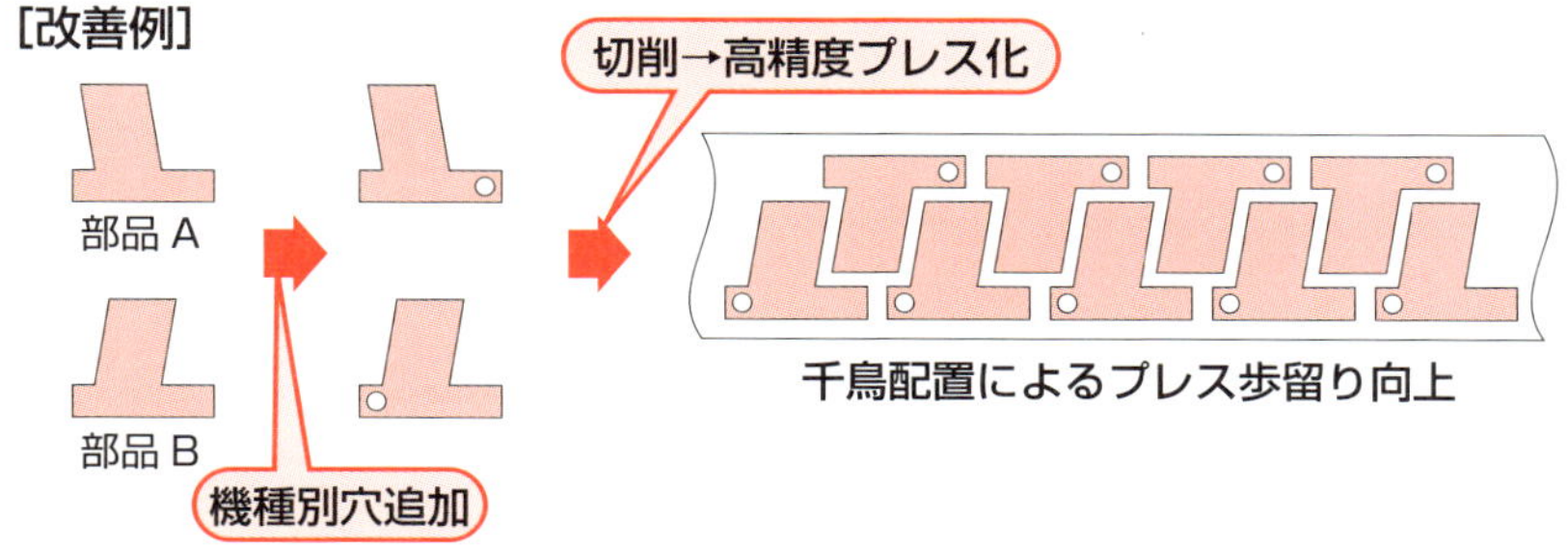

2種類の薄い金属部品AとBがありました。設計側から「機能上共通化できない。低コストで製造してほしい」と要求がありました。製造側からは「機種判別用の穴の追加」と「プレス加工のため、材質と厚さの変更」が提案され、設計側は品質確認をしました。製造側は、材料歩留りを向上させるため、2種類の部品を表裏反転させた高精度プレスを開発し、コストダウンを実現しました。

33 コンカレント設備開発の効果

製品競争力から現場力まで差をつけよう

製品開発と生産技術開発をパラレルにおこない、その間にフロントローディングとアーリーソーシングを積極的におこなうことは、業務プロセスも隣接していて、やりやすい挑戦かもしれません。

では、生産技術開発に連続する設備開発はどうでしょうか。設備を内製している場合はよいですが、調達が前提の会社の場合は、ハードルは高いかもしれません。他社を含むプロジェクトの課題（第25節で解説）は別にして、どのような効果があるでしょう。

まず、アーリーソーシングで出てきたポテンシャルの高い生産技術開発テーマを、設備技術がないために不採用にすることが防止できます。

たとえばモータに代表される回転電機は、性能の原理が明確なので、理想に近い構造を作れるかどうかで決まります。その意味で生産設備は重要な鍵を握っています。一般に、製品の機能・性能と材料・加工法は密接な関係があります。計測技術も重要な役割を演じることがあります。特殊な材料や加工法、計測技術が使える生産設備開発は製品競争力に直結します。

他社が汎用機（標準スペックの購入機）を使っているのが明らかな場合、自動化度を上げたり、高速化したり、生産管理をシステム化したりすることで、生産性で差をつけることができます。

次が最も勧めたいことですが、設備の企画から開発・設計・製作・運用・廃棄までCE化することです。そのためには、CEの基本思想の中の設備要件を明確化しなければなりません。たとえば地球環境配慮が基本思想であれば、資源に配慮した設備材料、省エネ、リサイクル可能な設備構造と廃棄（埋め立てゴミ）の最小化に取り組みます。CEの基本思想が設備まで一貫するのです。早期着手で設備の準備期間が確保できれば、保全員や生産担当がCEに参画することで、現場力も強化できます。

要点BOX
- ●設備開発とセットで生産技術開発の枠が広がる
- ●設備開発をCE化することで、CEの基本思想が設備まで一貫する

設備開発におけるコンカレント・エンジニアリング

(1)CEの基本思想を設備にも一貫させることができます。
(2)アーリーソーシングで出た生技開発テーマが、設備技術がないために不採用になることを防止できます。
(3)特殊な材料や加工法、計測技術を使える専用機を開発することで、製品競争力をつけることができます。
(4)自動化度を上げたり、高速化したり、生産管理的にシステム化したりすることで、生産性で他社に差をつけられます。
(5)設備開発そのものもCE化することで、準備期間が確保でき、「機電一体設備」などを開発できます。「機電一体設備」は、機械と電気が協調していて、設備製作や保全が楽です。
(6)保全員や生産担当が設備製作に参加することで、現場力(設備技術から設備に対する愛着)も強化できます。

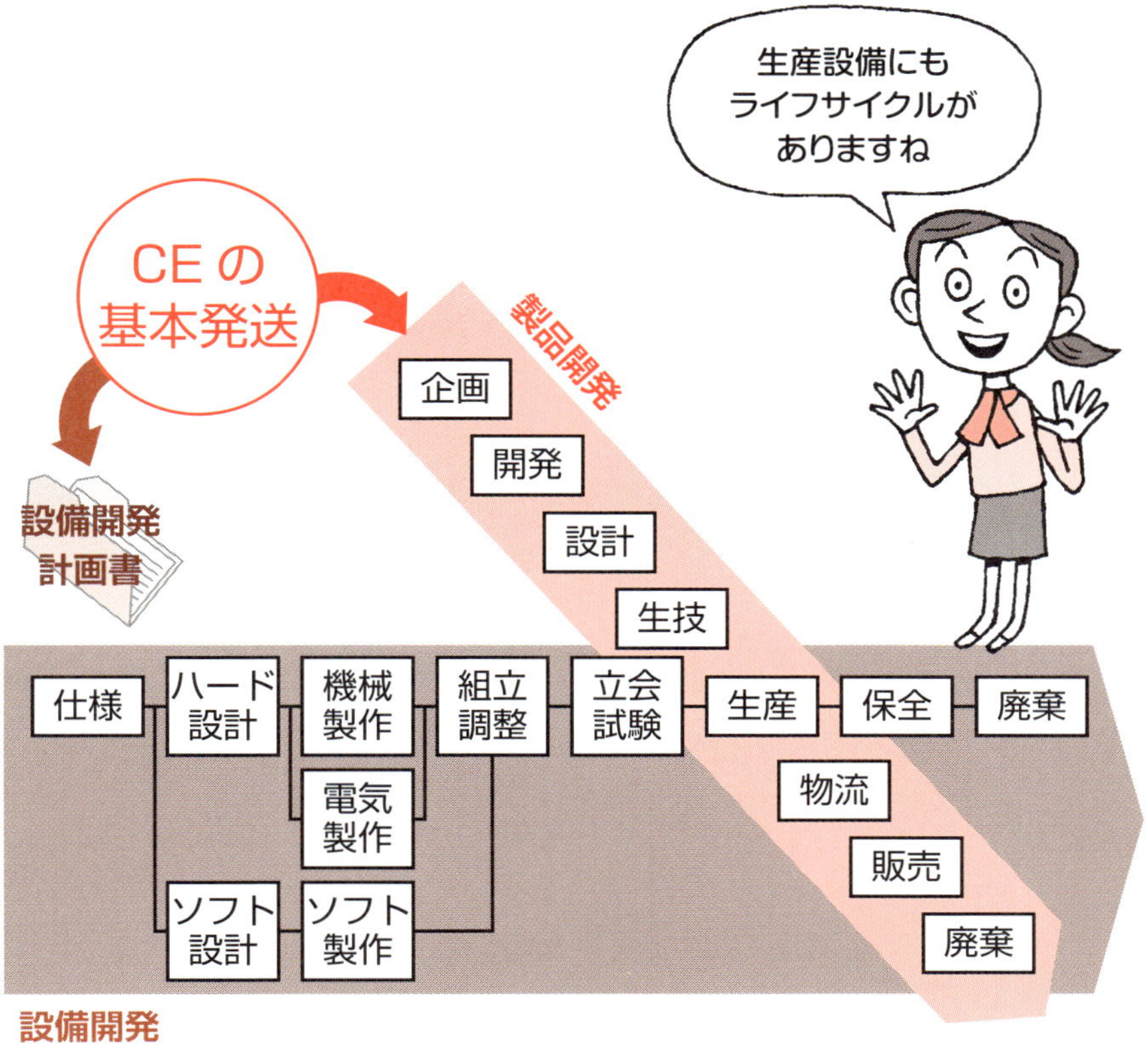

34 原価企画活動とコンカレント・エンジニアリング

昔からあったコンカレントな取り組み

原価企画活動の起源は、自動車メーカーにおける、新車の開発段階への原価管理の導入でした。それは自動車部品メーカーへもすぐ展開され、こんにちではさまざまな業界の製品開発に織り込まれています。

基本的な考え方は、コスト決定曲線というのがあって、製品のコストは設計段階でほぼ80％が確定するとか、設計が固まっていないときほどコストダウンポテンシャルが高いとか言われますので、その段階で強力に原価の作り込みをおこなうというものです。

許容原価は、目標（顧客に買ってもらえる）売価から目標利益（事業目標）を引いたものでした。また、VE（バリューエンジニアリング）と言って、製品・部品の果たすべき「機能」をそのためにかける「コスト」で割ったものを「価値」と定義して、その価値が高まるようにアイデアを出しました。

これを企画部門から、設計部門、生産技術部門さらに製造部門も参画しておこなっていました。日本の製造業の多くが取り組んでいることを観察して、アメリカの研究者がその本質をCEと定義しましたが、原価企画活動もその中にあったのです。

また、原価企画活動で扱う原価は管理会計の対象でしたから、一般の会社や社内で扱う管理指標をフル動員していました。たとえば、損益分岐点を下げる（固定費と変動費に分けて分析する）という視点や、製品の研究開発コストから廃棄コストまでの合計であるLCC（ライフサイクルコスト）を下げるという考え方もありました。

近年では地球環境配慮から、マテリアルフローコスト会計（製品にならない材料を減らすことで環境負荷の低減とコストダウンの両方を実現するという考え方）も導入されています。

昔からCEに似た取り組みでしたから、もう一歩踏み込んで、フロントローディング、アーリーソーシングを実行すれば、強力な原価企画活動になります。

要点BOX

- 製品の原価は設計段階でほとんど決定
- 原価企画活動では、企画部門から製造部門まで参画して、VEやLCCの考え方が使われていた

原価企画活動の基本的な考え方

昔からおこなわれていた原価企画活動は、CEの原点の一つです。
フロントローディング、アーリーソーシングを加えればさらに強化できます。

許容原価 ＝ 目標売価 － 目標利益

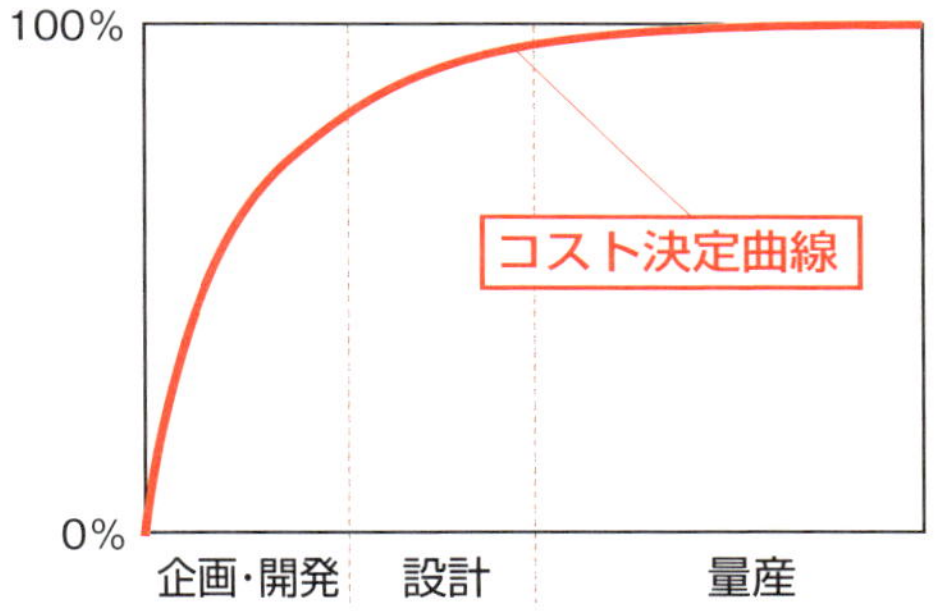

コストはほとんど設計段階で決まります。

企画部門から設計、生技、製造部門まで参加します。

原価企画活動で使われる主な原価低減の手法

損益分岐点図表

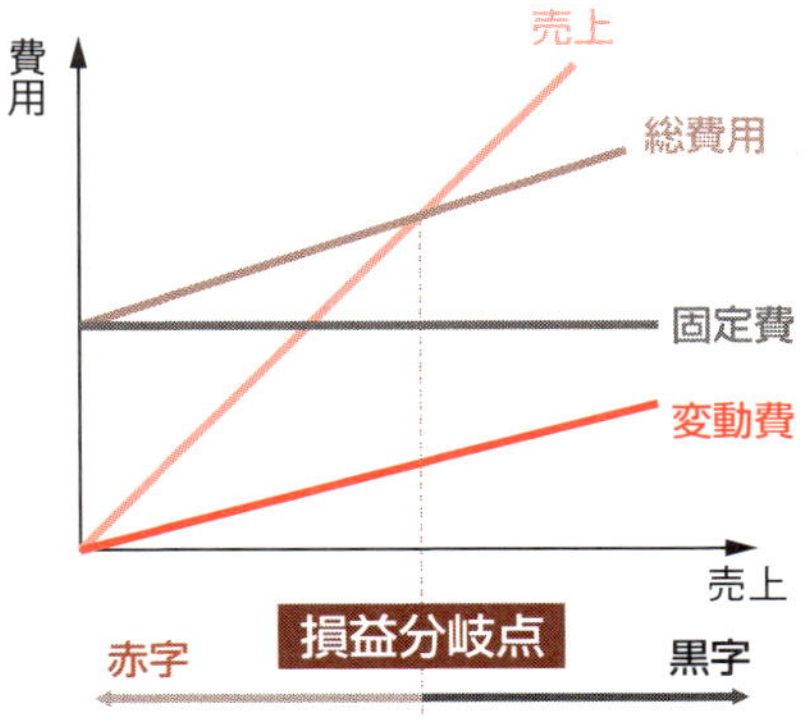

固定費、変動費に分けて分析します。

VE
（バリューエンジニアリング）

$$\underset{\text{（価値）}}{\text{VALUE}} = \frac{\underset{\text{（機能）}}{\text{FUNCTION}}}{\underset{\text{（コスト）}}{\text{COST}}}$$

製品・部品の機能とコストを分析し、
価値を高める方向でコストダウンします。

LCC
（ライフサイクルコスト）

製品を取得してから使用するために必要な
費用の総額に着目してコストダウンします。

35 試作〜量産一貫活動

垂直立ち上げを狙うなら、試作から量産を推定

CEの基本思想がタイムツーマーケットの短縮だったとしても、設計図面とは関係ない立ち上げ後のトラブルが続発したら、目的は半分しか達成できなかったのと同じでしょう。タイムツーマーケット短縮を狙うときは、同時に垂直立ち上げも目標にするものです。垂直立ち上げを目標にしたCEの例を紹介します。

製造部門の担当者が参画しても、製品開発や設計の初期段階は、まだ構想図程度しかないかもしれません。その後も、近年は試作回数の低減のためにITツールを多用していますから、ディスプレイの中の映像ばかり見せつけられるかもしれません。

それでも、少なくとも一回は実物を試作する機会があるはずです。そこがこの活動の最大の狙い目です。この試作工程を製造部門の担当者が設計するのです。

普通なら実験室のような恵まれた環境で、手作りか、使うとしても汎用の設備で、どのような手段を用いてでも良品を作ろうとする試作工程に、量産経験の豊富な人がメスを入れるのです。環境、材料、加工法、設備、作業者を考え、品質情報は測定して管理図に記録します。量産で問題が起きそうな工程を発見し、早目に手を打つためです。

量産経験の豊富な人は、数の少ない生産と量産の違いを熟知しています。

たとえば高精度樹脂成形なら、成形品質には材料と金型の影響が非常に大きいものです。試作には、量産を想定しているメーカーの材料(たとえ海外材でも)を用意するでしょう。また、量産金型での寸法の合わせ込みはかなりの時間をとります。最初から量産型で試作しようとするでしょう。

開発者は、寸法や形状精度が図面通りにできているか確認しますが、異常点があるとそれを除いてグラフ化する傾向があります。しかし、量産経験者はたった一つの異常点も見逃しません。管理図の中から発見し、その原因を追求するものです。

要点BOX

- ●試作工程を量産経験豊富な製造部門が設計
- ●少ない数しか作らなくても、量産を想定した作り方をして、たった一つの異常データも見逃さない

試作〜量産一貫活動のメリット

図面や映像を元にした検討会や議論だけでは見つけにくい問題を、
量産経験豊富な製造部門の人ならば、試作工程から発見できる。

試作工程で発見される量産時の問題の例

工法	試作と量産の違い·量産ならではの問題
組立	手作業では安全性に問題。自動組立困難。
組立	製品の穴に異物が入る。部品が中へ落ちる。
機械加工仕上	研磨ならできるが切削(低コスト)で困難。
溶接	電極形状が特殊、短寿命。ランニングコスト高。
熱処理	バッチ処理用に治具要。温度バラツキ大。
樹脂成形	材料バラツキ。量産金型の精度合わせ込み必要。
洗浄	小型機と大型機の洗浄品質の一致困難。
塗装	量産になったときの作業環境確保必要。
計測	実験用計測器と量産用計測器は違う。

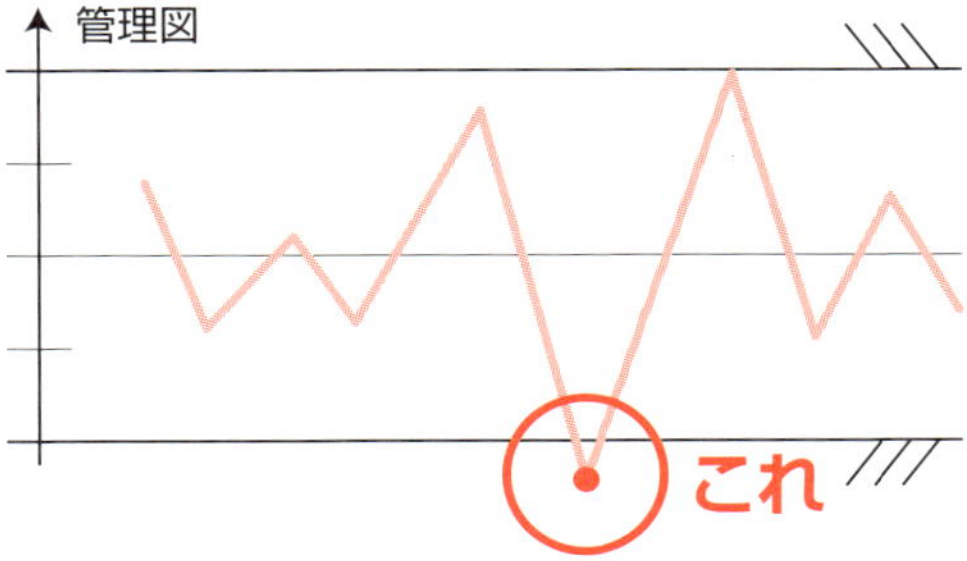

量産経験豊富な人は
たった1個の異常点も
見逃さない

36 製造部門での先行開発活動

一度味をしめるとやめられなくなる?

製品開発のCEに製造部門が参画すると、自分たちの意見が通ってやらされ感がなくなるだけでなく、事業としての重要性を理解することで仕事のモチベーションが高まります。そうやって開発した製品が無事に立ち上がり、計画通り事業に貢献すれば達成感を味わうことができます。

製造部門では常に改善活動に取り組んでいますから、生産は安定化し生産性は向上し続けます。何年かすると、製品開発部門から声がかからなくても、自分たちから催促するようになります。そろそろCEを始めないのですか、と。ここまできたら、製造部門の実力は相当なものになっています。

製造部門長は経営環境の変化に敏感になっていますから、技術部門の動きに乗り遅れることはありません。また製造部門はどうあるべきかからも先行開発テーマを考えています。このとき参考になるのが、技術部門が作成している技術ロードマップです。製品の世代が交代しても進化させていかなければならない共通技術がテーマの候補となります。

固有技術で言えば、さまざまな機械加工技術や処理技術の高速化や高精度化、自動化、省エネ化、ランニングコストの低減などです。社内の他製造部門でも必要としている技術であれば、本社機能部の生産技術開発部門との連携が、設備開発を伴うものであれば、社内工機部門や設備メーカーとの共同開発が必要でしょう。

経営環境の変化への対応からテーマになるのは、変種変量とか製品の短寿命化とか高度情報化とかグローバル展開対応といった生産システム的なものです。本社機能部の生産システム開発部門、情報技術部門、海外事業企画部門等との連携が必要になります。

製造部門は先行開発に経営資源を（わずかであっても）提供しながら、来たるべきCEに備えますが、人財育成の絶好の機会であることも忘れてはなりません。

要点BOX

- CEで達成感を味わった製造部門は先行開発に挑む
- 製造部門長は技術部門の動きや経営環境に敏感
- 本社機能部や社外との共同開発も必要

製造部門での先行開発活動で来たるべきCEへの備え

技術部門のロードマップやモノづくりの将来像から製造部門がテーマ形成します。

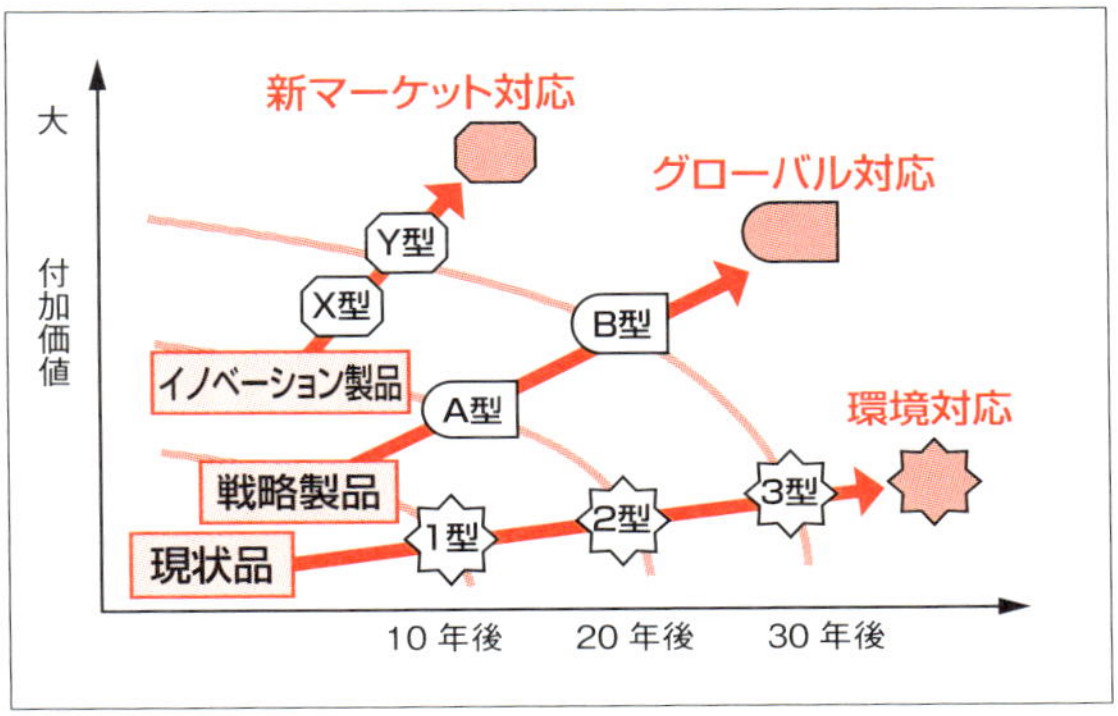

固有技術テーマ

高速化
高精度化
自動化
省エネ化
ランニングコスト低減
……

生産システムテーマ

変種･変量
製品の短寿命化
高度情報化
グローバル展開
……

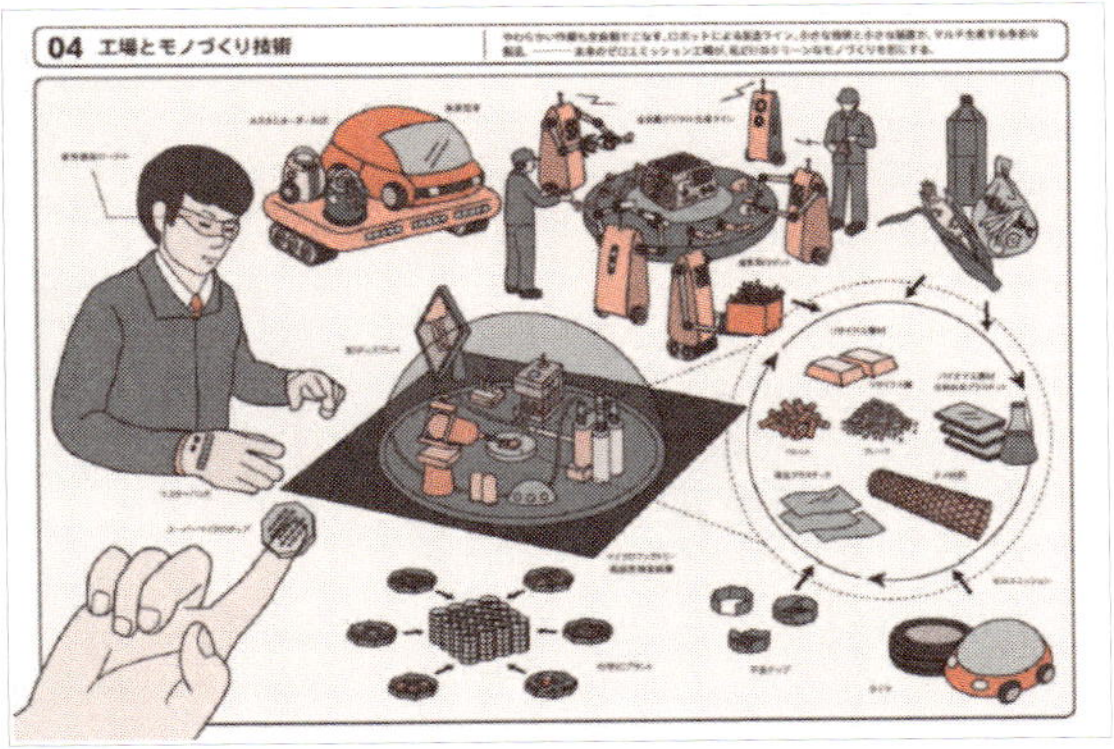

工場の将来イメージ(経産省　技術戦略マップ2010から)

製造部門の経営資源を使い、本社機能部や社外メーカーと共同開発。

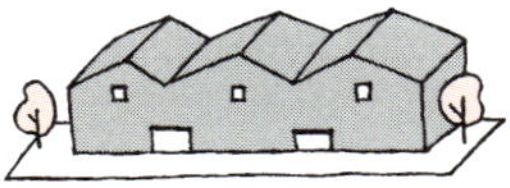

37 初期流動活動とコンカレント・エンジニアリング

まさに品質保証にフォーカスしたCE

製品の品質を決定する要因にはいくつかありますが、設計要因が半分以上を占め、以下生産技術要因、生産要因と、後工程になるほど減少していきます。これはコスト決定曲線とよく似ています。製品の品質の作り込みも早い段階が重要だということです。

初期流動管理活動は、最初は自動車業界で使われ、現在では多くの製造業で使われている品質保証活動です。筆者の勤務していたデンソーは、1961年に自動車業界では日産自動車に次いで二番目にデミング賞を受賞しましたが、そのとき評価されたのは、初期流動管理のしくみと工程能力調査でした。

一般に初期流動管理活動では、最初に初期流動管理指定がされますが、そのとき対象となる製品の新規性（技術の新しさ）・重要度（人命への影響や使用環境の厳しさ）、工程の変化の大きさ（自動化ラインの投入）などから、指定がランク分けされます。その後、設計の完成度による出図判断、生産準備の完成度による出荷判断、生産品の出来栄えによる量産移行判断といった節目を経て、初期流動解除がされるまで活動が継続します。この活動の間には、工程FMEAや工程能力調査、市場品回収調査など、指定ランクに応じた厳密さで品質保証活動がされます。

コストと同様に、前工程ほど大きな要因で品質は作り込まれますから、初期流動管理活動は、企画から開発、設計、試作、生産技術、製造にいたる全員参加の活動で、品質保証にフォーカスしたCEと言ってもよいでしょう。

事業戦略的な新製品開発プロジェクトでは、全体がCEとしてマネジメントされますが、その部分である品質保証活動も、指定ランクの高い初期流動管理活動として推進されます。メンバーはほぼ同じですから、高いレベルの品質を保証するために、総智の結集であるフロントローディングとアーリーソーシングを活用して最大効果を出そうとします。

要点BOX

●製品の品質は半分以上が設計段階で決まる
●初期流動管理活動は、製品のランク指定から解除まで全員参加でおこなわれる

品質の源流管理の重要性

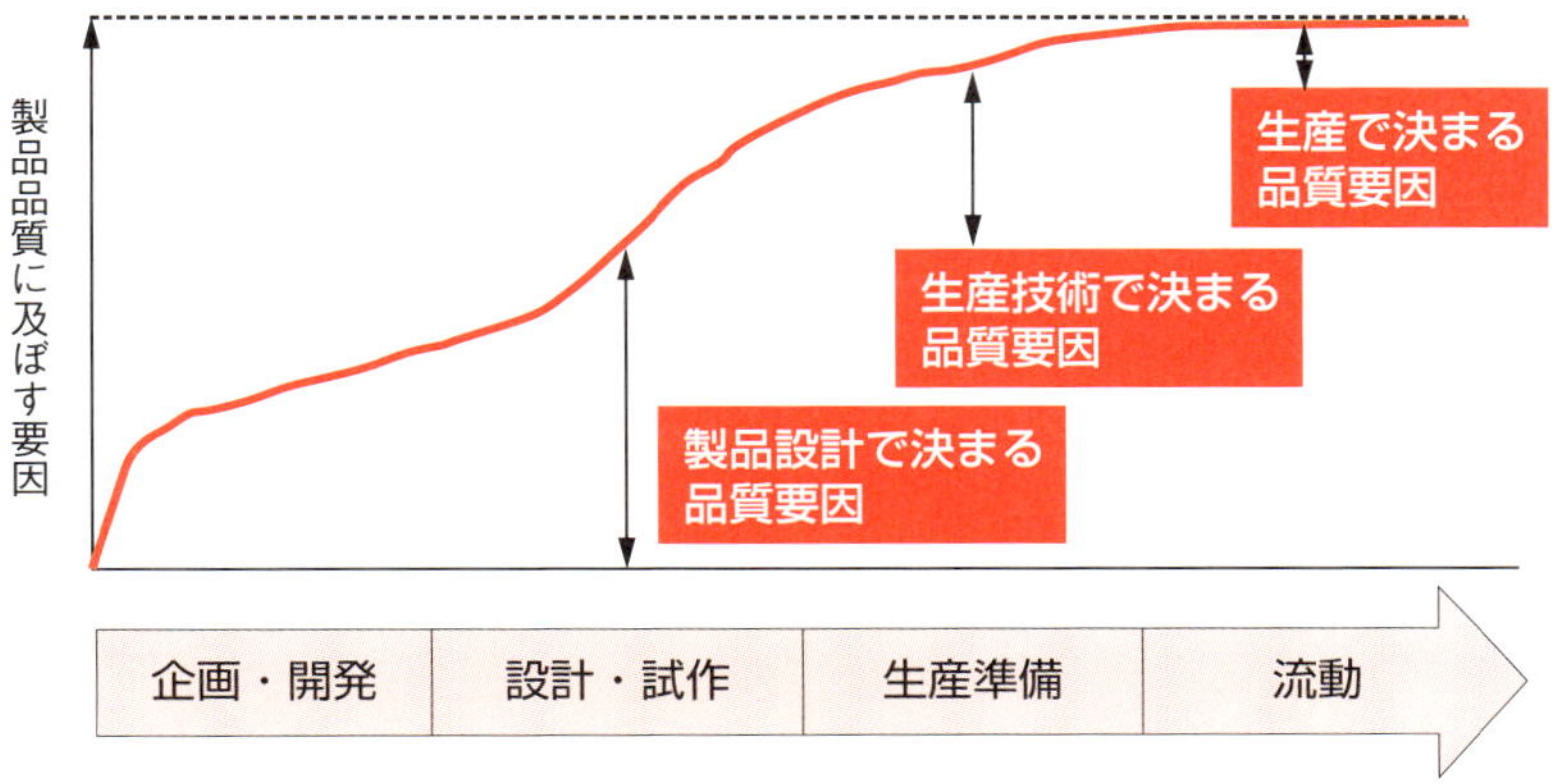

初期流動活動における品質保証ステップの例

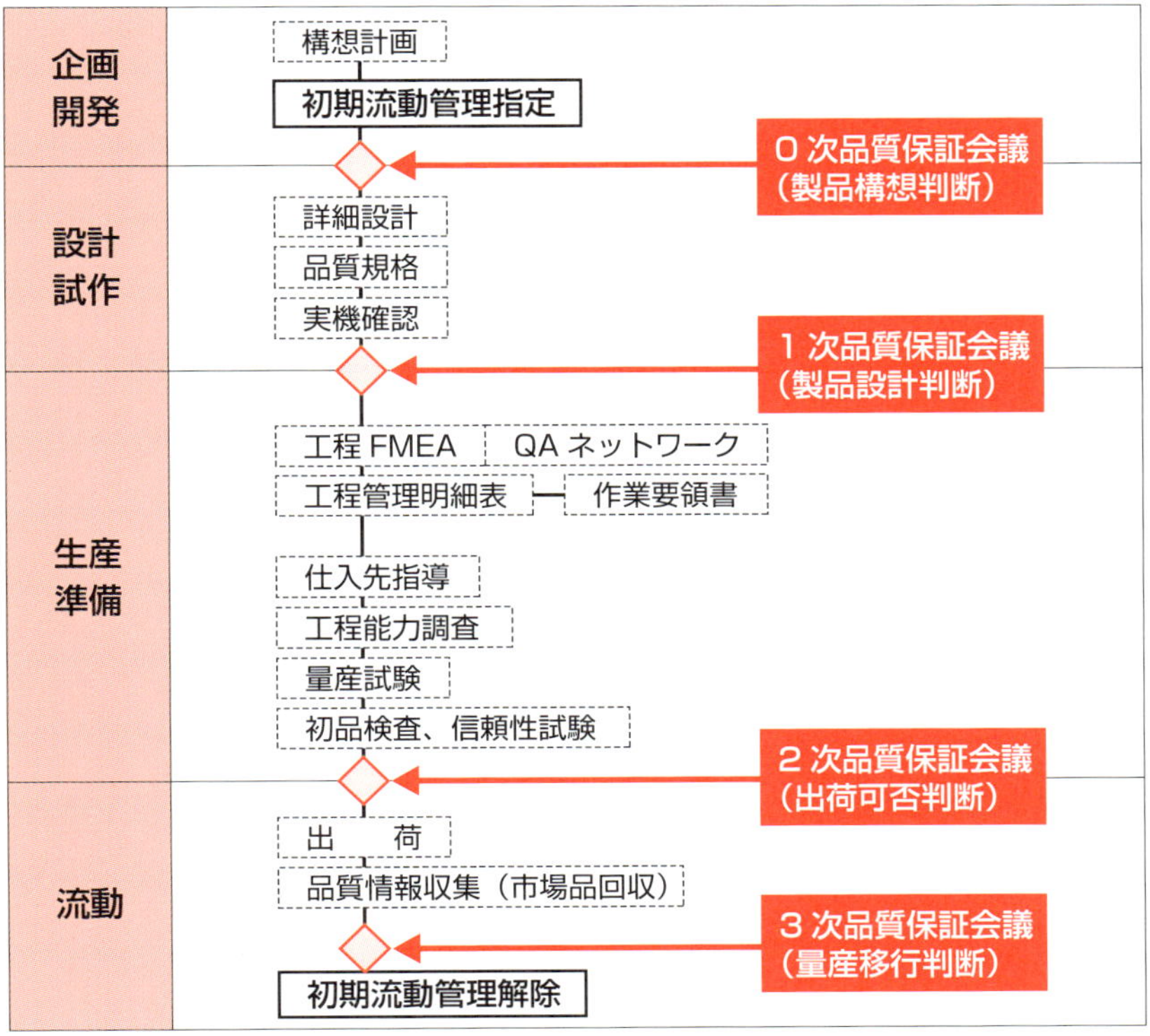

38 品質管理に見るコンカレント・エンジニアリングとの類似性

品質管理も源流管理と全社活動

筆者は長年自動車業界に身を置いていたこともあり、「品質は全てに優先する最重要課題」「品質は企業の生命線」「市場の品質問題は会社の信用・信頼問題につながる」と教え込まれました。

今にして思うと、これは日本の一企業の思想ではなく、戦後の日本のモノづくりの根幹でした。

日本の品質管理は、1950年のアメリカの統計学者デミング博士の講演から始まりました。まず、SQC（統計的品質管理）の導入です。続いて1954年のジュラン博士の講習会によりTQC（全社的品質管理）へと発展しました。指導を受けたのは経営者層でしたが、教えは生産現場に伝わり、改善を主体とするQCサークル（小集団活動）が日本中に広がりました。日本の品質管理は、強力なボトムアップ活動をベースにした全社活動として進化し、本家のアメリカを追い越しました。実際日本は、戦後の復興を遂げただけでなく、貿易摩擦まで引き起こしました。

初期流動管理とそのためのしくみやツール類も、またデンソーが提唱した全員参加の生産保全TPMも、原点は品質管理でした。

品質管理の考え方は、仕事の進め方へも応用されていきました。公害問題から環境規制、CS向上からES向上、バブル崩壊、そしてグローバル化に対応するため、マネジメント品質の向上が課題となり、TQMが導入されました。

TQMもアメリカで生まれましたが、日本に入ると源流管理（仕事の上流に注力）と総智総力（トップダウンだけでなくボトムアップも含めた全員参加型）を重視する日本流になっていったのは、CEと同じです。

国際規格ISO（9000や14001）は、トップの方針が末端まで確実に浸透していて、さらに現場ではその維持改善が進んでいて見えることを求めています。日本では、品質管理もCEもその精神でおこなわれてきました。日本の強みと言ってよいでしょう。

要点BOX

- 戦後の日本の復興は品質管理から始まった
- 品質管理の本家はアメリカだが、源流管理と全社活動を中心とする日本流（CE流）で進化した

日本の品質管理発展の歴史

年代	主な出来事
1950年代	デミング博士「8日間品質管理コース」(1950) デミング賞創設(1951)
1960年代 (TQCへの発展)	ジュラン博士「品質管理マネジメント講習会」(1954) QCサークル活動発足(1962)
1970年代 (社会意識の高まり)	リコール制度の強化(1969) 排ガス規制の強化
1980年代 (CS向上活動)	JDパワーによるIQS評価 TQCブーム
1990年代 (グローバル化)	ISO9000の制定(1987) TQCからTQMへ ISO14001の制定(1996)

デミング賞委員会のTQMの定義

顧客の満足する品質を備えた品物やサービスを、適時に適切な価格で提供できるように、企業の全組織を効果的・効率的に運用し、企業目的の達成に貢献する体系的活動。

TQMの多様なスコープ

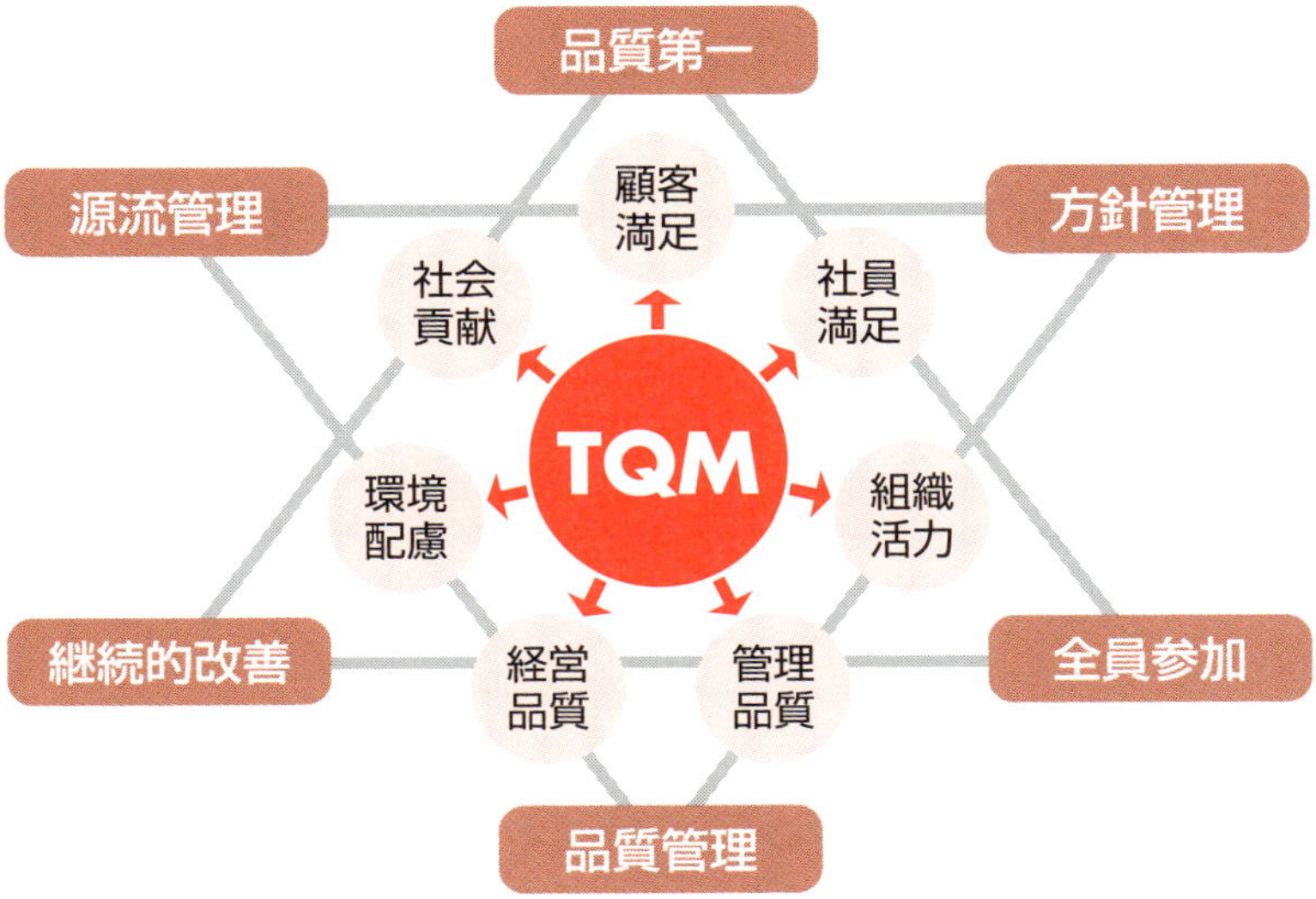

39 コンカレント・エンジニアリングにおける情報マネジメント

「基本情報の一元化」と「情報の共有」が基本

　本書で述べているCEでは、高い目標値を達成するために、複数の部門の人たちが常に協働する形で業務プロセスが進行します。本節では、この活動期間に扱われる情報について、3DCADやITツールの整備を前提としない基本的な考え方について説明します。CEで利用される情報にとって重要なのは「基本情報の一元管理」と「情報の共有」です。

　最も基本となる設計図面には、アイデアスケッチのような状態から詳細寸法の入った図面になるまで、設計変更を繰り返しながら日々変化していくという特徴があります。そのため、他部門の人が参照する設計図面のような基本情報は、常にアップデートされている必要があります。これが「基本情報の一元管理」です。

　変化しつつある設計図面だけでは、他部門の人は設計部門に提案もしにくいですし、自分の仕事にとりかかるにも不十分ですから、多くの関連情報を知りたくなります。設計関連で言うなら、過去の製品図面、社内設計基準、特許調査結果、実験報告書、プロト試作品や他社品といった現物も見たくなるでしょう。これが「情報の共有」です。

　CEで利用される情報は、付加価値を生み出すためのものですからナレッジと呼んでもよいかもしれません。情報をナレッジにするために、さらに以下三つの工夫が必要です。

　一つめは「見える化」の工夫です。書庫やPCの中に保管してある書類は出しましょう。現物もです。基本情報については更新月日時刻の明記も必要です。

　二つめは「時空の共有」の工夫です。部門をまたぐ会議を開催し、議事録はすべてのメンバーに伝えます。大部屋を用意し、書類を掲示し、現物を展示します。

　三つめは「コミュニケーション風土」の工夫です。トップから担当者まで自由に意見を言えなければ、情報を生かすことはできません。

要点BOX

- 他部門が参照する基本情報はアップデートが必要
- 情報をナレッジにするため「見える化」「時空の共有」「コミュニケーション風土」を工夫

CEにおける情報の基本要件

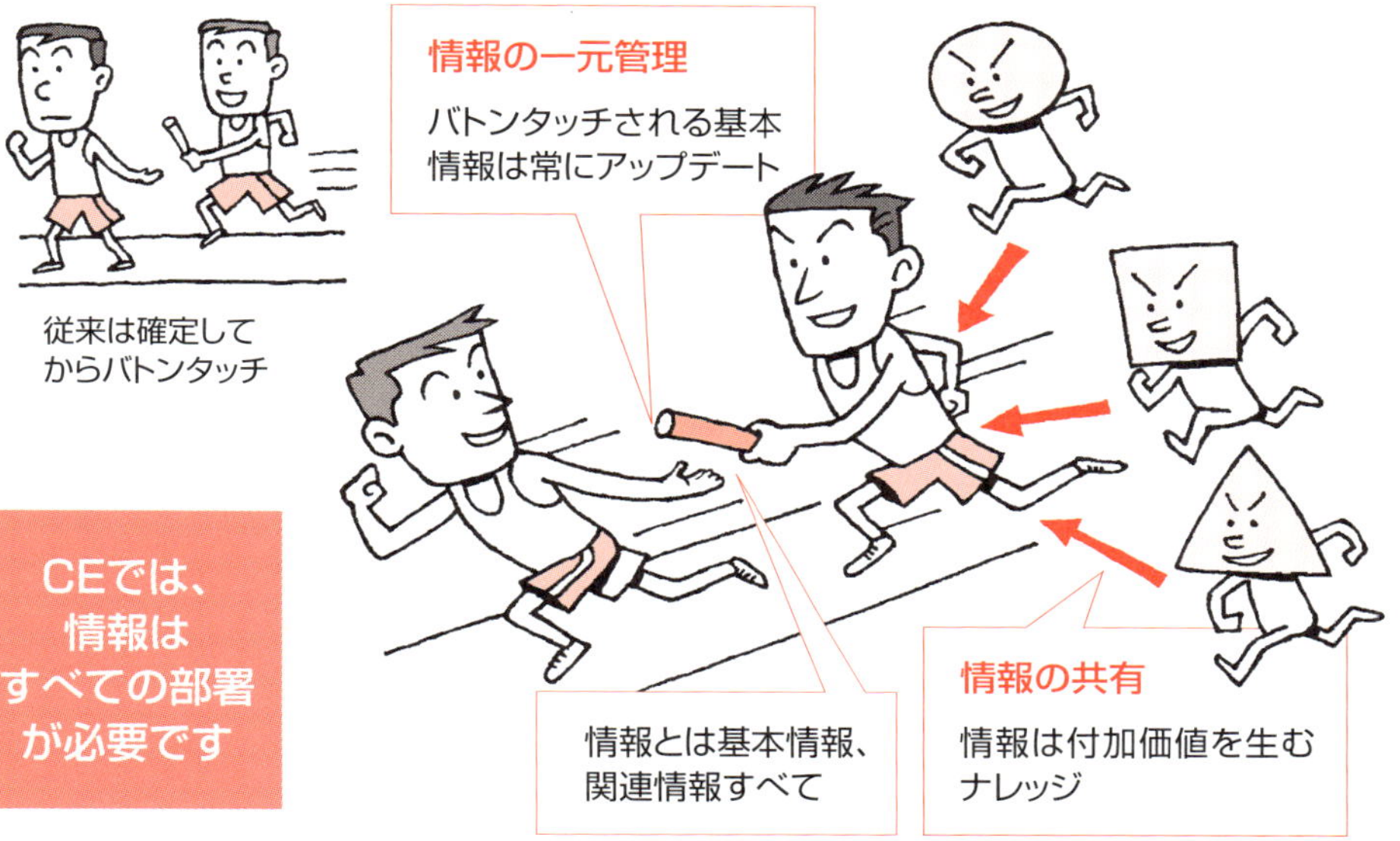

従来は確定して
からバトンタッチ
情報の一元管理
バトンタッチされる基本
情報は常にアップデート
CEでは、
情報は
すべての部署
が必要です
情報とは基本情報、
関連情報すべて
情報の共有
情報は付加価値を生む
ナレッジ

情報をナレッジ化するための工夫

見える化
（帳票）
時空の
共有
コミュニケー
ション風土
見える化
（現物）

40 コンカレント・エンジニアリングとプロジェクトマネジメント

一般的なプロジェクトマネジメント手法を適宜利用

高い目標を設定したプロジェクトであれば、全体を推進する（たとえば事業課題解決）プロジェクトだけでなく、サブプロジェクト（製品開発プロジェクト、生産技術開発プロジェクト、生産準備プロジェクトなど）や多くのミニプロジェクト（個別テーマごとの推進体制）があります。

CEならではのマネジメントの特徴をこれまで説明してきましたが、当然のことながら、一般的なプロジェクトマネジメント手法も利用されます。詳細は専門書に譲るとして、概要は以下の通りです。

まずプロジェクト目標が設定されると、WBS（Work Breakdown Structure）を用いてプロジェクトの全体構造を表現します。これにより、高い目標達成のための「組織」「フェーズ管理」「コスト管理」そして「リスクマネジメント」のポイントが明らかになります。

「組織」で最も重要なのはプロジェクトマネジャーの選定であり、構造はマトリクス組織が一般的です。

CEの場合、組織の論理の衝突が起きがちです。全体最適の視点からプロジェクトマネジャーがコントロールしますが、特にコンフリクトマネジメントが重要です。

「フェーズ管理」の下にスケジュール管理があり、バーネット型の大日程計画表が作られ、マイルストーンやDRなどのリスク管理がされます。

「コスト管理」で重要なのは、様々な部門で構成されますので、予算の見積もりと予実管理になります。

「リスクマネジメント」は、スケジュール管理だけではありません。事業戦略を実現する高い目標を達成するためのプロジェクトですから、あらゆる局面にリスクが待ち伏せています。想定外とか不測の事態といった言い訳は通用しないと考え、ブレインストーミングも使ってリスクを洗い出します。リスクマップ、リスクドライバーなどの手法を用いて、リスク回避などの方策を立て、メトリクス（変化を数値化すること）を導入してリスク監視の体制を整えておきます。

要点BOX

●重要なCEはさまざまなプロジェクトで構成される
●一般的な手法の中でも、コンフリクトマネジメントとリスクマネジメントが重要

CEにおける一般的なプロジェクトマネジメント手法

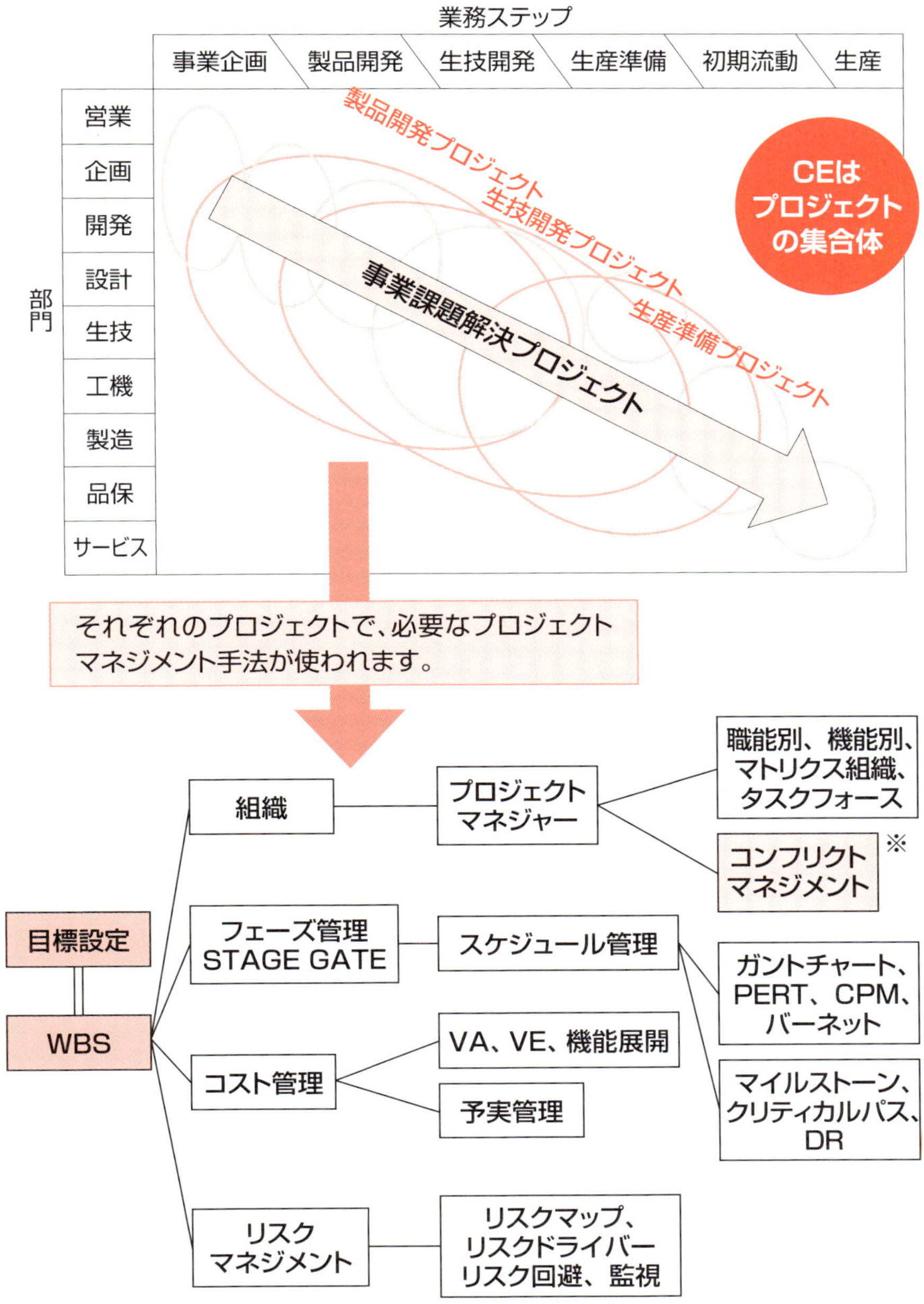

※コンフリクトマネジメントの基本は、プロジェクトマネジャーの力量とコミュニケーションです。

Column

製品設計者が一人二役のコンカレント・エンジニアリング

タイムツーマーケットの短縮よりも、小型化と地球環境保護（もちろん競争力強化によるシェアアップ）を目標にした次期型製品の開発の話です。

製品はオイルフィルタです。内燃機関を有する自動車には必ず一個は必要で、走行距離に応じて交換しなければなりませんが、構造的に分解が難しいため、世界中どの国でも埋め立てゴミになっていました。

小型化と地球環境保護を同時に成立させるためには、製品のライフサイクル全体から考える、つまり製造方法から整備工場での交換方法まですべて見直さなければなりませんでした。

このアイデアや構想を考えるのは並大抵のことではできないだろうと、設計の課長が本社生産技術部に短期留学し、生産技術者と議論しながら、モノづくりから製品構想を作り上げていったのです。

その結果、従来は紙を折りたたんで鉄のコアに巻いていたのを、樹脂のコアに紙の原料である繊維を直接からめていくという成形体構造を考え出したのです。こうすると、従来よりも小型になり、また製紙工場を通さない製造法になるため大幅な省エネにもなります。設計課長は専用の缶切り工具も考案し、整備工場で中身を取り出すと、それは可燃ごみとしてサーマルリサイクルできる、つまり廃棄ゼロも実現しました。

さらに生産技術の専門家たちは、製造ラインでの加熱工程の削減技術、使用する繊維を100％リユースする技術と有害物質を工場外へ出さない技術も完成させました。結果として、LCA評価が69％マイナスという画期的な生産システムは学会賞も受賞することができました。

製品設計者の一人二役という活躍もあって、CEが高い目標を達成するために役立った実例です。

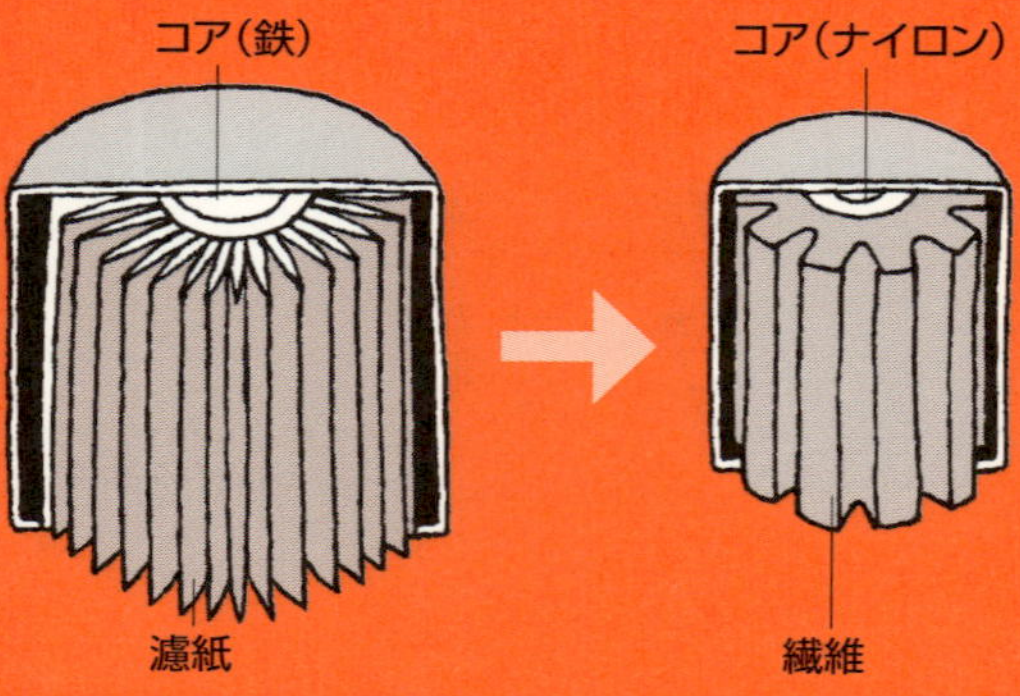

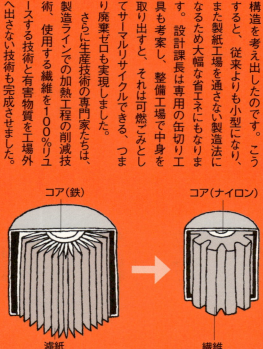

第6章

コンカレント・エンジニアリングにおける手法やツール

41 製品のすりあわせと標準化

標準化はCEの手法の一つ

かつての日本が得意だったCE的な仕事は、関連部門が抵抗なく集まって、できるところからどんどん始め、最終段階は調整しながら完成させるものでした。これは別な表現で「すりあわせ」とも呼ばれました。

代表的な製品は自動車で、日本はすりあわせ製品のモノづくりに強いとも言われたものです。

一方、その自動車は、プラットフォーム（主に車台）の共有やモジュール化、キット化という、機能システムレベルでの標準化の動きがあります。

自動車もやがてパソコンのような作り方になって、開発にはCEは必要なくなるのでしょうか。

目標達成手段であるCEから見れば、この標準化は実はCEの手法の一つです。標準化の本質は「再利用」にあります。技術だけではなく、仕事もあらゆる場面で再利用できるようにすることです。そうすると、ビジネスのグローバル展開においては、組み合わせによって多様な製品や製造ができ、色々なパートナーと協働して戦えることになります。

世界の主要な自動車メーカーは、さまざまな自動車を作っています。昔はなかったハイブリッドや電気自動車などです。グローバル展開すると、必要となる自動車は、相手の国の経済や環境、文化によって異なり、しかもその状況は変化します。自動車メーカーは、この変化に柔軟に対応するため、技術と仕事の標準化に取り組んでいるのです。もしニッチ市場を狙うなら、逆にすりあわせを追求するでしょう。

高い目標を達成するためのCEができる会社なら、製品のすりあわせはできるでしょう。しかし、標準化はそれ以上に困難なものです。社内について言えば、一つの部門だけでできることではありません。また、社内で標準化ができても、他社はもちろん、他国で通用しなければ、グローバル展開は困難です。

この章ではさまざまなITツールが出てきますが、CEにおける標準化のためのツールもあります。

要点BOX

- 標準化の本質は「再利用」である。技術だけでなく仕事も「再利用」できるようにすること
- CEにおける標準化のためのITツールがある

自動車の行き着く先はレゴブロック?

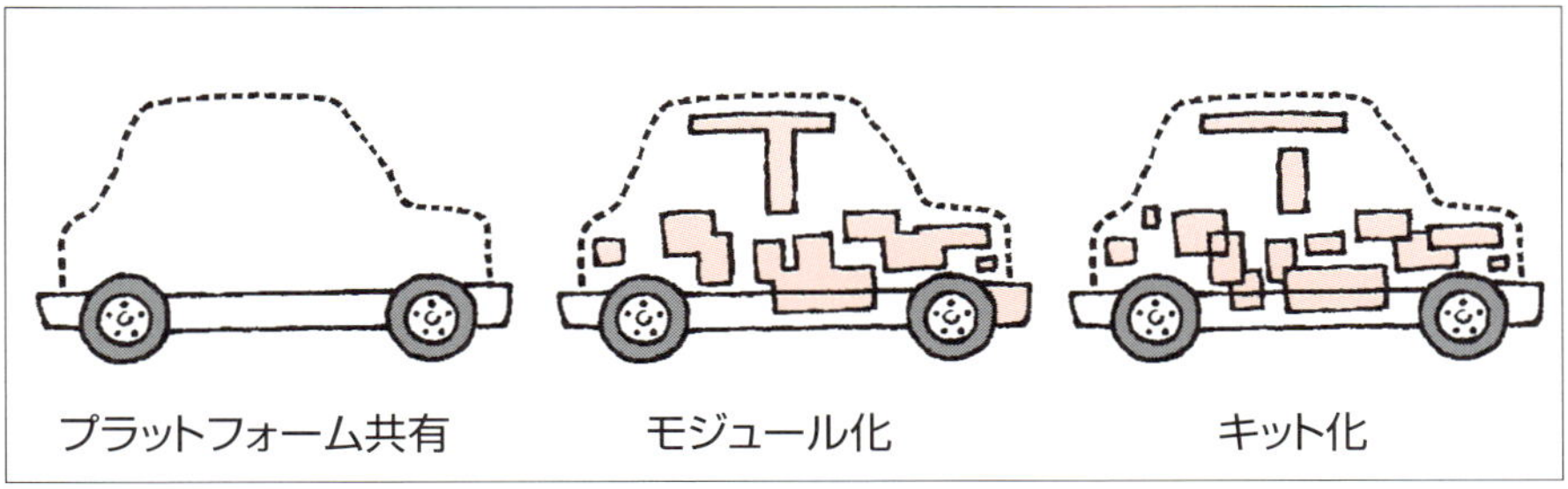

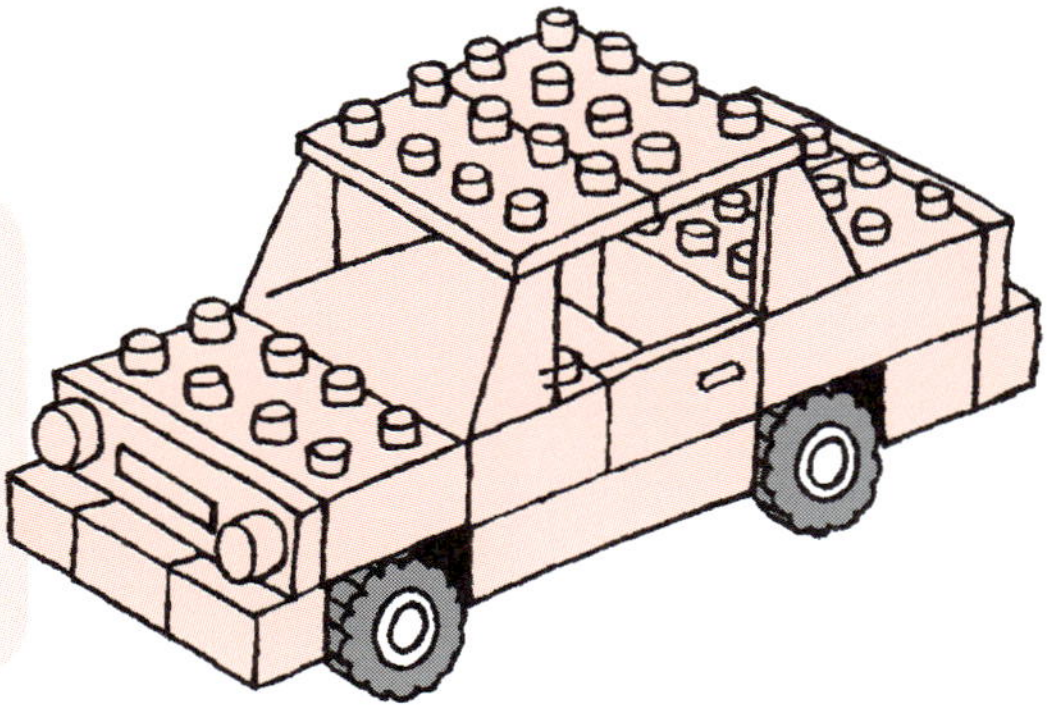

代表的なすりあわせ製品である自動車も、プラットフォーム化、モジュール化、キット化が進展しています。

CEにおける標準化の位置付け

目標達成手段であるCEから見れば、「標準化」も「すりあわせ」もCEの手法の一つです。

42 リーン製品開発とセットベース開発

トヨタ流CEの特徴

トヨタにおける製品開発では、SE活動と呼んで、生産技術者や工場技術者が設計部署に集結し、全員で最適解を追求しています。そういった活動をアメリカの研究者が調査し、リーン製品開発として一般化しました。

トヨタ流のCEですが、リーン製品開発の特徴は、セットベース開発を含む四要素とLAMDAサイクルです。CEの手法の例として紹介しましょう。

セットベース開発の基本は、構想段階で重要な課題に対して多くの代替案を出し、開発していく過程で徐々に絞り込んでいくというものです。やり直しをムダと考えるトヨタらしい発想で、代替案が多ければ必ずその中に解決策があると考えるからです。近年ではこの考え方が、ソフトウェア製品のアジャイル開発の手法「変更の頻発を抑制するため、最も情報が集まる時点まで最終決定を待ち、複数のオプションを維持する」として応用されています。

採用されなかった代替案が多いから、かえってムダが多いのではないか、と考える人もいるでしょう。一回だけの開発ならそうかもしれません。自動車の開発は次々に発生するのです。惜しくも採用されなかった代替案の技術は、トヨタでは「棚入れ」と呼んでストックされます。失敗した技術も捨て去られるわけではありません。不具合（メカニズム）事例として立派にストックされるのです。どちらも「再利用」されるために残しておくので、大きな意味での標準化なのです。

LAMDAというのは、Look（しっかり見る）、Ask（質問する）、Model（モデル化する）、Discuss（議論する）、Act（行動する）の略です。有名なPDCAサイクルの中の特にPとCを、トヨタではLAMDAサイクルでさらに高密度に回していた、というものです。

小さな観察・分析・仮説・検証といったサイクルをたくさん回すことは確実性を増し、結果としてリードタイム短縮に貢献するという考え方です。

要点BOX

- 多くの代替案を徐々に絞り込んでいく。採用されなかった技術もすべてストックされ「再利用」を待つ
- 小さな検証サイクルをたくさん回し、確実性を増す

リーン製品開発の4要素

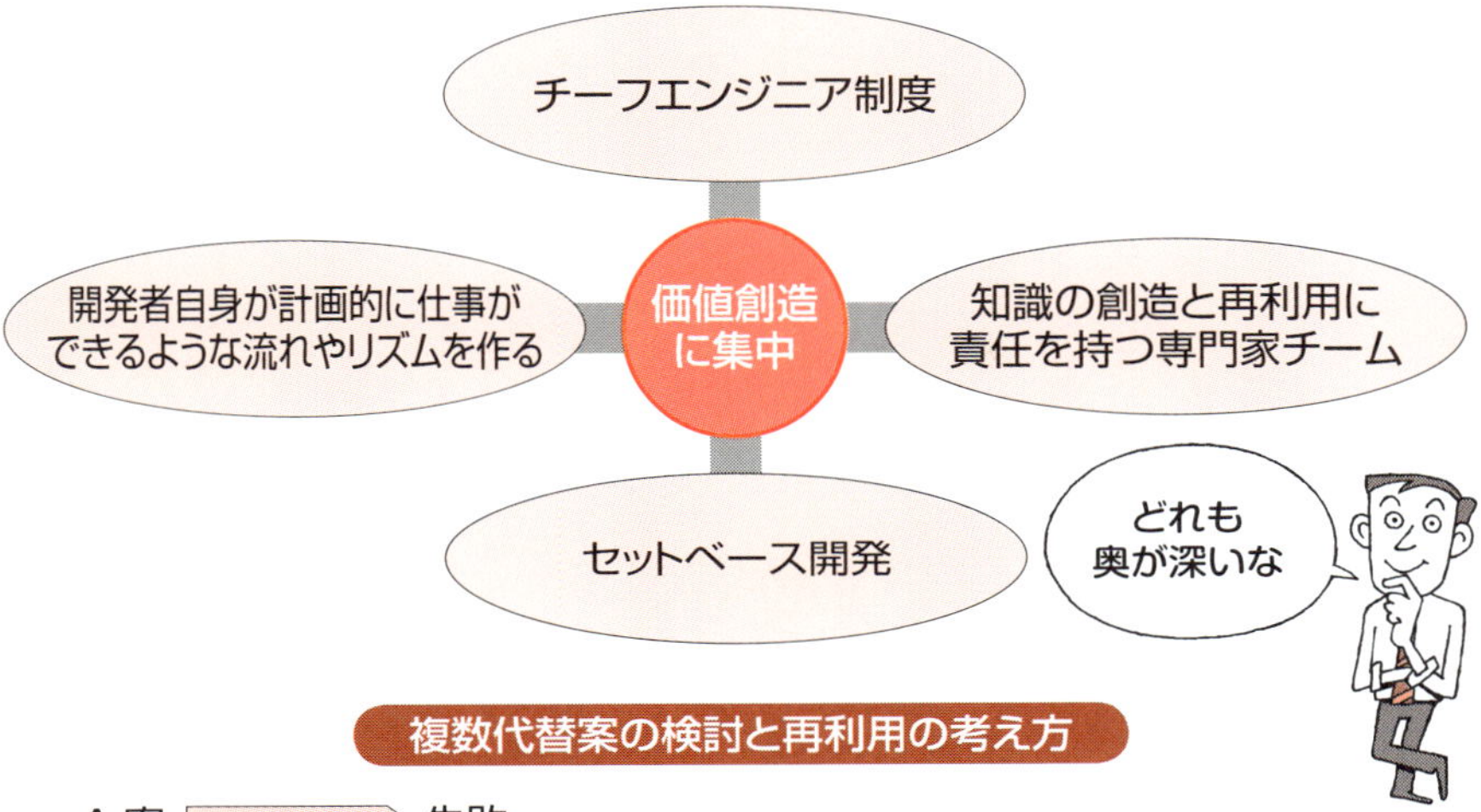

複数代替案の検討と再利用の考え方

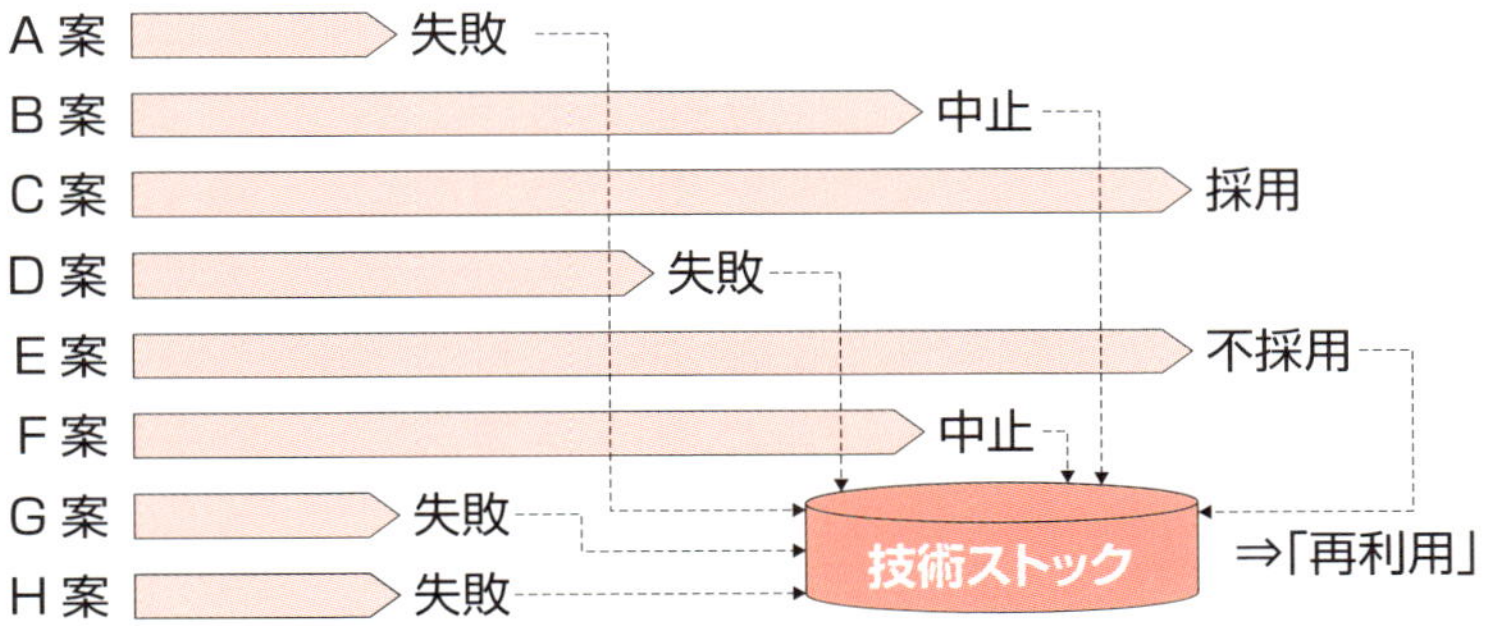

PDCAの中のLAMDAサイクル

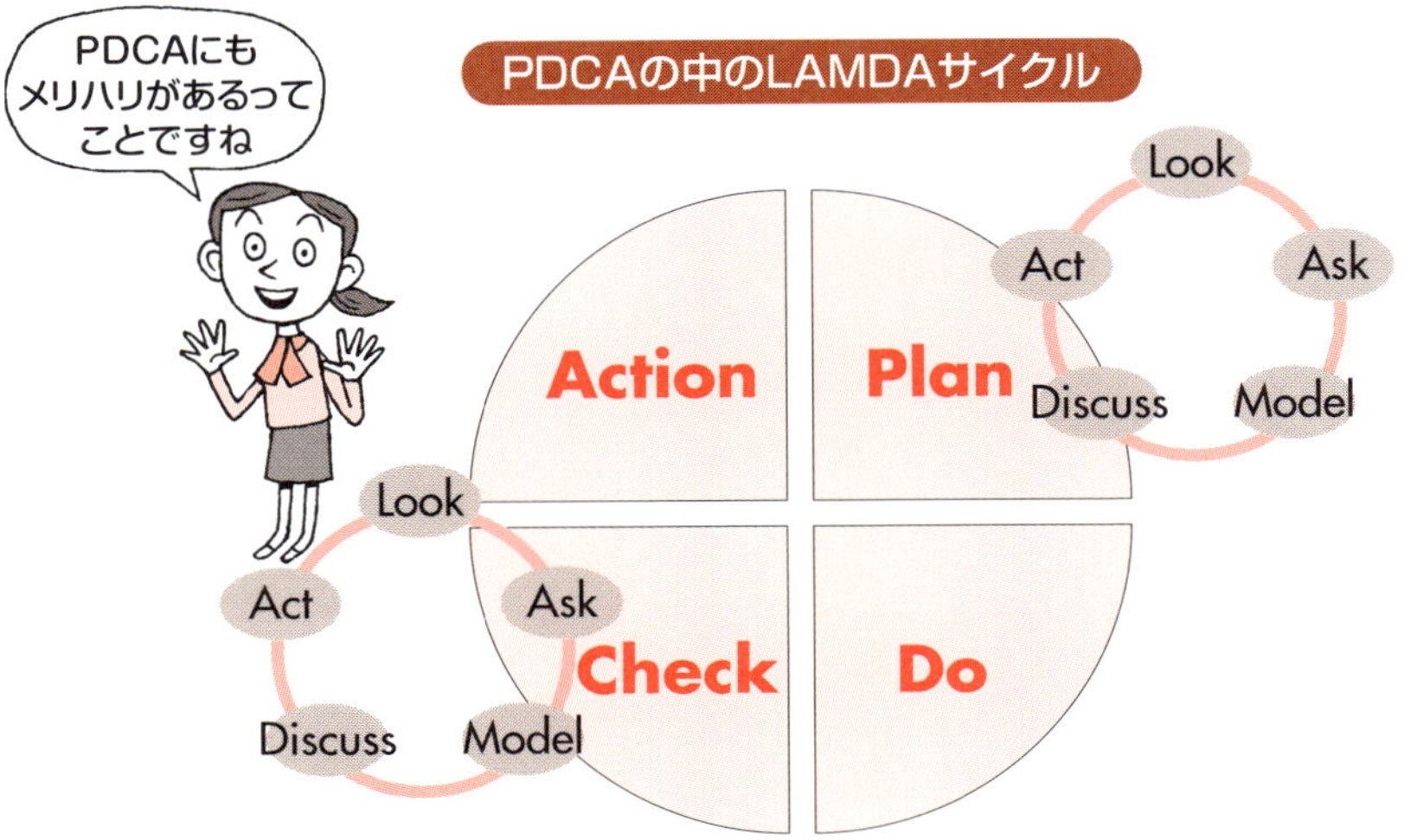

43 ソフトウェアにおけるモデルベース開発

システム化の進展と注目すべきソフトウェア開発の動き

今や自動車は、ハードとソフトのシステム製品になっていることは、専門家でなくても容易に想像できるでしょう。実際、フル装備の自動車は、百個くらいのコンピュータを搭載しています。コンピュータがソフトで動いていることはご承知の通りです。

自動車の開発におけるCEは、近年は3DCADが中心になっています。車載用のソフト開発にもそれとよく似た手法が使われています。大規模・複雑化するソフトの品質向上と開発期間短縮が狙いです。

代表的なMATLAB/Simulinkを用いたモデルベース開発を、ハードのCEと比較しながら説明します。

従来のソフト開発は、紙に書いた仕様書（ハードなら2DCAD図面）がスタートでした。厳密に定義できていない部分も多く、開発の過程で明らかになっていきます。ソフトは人手によるコーディングでプログラム（ハードなら手作り試作品）になります。分業化されてできたサブシステムが統合されて初めて出る問題（ハードなら性能が出ないとか量産困難とか）もあり、原因分析と解決に多大な工数を必要としていました。

新しい手法では「実行可能な仕様書」と言われるモデル（ハードなら3DCAD）をスタートにします。MATLAB/Simulinkで作られたモデルは、数式などを用いて物理的な特性を表現していることから、そのままコンピュータ内でシミュレーション（ハードなら3DCADでCAE）ができます。モデルからプログラムの自動コーディング（ハードならCAMで製造）もできます。これをモデルベース開発と呼んでいます。

自動車のCEでは、製造工程の開発も3DCADを活用するようになってきましたが、自動車のさらなるシステム化を考えると、モデルベース開発と融合したCEが必要になります。もちろんこのことは、自動車に限った話でないことはおわかりだと思います。

本章ではいよいよITを中心としたCEにおけるツールの説明に入っていきます。

要点BOX

- ●ソフトにおけるモデルは実行可能な仕様書である
- ●ハードにおける3DCADと同様に、モデルによってシミュレーションや自動コーディングができる

ソフトウェア開発とハードウェア開発の進化と融合

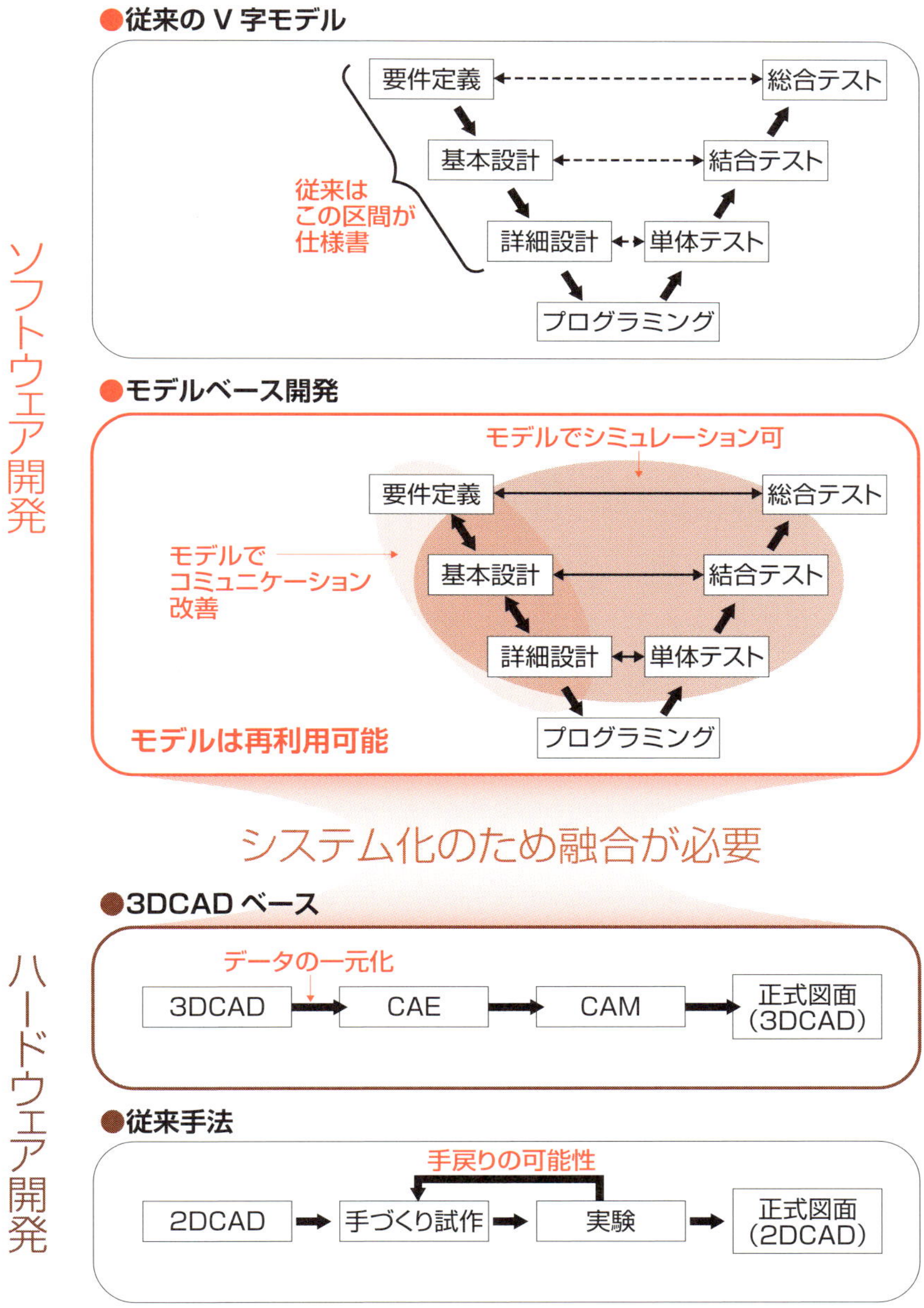

44

3DCADとは

普及と技術進化でCEがやりやすく

ボーイング社による3DCADを用いた象徴的なCEの影響も大きかったのでしょう。その後、3DCADは急速に普及しました。

そもそも3DCADは航空機や自動車のような部品点数の多い製品を製造する、そして関連する部門や会社の多い大企業から使われ始めました。アメリカ製、フランス製がほとんどです。それらはハイエンドと呼ばれる高機能で高価なソフトで、上級クラスのコンピュータを必要としました。その後、ミドルレンジ、ローエンドも作られ、コストも下がってきました。パソコンの進化や低コスト化とともに、現在では中小企業でも使える3DCADの選択が可能です。

しかし現在でも、2次元CAD（以下2DCAD）と紙の図面しか使用しない会社も多く、また3DCADがメインの会社でも併用している会社がほとんどです。3DCADでは、表面だけのサーフェスと内部の詰まったソリッド、二つのモデルを主に使います。

ずばり言って3DCADのモデルを作るのは、2DCADよりも工数がかかるものです。しかし、製品のライフサイクル全体での最適化を目指すCEの考え方からすると、そのメリットは絶大です。

第一に、モデルは実体そのものですから、図面の知識がない人でも見て理解できます。企画から物流、調達、営業、サービス部門までDR（デザインレビュー）に参加できます。技術部門であれば、早い段階から開発に参画できます。第二に、3DCADデータはほとんどの業務プロセスにおいて大きな変換なしで使える（異なったソフト間の使用では中間ファイル化が可能な）ため、基本情報の一元化が実現しやすくなります。第三に、モデリングにおいて加工順序や親子関係を考慮しておくと、設計変更に強いモデルができます。組立製品の場合、構成部品の干渉や可動チェックができ、部品を変更するとアセンブリ機能で自動反映され、フロントローディングに向いています。

要点BOX

- ●図面の知識がない人でもDRなどに参加できる
- ●基本情報の一元化が実現しやすくなる
- ●設計変更しやすくフロントローディング向きである

3DCADの分類

メーカー名	ハイエンド	ミッドレンジ	ローエンド
ダッソー・システムズ社／ソリッドワークス社（フランス）	CATIA	SolidWorks	
Parametic Technology（PTC）社（アメリカ）	Creo Parametric	Creo Elements/Direct Modeling	Creo Elements/Direct Modeling Express
シーメンスPLMソフトウェア社（アメリカ）	NX	Solid Edge	
オートデスク社（アメリカ）		Inventor	Inventor LT
Missler Software社（フランス）		TOPsolid	

3DCADのメリット「見てわかる」

3DCADによる基本情報の一元化の実現

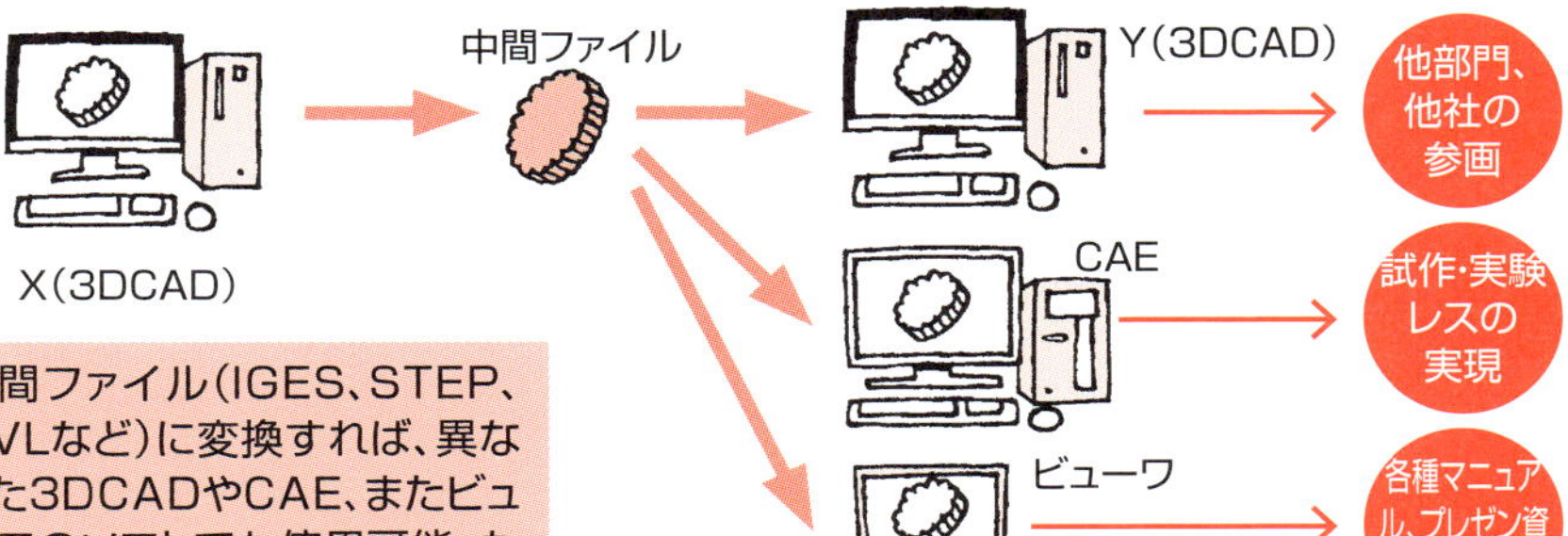

中間ファイル（IGES、STEP、HVLなど）に変換すれば、異なった3DCADやCAE、またビューワのソフトでも使用可能。ただし、修正を要することあり。

45 CAEとは

CEと相性の良い仮想の試作・評価ツール

製品開発におけるフロントローディングの強力なツールの一つが、試作品を作らずに評価することができるCAE(Computer Aided Engineering)です。応力解析や振動解析、熱伝導解析などがあります。たとえば、材料力学の知識があっても、複雑な形状のために、破壊するかしないかあるいはどこまで限界設計できるか、手計算で求められない場合に威力を発揮します。注意しなければならないのは、逆は成立しないことです。つまり、材料力学の知識なしでCAEを使って応力解析はできません。解析の主役は技術者であり、CAEはその支援ツールでしかありません。

CAEのおおまかなやり方は、以下のとおりです。

(1)3DCADデータを元に解析用モデルを作成します。有限要素法の知識を使ってメッシュを切り、材料や境界条件、荷重条件を設定します。

(2)ソルバーにより計算を実行します。

(3)計算結果を処理して、応力分布図や色彩によるビジュアルな表示をさせます。もちろん、満足する結果が出ても、現物での最終確認は必要です。

技術者の腕の見せどころは(1)です。たとえば、メッシュの切り方(タイプやアスペクト比、細かさ)で計算精度や計算時間が左右されます。

製品設計者は、形状や寸法を決定するためにCAEを駆使しますが、関連する部門の智恵を結集するCEにおいては、さらに高いレベルの目標値を達成することが可能となります。企画や営業部門がデザイン性を主張すれば、品質や性能と両立した形状や寸法を追求することができます。製造部門が製造性を主張すれば、最初から作りやすさ(低コストにつながる)を盛り込んだ材料や形状を追求することができます。

逆に、品質、性能、コスト目標を達成する理想的なモデルがコンピュータの中で描けても、その製造法がすぐに決定できない場合は、生産技術開発テーマつまりアーリーソーシングとなります。

要点BOX

●コンピュータ上でできる仮想の試作、評価がCAE
●解析の主役は技術者。CAEは単なる支援ツール
●CAEでも総智を結集して高い目標値を達成する

CAEの分類

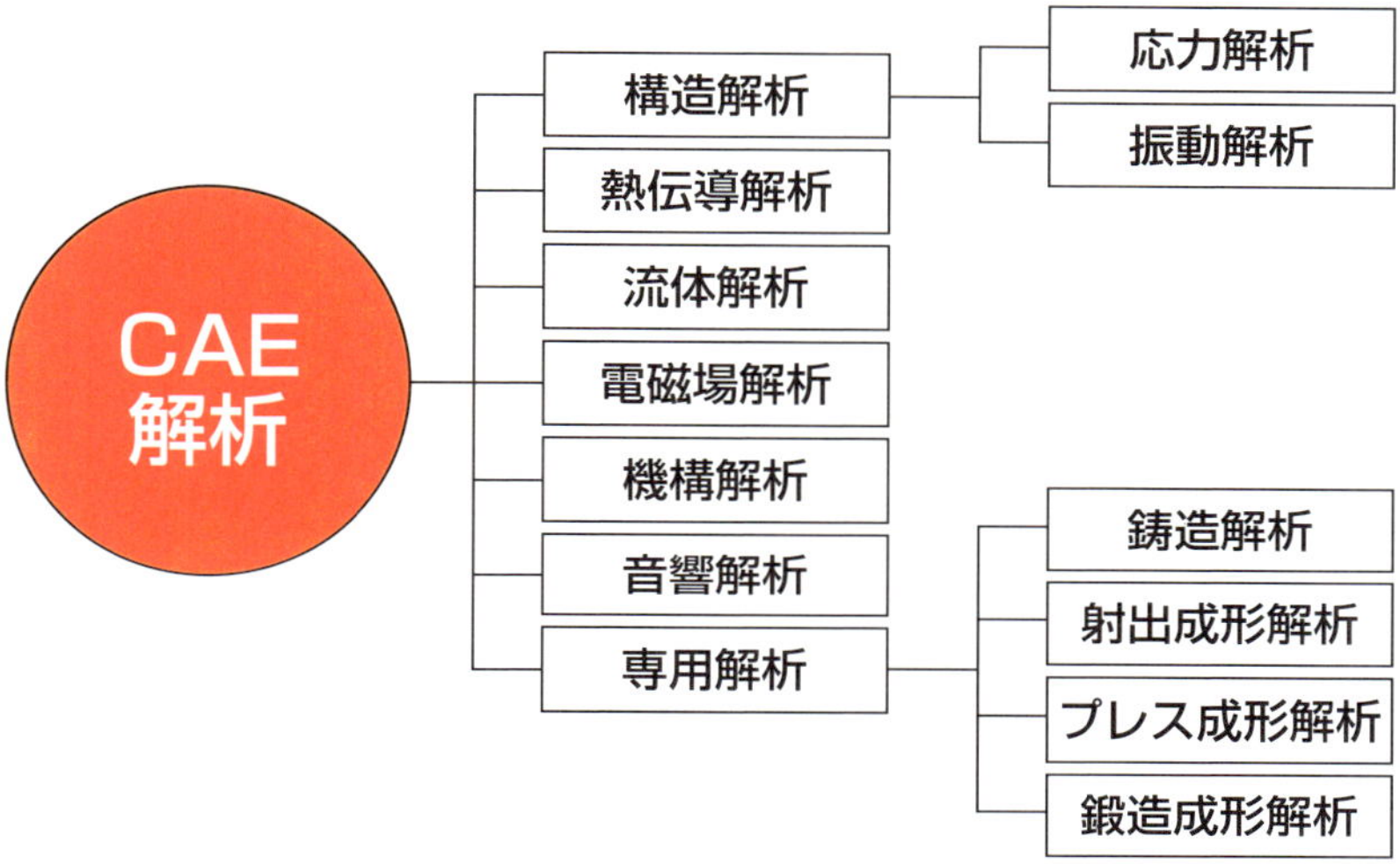

CAEを中心としたCEの展開

CAEは、開発、設計が製品の形状や寸法を決定するためのツールですが、総智を結集することで、高いレベルの目標値を実現するフロントローディングとアーリーソーシングが活発となります。

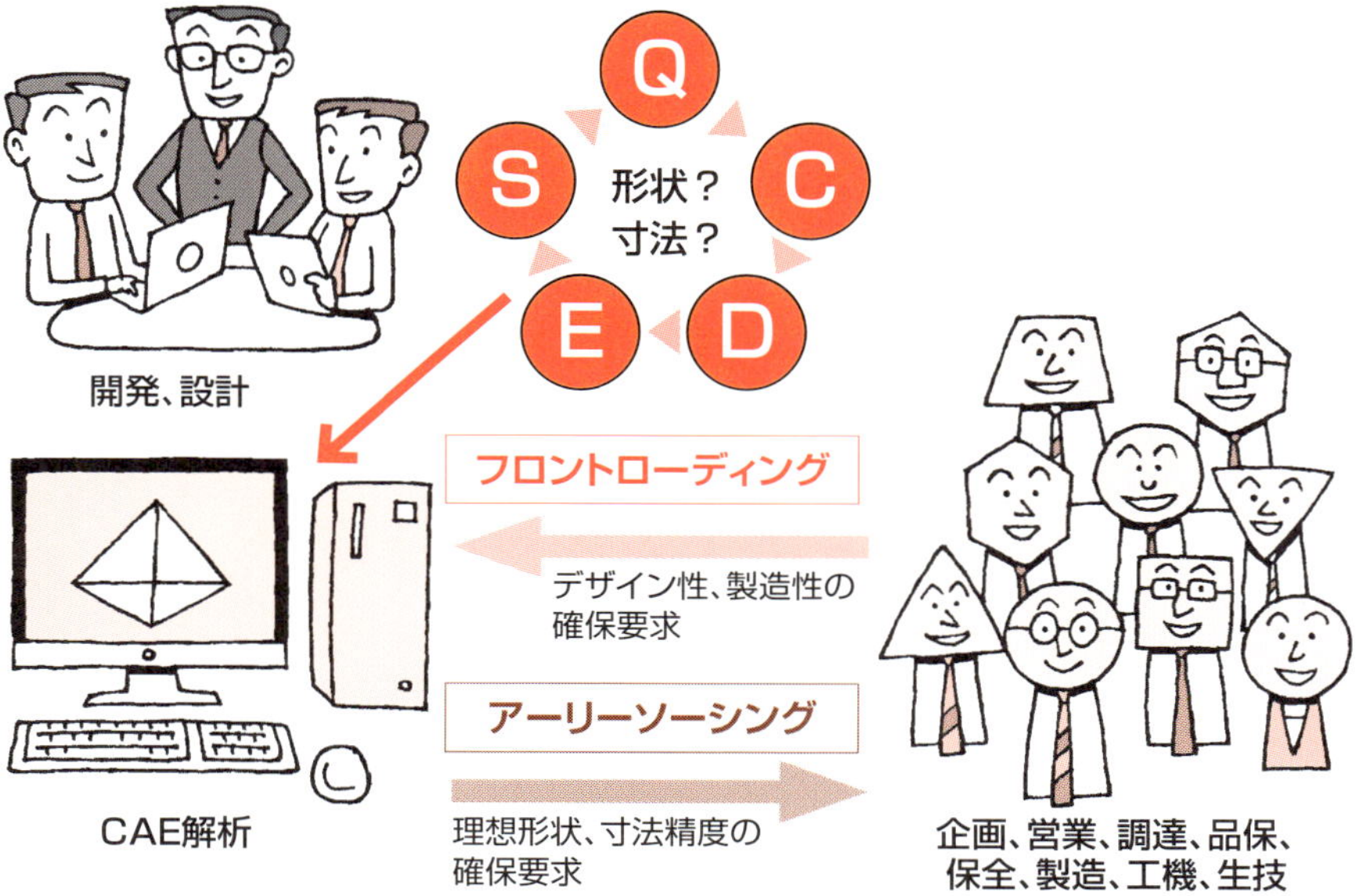

46 3DCAD/CAM

3DCADデータを基本情報とした一気通貫の使い方を心掛ける

CAMとは、コンピュータ上でNC工作機械の加工プログラムを生成するソフトのことです。ニーズが高いせいでしょう。金型をからめた3次元CAD/CAM(以下3DCAD/CAM)が最も進化しているようです。

まず、異なった機種で作成された3DCADデータを中間ファイルに変換してインポートする場合、不正な面やエッジが生じることが多いものですが、これらに対する修正機能があります。また、たとえば樹脂成形用金型の場合、単なるキャビティ(雌型)とコア(雄型)の設計だけでなく、付属する樹脂流動解析機能つまりCAEを用いて、(樹脂の流入経路となる)スプール、ランナー、ゲートの配置やウェルドライン(流れた樹脂の合流位置)などを決めた最適な金型設計ができます。そして、CAM機能により、完成した金型の3次元モデルから、そのまま加工プログラムが作成されます。さらに、ワークがクランプされた実機状態をコンピュータ画面上で再現し、ツールパスの確認やツールホルダの干渉チェックなどができます。

ここまで書くと、すべてコンピュータ任せにできそうですが、決してそうではありません。最適化は技術者の仕事です。3DCAD/CAMはあくまでも支援ツールです。樹脂成形の場合は、使用する樹脂材料の特性(特に組成バラツキ)を熟知した上で、品質確保のために金型の設計を追い込んでいかなければなりません。また、工作機械の加工条件も同様で、保有している設備の(カタログ通りでない実際の)性能を把握した上で決定しなければ、自社の強みを生かしたことになりません。そして、設定した加工条件は再利用できるようにライブラリー化しておき、技術・技能伝承に役立てることが重要です。

CEの視点から言えば、CAMが活躍するのは金型や製品の加工だけではありません。設備や治具の加工前の検証など、3DCADデータを基本情報としたよどみないエンジニアリングに生かさねばなりません。

要点BOX

- 金型製作をからめた3DCAD/CAMが最も進化
- CAE機能もアドオンされている
- 最適化の主役は技術者、CAMは支援ツール

3DCAD/CAMに含まれる金型設計機能の例

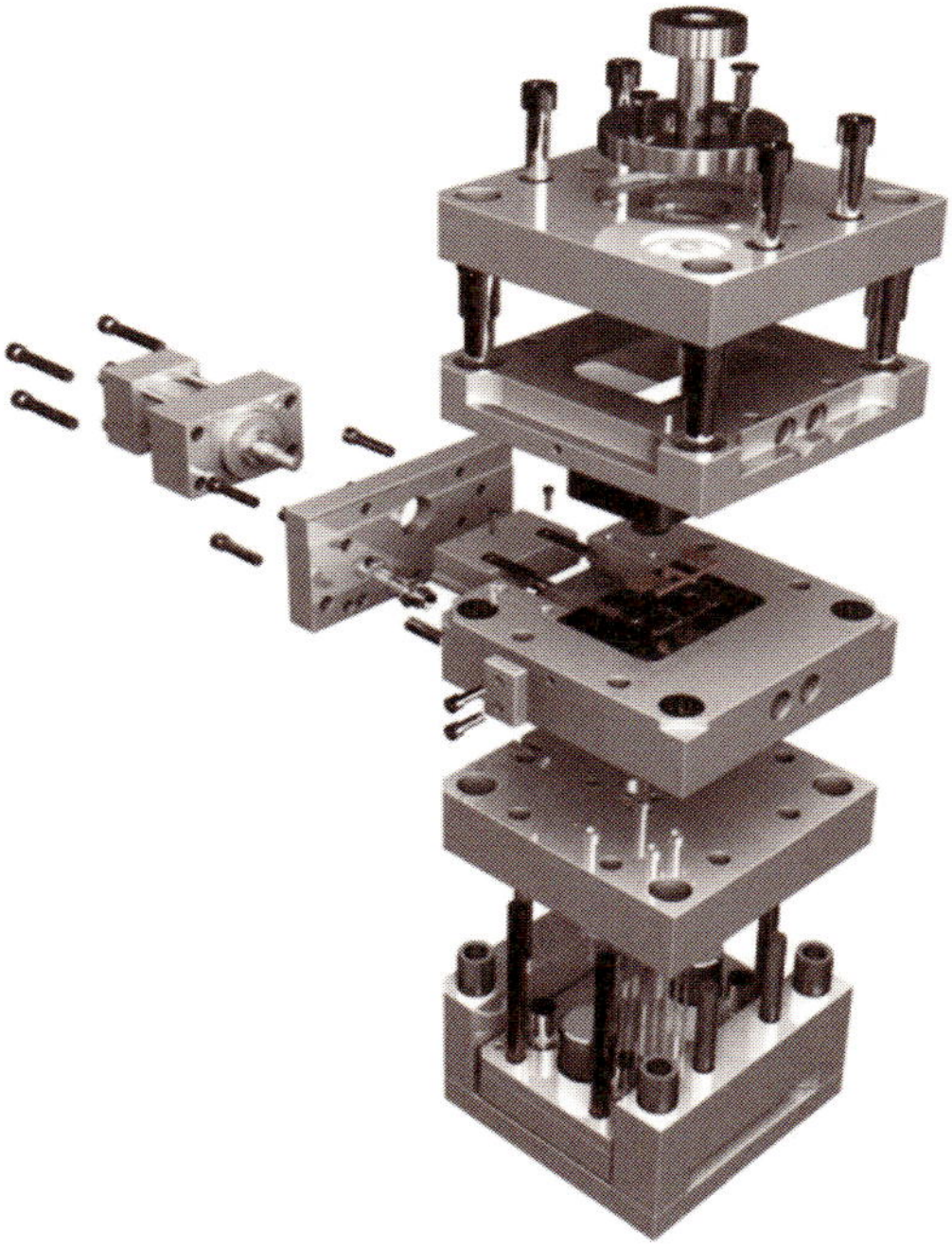

画像:SOLIDWORKS 提供

【3DCAD機能】

- プラスチック部品および高度なサーフェス設計ツール
- ジオメトリのインポートと修復ツール
- 3DCADデータの、抜き勾配分析、アンダーカット分析、厚み分析ツール
- パーティング ライン ツール
- パーティング サーフェス ツール
- 自動「フィル サーフェス」機能によるシャットオフ サーフェスの作成
- キャビコア分割ツール
- カスタマイズ可能な金型や金型構造
- 部品のコンフィギュレーション作成機能
- 設計に変更があった場合、どのジオメトリが追加/削除されたかを 3 次元で視覚的に確認できる部品の比較ツール
- 金型充填シミュレーション
- 製品レベルの品質を備えた金型図面の作成機能
- CAM とのシームレスな統合により、NC ツール パスを部品設計やツーリングへの変更で自動的に更新

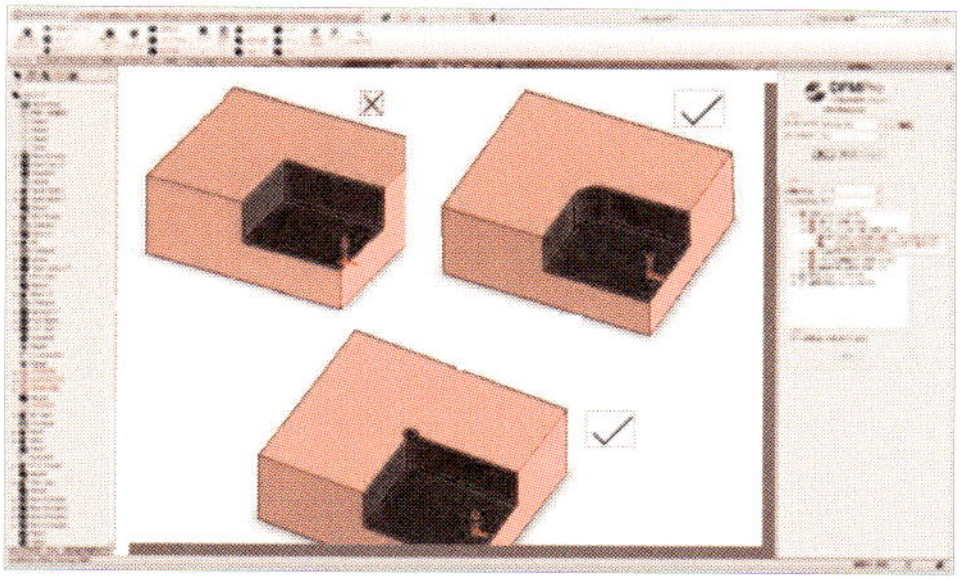

Mastercam DFM 加工コスト検証例

画像:株式会社ゼネテック提供

【アドオンCAM機能】

- 2軸加工から同時5軸、旋盤から複合旋盤加工、ワイヤ放電加工まで
- NCデータを元に工具軌跡のシミュレーション
- DFM (Design For Manufacturing)機能による加工性と加工コストの検証

47 デジタルモックアップとデジタルDR

進化した仮想の見える化技術

3DCADで作られたモデルは、コンピュータの画面上では実物そのものに見えますから、デジタルモックアップ（仮想の試作品）と呼んでもよいでしょう。しかしこれを、回転させながらあらゆる角度から眺め、見たい断面を切って内部を確認し、分解したりまた組み立てたり、可動部分は動かして干渉しないか見ようとすると、規模の大きな製品ではデータが重過ぎて、DRなどにそのまま使えません。

そこで開発されたのが、デジタルモックアップツールです。3DCADデータを軽量化する技術を持つ多機能ビューワで、3DCADベンダーを含む多くの会社が販売しています。モデルの作成や変更機能がない程度で、見え方にそん色はありません。

これにより、スクリーンに大きく映し出して、関連する部門の人たちを集めたDRが容易にできるようになりました。デジタルDRと呼ばれます。CEにおける総智の結集ができるのです。

人体モデルが付随しているビューワもあり、製品の組立性や保守性、操作性、安全性などを客観的に、時には自分の視点で検証することができます。

最近は仮想現実（Virtual Reality 以下VR）と呼ばれる技術が、アイデアとセットになって、さまざまな技術が生まれています。ヘッドマウントディスプレイを装着することで現実の世界の中にデジタルモックアップを映し出したり、裸眼でも見られるように立体スクリーンにデジタルモックアップ（時には内部構造）を投影したりすることができます。

また、組立性評価や自動工程設計、技術文書の作成機能を付属するビューワもあります。開発設計部門から3DCADデータをもらえば、生産技術部門が同時並行で工程検討をおこなうことができます。工程のアニメーション作成ができ、多言語対応のビューワもありますから、海外拠点向けの作業要領書も作成できます。

要点BOX

- デジタルモックアップツールは、3DCADデータを軽量化した多機能ビューワである
- 人体モデル、仮想現実、書類作成機能も出てきた

デジタルモックアップツール画面の例

クルマ1台分の3DCADデータでも読み込んで、回転、分解、断面観察などが容易にできます。

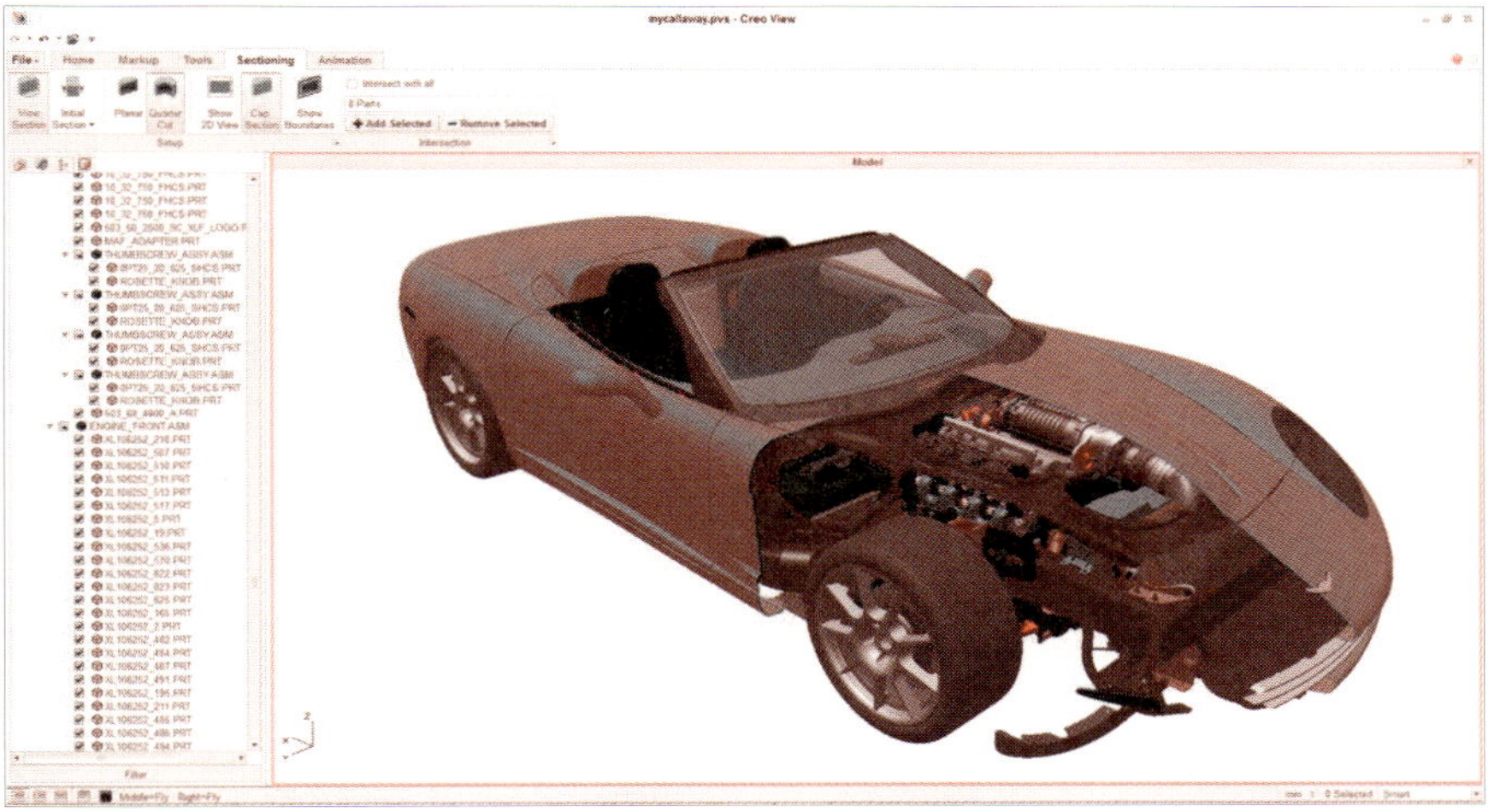

PTC社提供　PTC Creo View for MCADの画面

実物大の画像を用いたデジタルDRの例

大きな製品でも、ビューワの画像をプロジェクターで投影したり、VRを利用したりすれば臨場感のあるDRができます。

48 RPと3Dプリンタの活用

より実物に近い試作品の迅速な製造法

3DCADの普及と歩調を合わせるように、1990年代後半、製品開発の試作方法に新しい技術が登場しました。ラピッドプロトタイピング（Rapid Prototyping　以下RP）です。

発明者が日本人（名古屋市工業研究所の小玉秀男氏）ということもあり、当時は光造形法が有名でした。液状の光硬化性樹脂に、3DCADモデルをスライスしたデータに基づくレーザー光を照射し、硬化させたら液面を上昇させ、再びレーザー光を照射して硬化させます。これを下から順に繰り返すことで、三次元の造形物を作るというものです。加工法には切削のように素材から減らしていく除去加工、プレスのように形を変えていく変形加工、溶接のように追加していく付加加工がありますが、光造形法は付加加工のニューフェースでした。多くの樹脂製品は、通常試作型（金属製）を製作して射出成形していましたから、それより断然早く、RPの代表になりました。

RPには色々な技術が登場していますが、光造形法と違って粉末の金属や樹脂を用いる粉末焼結法、ノズルからバインダーを混錬したセラミック粉末などを一筆書きのように噴射して堆積させていく粉末固着法、加熱して溶融させた熱可塑性樹脂をノズルから糸状に出しながら造形させていく熱溶解積層法（Fused Deposition Modeling　以下FDM）、三次元データをスライスした形状の紙や樹脂の薄板を用意しておいて積み上げていくシート積層法などがあります。

これらの中で、FDMが3Dプリンタとして有名です。なぜなら、2009年にStratasys社の特許が切れたために、低価格機が市場に広まったからです。

3DCADを始めとするコンピュータ技術によって、製品開発は試作レスで性能評価し（CAE）、仮想の試作品（デジタルモックアップ）でDRができるようになりましたが、目的によってRPや従来通りの試作品での評価も組み合わせる必要があります。

要点BOX

- RPには光造形法をはじめ多くの方法がある
- RPの中でFDMが3Dプリンタとして有名
- 目的によって、仮想試作、RP、従来試作を選択する

ラピッドプロトタイピングの分類

分類	加工方法	使用材料	特徴や用途
光造形法	レーザ光走査	液状光硬化樹脂	高精度、微細形状 内部空洞模型
粉末焼結法	レーザ光走査	金属粉末 ワックス粉末など	実材料も可能 多孔質体
粉末固着法	インクジェット法	バインダ入りセラミック粉末など	高精細、小型設備 鋳型
熱溶解積層法（FDM）	ノズル	熱可塑性樹脂 （ABS、PCなど）	安価、小型設備 形状確認
シート積層法	レーザ切断 接着	樹脂 接着剤付き紙	大物試作 形状確認

代表的な3DプリンタはFDMです。

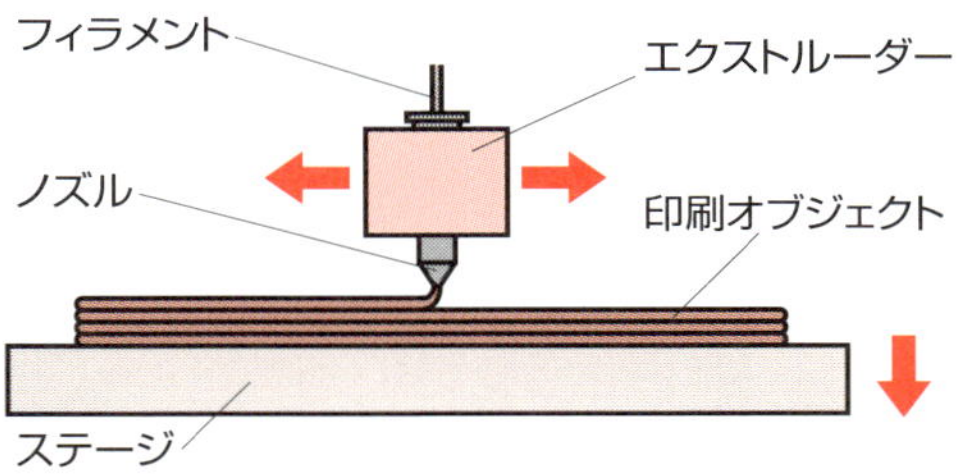

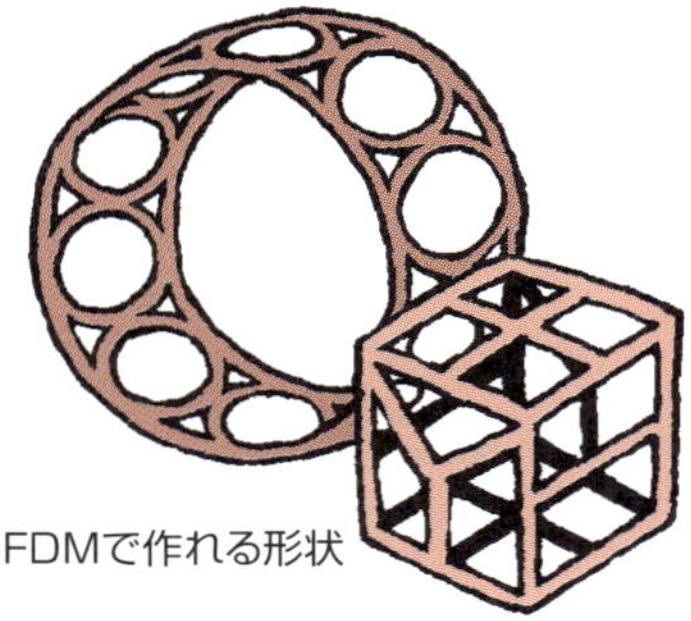

試作方法の選択・組み合わせ

49 リバースエンジニアリング

現物から3DCADモデルを作ってできること

3DCADは複雑な形状の製品に向いています。そのような製品が設計通りに製造されているか調べようとすると、従来は三次元測定機を用いて、多くの測定点データから寸法や形状精度を計算していました。3DCADによって試作レスやRPが可能になりましたが、3DCADの環境にふさわしい形状の検査・評価方法が開発されました。非接触光学式3次元デジタイザ（以下デジタイザ）と専用のソフトウェアです。

デジタイザで取り込んだデータは、ポリゴンメッシュで編集されて3DCADデータになります。これを元の3DCADデータと比較することで、さまざまな検査・評価ができます。N数（サンプル数）を増やして工程能力を調べることもできます。

ここで注目すべきは、デジタイザで3DCADデータが取得できることです。これをCEに活用しない手はありません。射出成形や鋳造、鍛造、プレスといった、金型を必要とする製品の例で説明しましょう。

試作品をデジタイザで測定し、元の3DCADデータとの比較や断面解析などから、肉厚の不均一が見つかり、金型の構造を改善することにしました。加工専用のCAEでシミュレーションし、金型設計の改善点の効果も確認します。そして、元の3DCAD付属の金型専用モジュールでCAM編集して、金型に修正のNC加工を施します。この一連の改善プロセスをリバースエンジニアリングと呼びます。

では、金型を作るずっと前、設計はまだ構想図かスケッチの段階でも何かできないでしょうか。もし、先行する他社品や参考になる別製品があれば、それらをデジタイザで測定し、3DCADデータを取得します。それを用いれば仮想の金型を設計してCAE解析をしたり、RPでサンプルを作ったりすることができます。もちろん実際の試作品も。早い段階でも、工夫次第で、様々な知見が得られますから、製造の立場から意見が言えるでしょう。

要点BOX

- ●デジタイザと専用ソフトで3DCADモデルが作れる
- ●元の3DCADデータと比較して検査や評価ができる
- ●CAEも使い3DCADデータを修正できる

デジタイザを用いたリバースエンジニアリングの基本

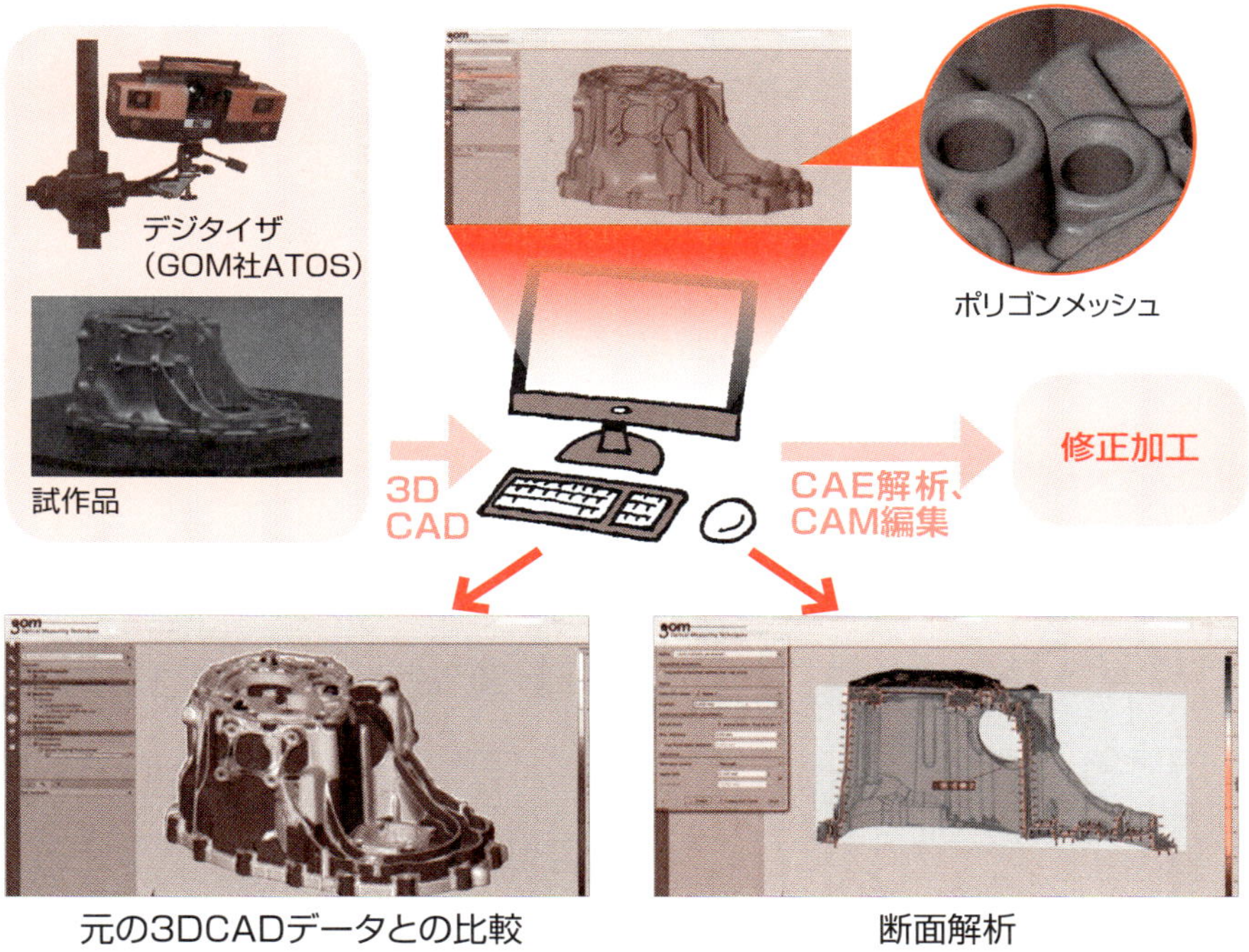

画像:丸紅情報システムズ株式会社提供

CEでの使い方のイメージ

製品設計がまだ構想段階でも、他社品や参考になる別製品があれば、3DCADデータ化して、製造性の評価や、RPや実際の加工を通じて得た知見を、生産技術側からフィードバックできます。

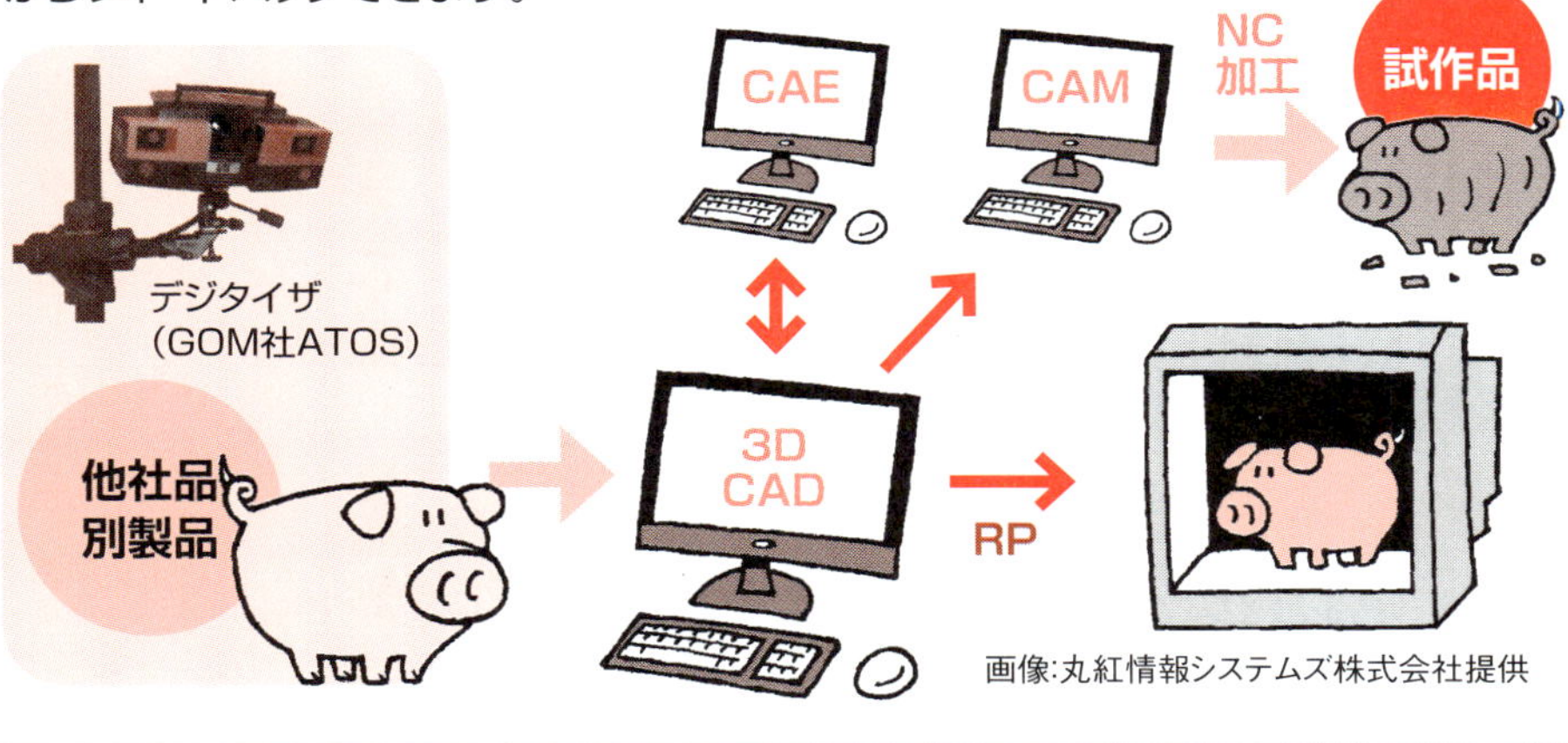

画像:丸紅情報システムズ株式会社提供

50 BOMとは

形状とともに重要なもう一つの基本情報

従来の図面または2DCADよりも、3DCAD方が、基本情報の一元化という点ではCEに非常に有利なことが、ここまでで理解されたと思います。しかしそれは、製品の形状や寸法、精度のことです。製造業にとってもう一つ重要な、開発設計段階で生じる基本情報があります。それは部品構成で、部品表（Bill of materials 以下BOM）と呼ばれます。

製品の組立図では、構成部品の引出線の先に番号のついたバルーンがあって、図面の右下の表題欄に下から順に表になっていたり、別に部品一覧表が作られたりします。開発設計段階でできるBOMを設計BOM（Engineering BOM 以下E-BOM）と言います。

CEでなければ、出図されると生産技術部門が製造工程を考え、部品はさらに素材や中間部品（半加工品）に分けられ、製品にはならない副資材や梱包材なども追加された部品表が作成されます。これを製造BOM（Manufacturing BOM 以下M-BOM）と言います。さらにM-BOMを元に、部品の発注から納入までのリードタイムなどを含めた、購買部門が発注業務をするための購買BOMや、市場でサービスや保守をするためのサービスBOMが作成されます。

厄介なのは、日本の製造業が得意とする多品種少量生産や増え続ける海外生産を考えると、M-BOMは出発点であるE-BOMからどんどん異なったものが作られ、データ量も膨大になっていくことです。

企業側でマスターBOMを作って統一する考えもありますが、ITベンダーは3DCADに工程設計機能を持たせたり、BOMソフトにE-BOMからM-BOMを作成する機能をつけたり、さまざまなBOMを作成できる統合BOMソフトを開発したりしています。

しかし大事なことは、製品の標準化から海外展開戦略そして日常の設変対応にいたるまで、全体最適の視点でBOMのあり方を考えることです。CEはそのための絶好の手段になるでしょう。

要点BOX

- 開発設計段階でできるのがE-BOM
- 製造のためにM-BOMが必要だがE-BOMと異なる
- CEを利用してBOMのあり方を考えるべき

E-BOMとM-BOMの違い

E-BOMは主要部品の構成だが、M-BOMには製造要件が入ります。

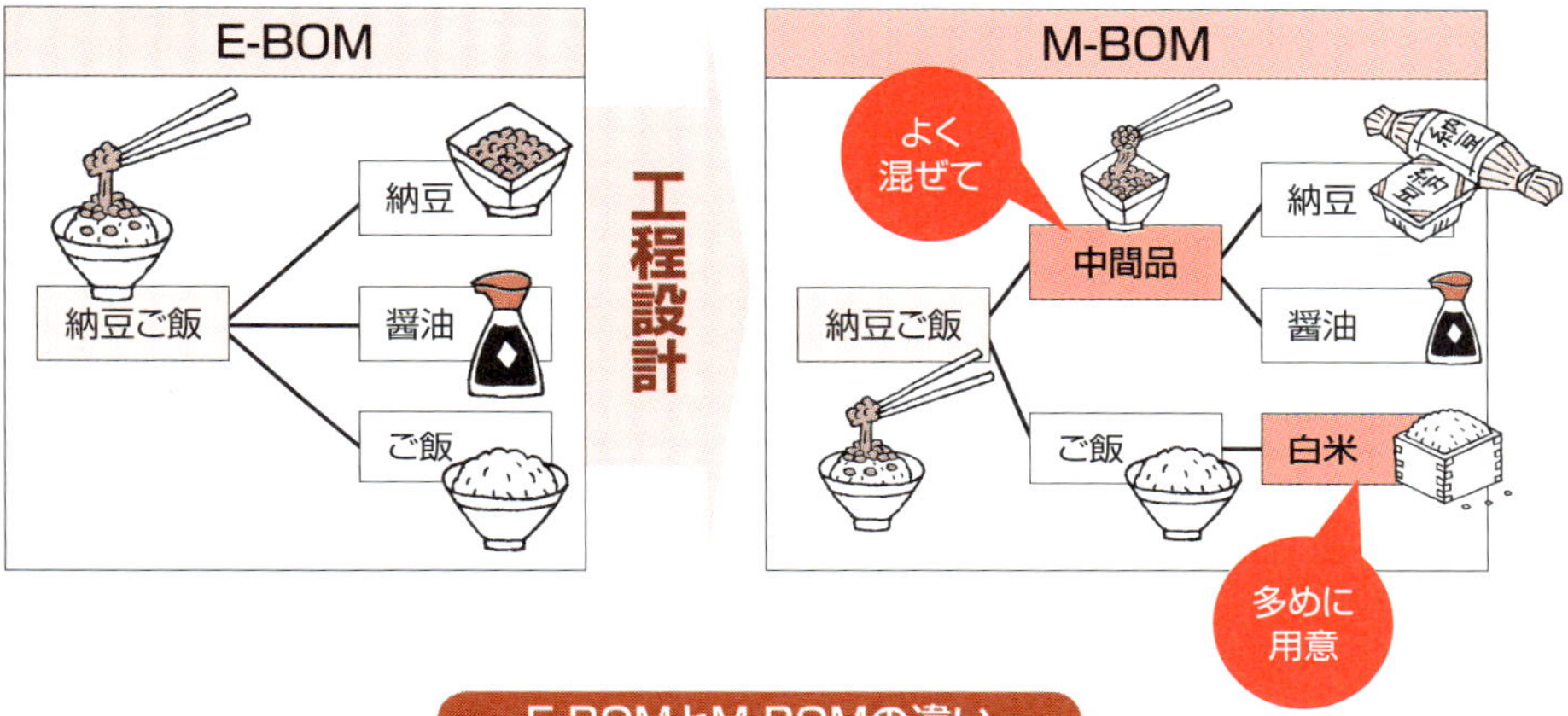

E-BOMとM-BOMの違い

E-BOMが一つでも、M-BOMは製造拠点ごとに異なります。
購買BOM、サービスBOMも異なります。
E-BOMは品番ごとに作られます。
多品種となると・・・？　設変があると・・・？

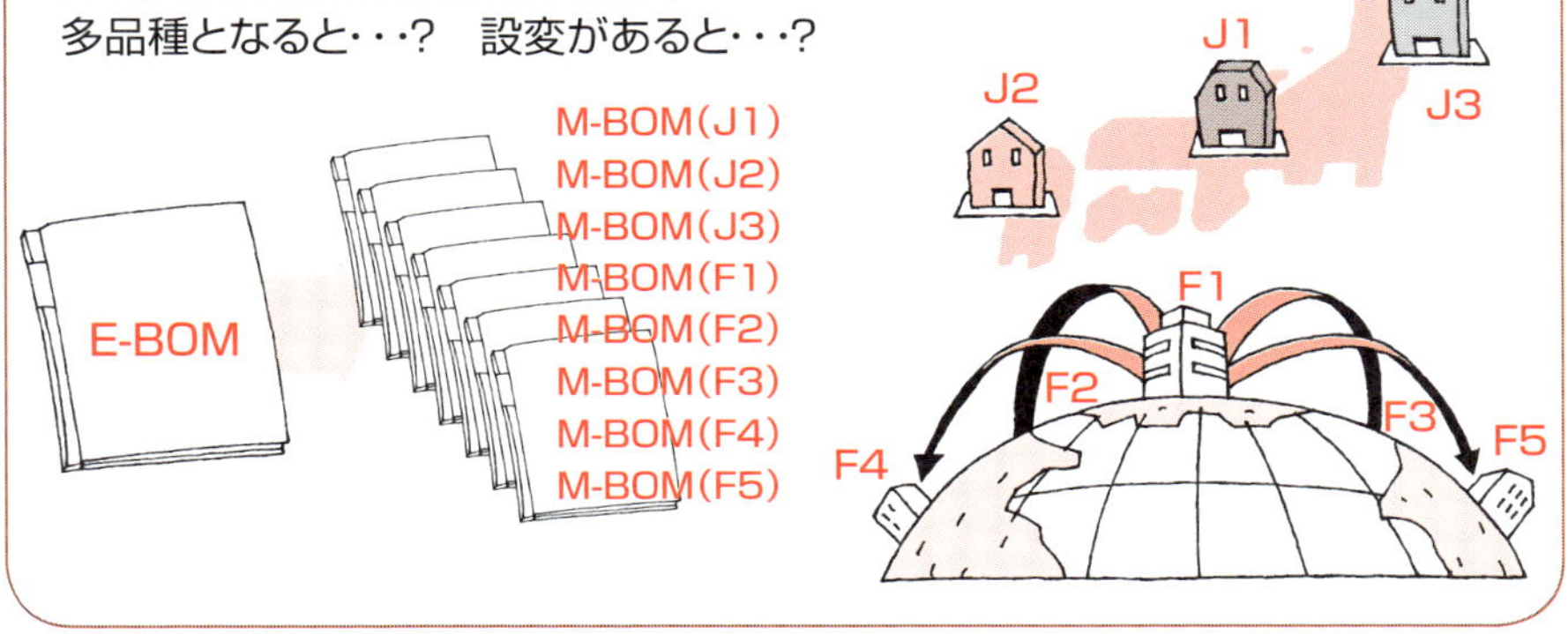

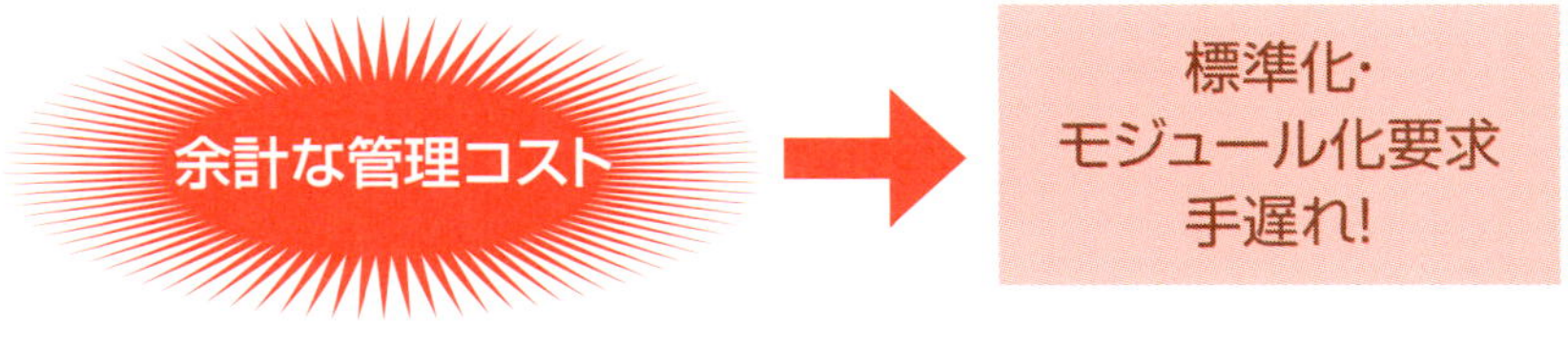

製品のライフサイクル、全体最適視点のCEは、合理化のチャンスです。

51 PDMとPLM

CEを実現するための戦略的なツール

CAM、CAE、RP、BOMとCEに必要なツールがそろってくると、それらで扱う製品を中心とする基本情報（3DCADデータや各種文書データ）を管理する考え方が出てきました。PDM（Product Data Management）です。マイクロソフトのオフィスと同様に、どのツール間でもデータ交換できる、つまりデータの一元管理をしようというものです。

ここまできたら、次はライフサイクルでしょう。製品の企画段階から設計、生産、サービス、廃棄にいたるまでの業務プロセスを包括的に管理できるシステム、PLM（Product Lifecycle Management）です。PDMはPLMの中に含まれることになります。

わかりやすい例は前の節で述べたBOMです。各部門で必要とするさまざまなBOMを3DCADデータとセットにして、ライフサイクルで管理するのです。品番展開や製品変更に対して、自動でBOMが作成され更新されれば、業務効率向上は間違いありません。

しかしこれは、グローバルな水平分業につながる「標準化やモジュール戦略」で最も効果を上げます。優れたベースモデルを本社で開発し、その派生品をグローバル展開していくビジネスモデルです。コンピュータのデータは、再利用されるほどメリットが出るからです。ということは、日本の得意な多品種少量生産にはあまり向いていないということです。

3DCADやすべてのツールが1社で統一できればよいのですが、多くのメーカーが参入していて困難です。中間ファイルを使って変換すれば、異種ソフトが混在していても対応は原理的に可能です。規格の標準化やデファクト化も進展していますが、技術革新の激しい世界なので、頻繁なバージョンアップもあり、現実はデータの手直しを必要としています。

それから、CEにおいて障害になるのは、3DCADファイルの重さです。総智を結集するためにはどの部門でも容易に扱える必要があります。

要点BOX

- ●PLMはCEの本来の思想に合致するツール
- ●3DCADやITツールに多くのメーカーが参入しているため、データの一元化はまだ容易ではない

PLMの目指す方向と現実

設計情報（3DCADモデルやBOMなど）を、全ライフサイクルで共有し、モノづくり体制を強化します。しかし、3DCADデータをさまざまなITツールで使おうとすると、中間ファイルを用いた変換が必要になったりします。前工程で作成したBOMは後工程で使えないことが多く、3DCADファイルは重いためそのままでは他の文書で使えません。

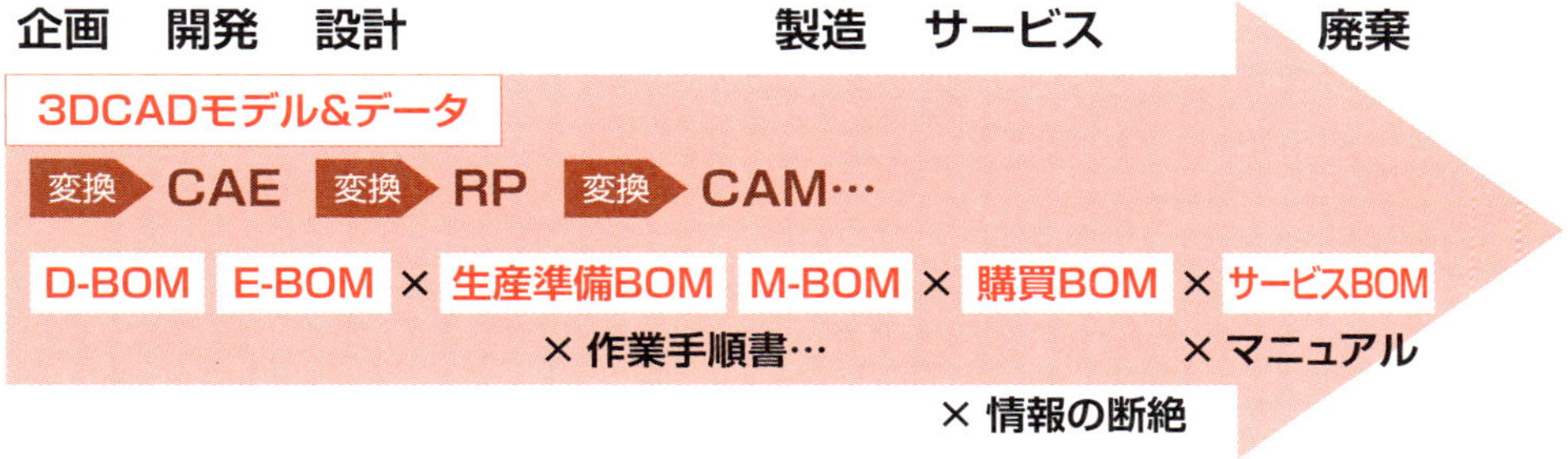

PLMの課題

ビジネスモデル	●標準・モジュール製品向き ●グローバルな水平分業向き
IT環境	●メーカー多く、規格は不統一 ●データ変換にはまだ手直し必要
3DCAD	●設計作成モデルはファイルが重い ●協業するほどマルチCADになりがち

高い目標値を目指すCEには
まだ課題があります。

52 ビューワ・ソリューションでできること

見える化できるなら次にやりたいこと

3DCADモデルの最大のメリットは、図面を読む知識が不足している人にも製品情報が見えることです。しかし3DCADは設計目的でできているためスキルが必要で、特に製品規模が大きくなるとデータが重くて製造検討には不向きなものです。

その3DCADファイルを軽量化する優れた技術は、主に日本人によって開発されました。ビューワ・ソリューションとも言います。XVL（eXtensible Virtual world description Language）やVPS（Virtual Product Simulator）が有名です。

このビューワ・ソリューションを使うと、元のファイルを一桁から二桁小さくできます。こうなると、設計者はもとより生産技術者や製造担当者も扱えるようになります。単にモデル画像を見るだけでなく、自分たちの業務に使えるのです。そのための機能が、ビューワ・ソリューションに追加されています。

たとえば、組立工程の検討と作業手順書の作成があります。3DCADモデルは軽量化されていて、構成部品とE-BOM（設計部品表）が紐づけされています。モデルを見ながらストレスなく分解することができます（取り外すたびに画面から部品が消えます）。最後に手順を逆に並べると組立工程ができます。それをアニメーションにすることもできます。

ビューワ・ソリューションに付属した作業手順書に、この組立工程をマージし、アニメーションを貼り付けることができます。海外生産で役立ちそうです。E-BOMからM-BOM（製造部品表）を同時に作成できるのは言うまでもありません。

これだけビューワ・ソリューションで業務がしやすくなるなら、いっそフロントローディングで、設計者がやってしまうという考え方もあります。組立検討時に分解検討をしているわけですから、サービスのための分解手順書の作成や、廃棄プロセスのための環境負荷測定までするというものです。

要点BOX

- ●ビューワ・ソリューションによって3DCADの軽量化が実現
- ●フロントローディングが強化され、PLMにも効果

ビューワ・ソリューションでできること

3DCADを軽量化すると、製品情報の見える化が強化されるだけでなく、製造検討を始めとするさまざまな業務に利用できます。

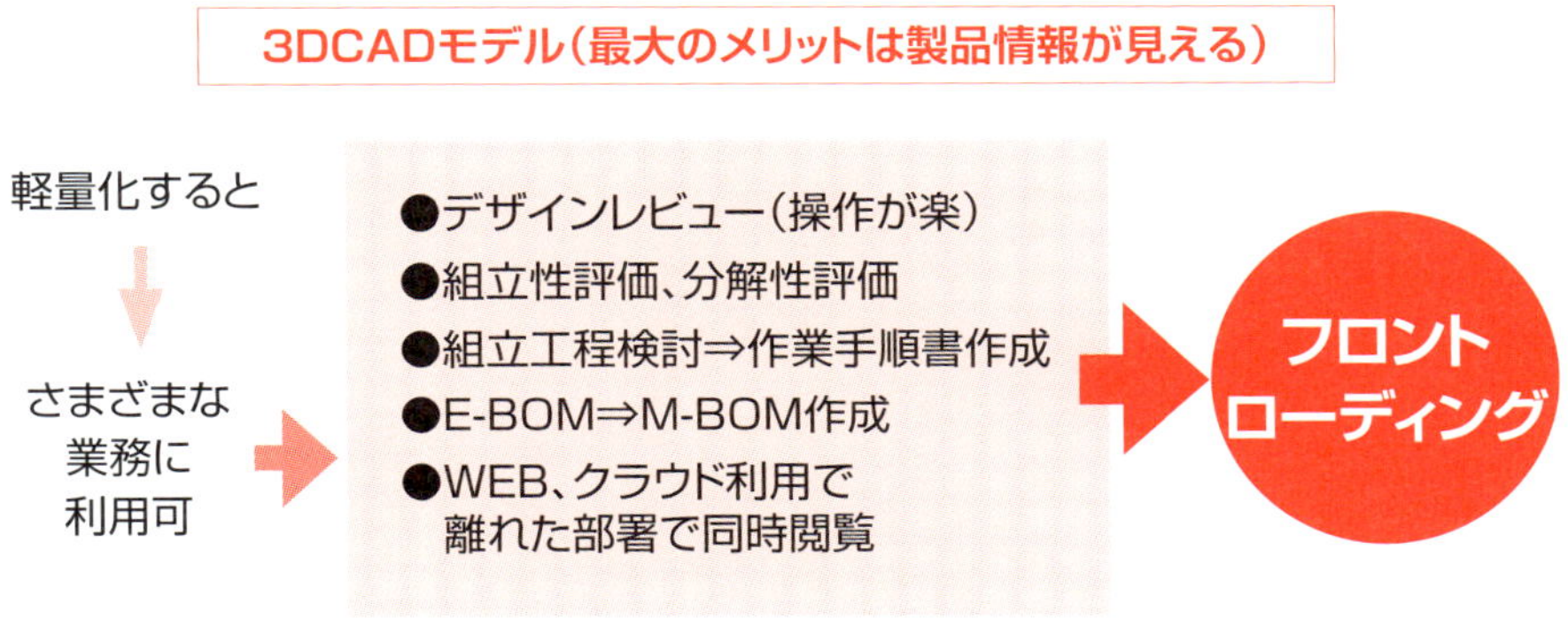

ビューワ・ソリューションによるPLMの課題解決

変換は減少し、設計から製造まで必要とするドキュメントがシームレスでつながります。たとえばBOMは、設計がまだ構想段階のDesign-BOM（D-BOM）や生産準備段階に使用する生産準備BOM含めて、すべてのBOMを連続的に作成できます。また、設計以外の担当者でも扱えるため、作業手順書やマニュアルが容易に作成できます。

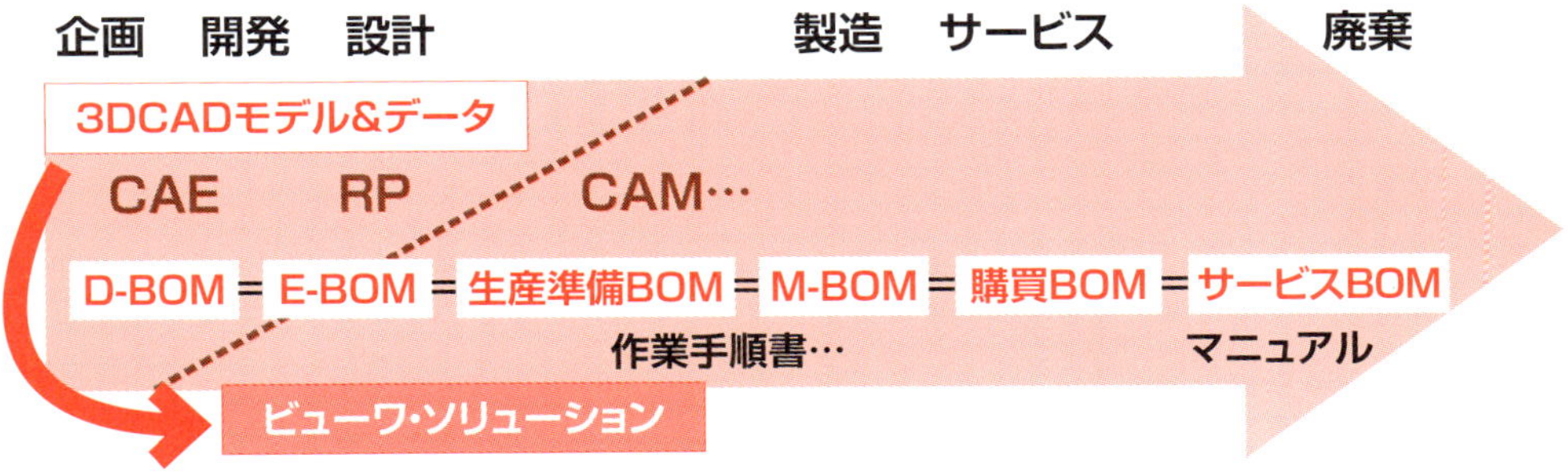

53 ロボット・オフライン・ティーチング

3DCADによる一気通貫の業務プロセスに必要なITツール

3DCADと軽量化ツールであるビューワ・ソリューションの登場で、ファイル形式の変換などにまだ課題はあるものの、製品のライフサイクル全体にわたり3DCADデータを基本情報とする一気通貫の業務プロセスの実現が夢でなくなってきました。

製品の競争力に直接つながるものではありませんが、この一気通貫の業務プロセス実現の重要な要素の一つがロボット・オフライン・ティーチングです。

産業用ロボットは、コンピュータプログラムで動作する点はNC工作機械と似ていますが、動きが複雑なため、手動でこのプログラムを作成することが困難です。そこで、ティーチングペンダントと呼ばれるリモコンで動かしてその動作を記憶させるという方法をとります。生産活動をしながらではできません。時間と根気のいる作業でもあります。

ところが、産業用ロボットとその動作周辺環境そして製品の3DCADモデルを準備して、コンピュータ内でティーチングをおこなうオフライン・ティーチングという技術が登場してきました。ロボットメーカーが専用のものを商品化していて実用的です。

一方、NC工作機械がCAMで動作するのだから、産業ロボットの動作も3DCADデータからCAMのように編集し、現場でのティーチングは微修正程度にしようという考えもあって、自動ティーチング方式と呼ばれます。これにコンピュータ内での仮想調整を組み合わせれば、周辺との干渉チェックもでき、かなり実用的な段階まできています。

新興国での生産は、現在は手作業が一般的ですが、経済の発展にともなう賃金上昇が進めば、単純作業のロボット化は十分あり得る選択肢です。

CEにおいては、作り易さ向上活動の一環として、あるいは加工CAEの組立版として、自動のロボット・オフライン・ティーチングを、ITツールの一つとしてラインアップしておくべきでしょう。

要点BOX

●3DCADデータを用いたロボットのオフライン・ティーチングが一般的になってきた

●加工CAEの組立版としての利用も検討すべき

自動ティーチング方式の例

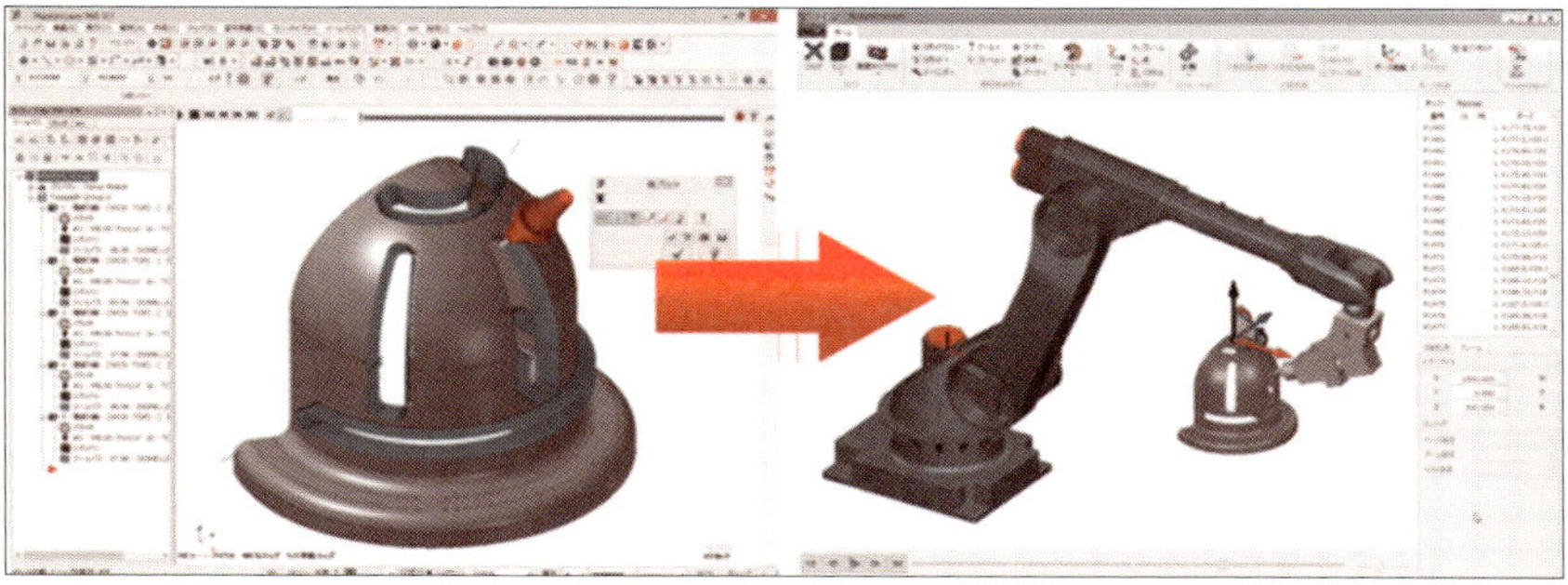

ツールのパスからロボットの動作プログラムを自動作成します。

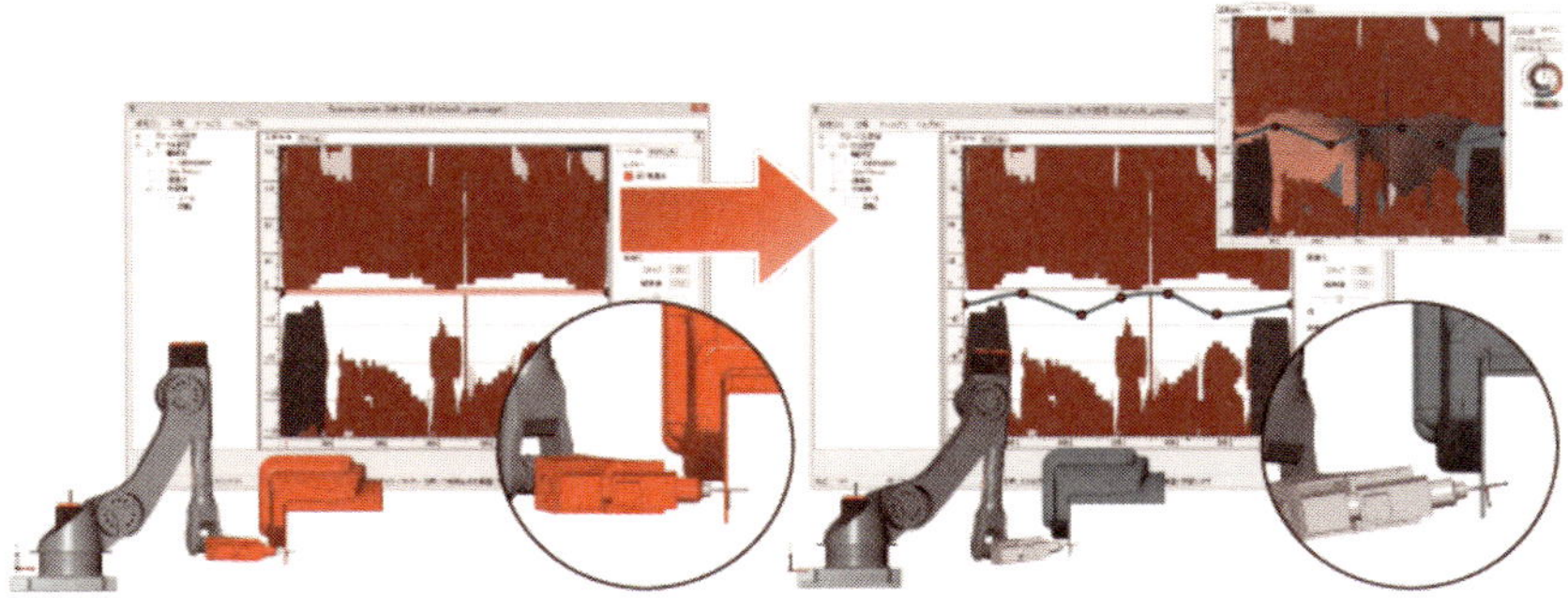

次に、コンピュータ内で干渉防止、特異点回避など最適化をします。

画像:株式会社ゼネテック提供

オフライン・ティーチングのCEでの応用

今後の海外生産をにらみ、3DCADモデルを元にコンピュータ内でロボットによる自動組立を前提にした組立性を評価します。モデルが改善されて確定したらそのまま動作プログラムにします。

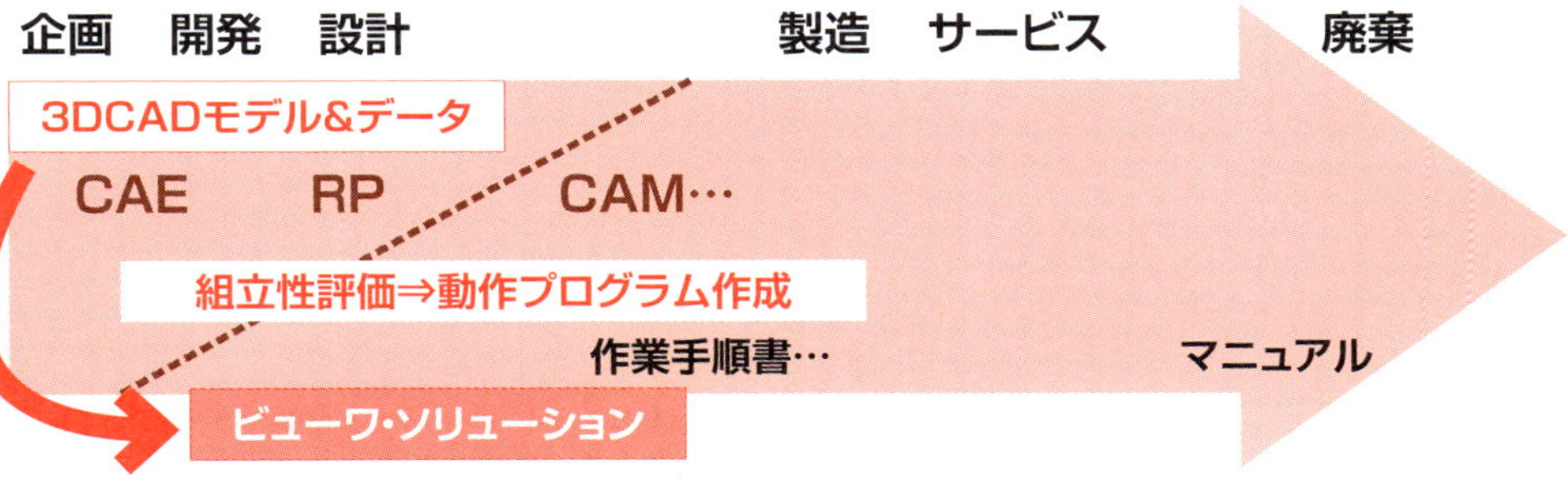

54 デジタルヒューマンの現状

なつかしいジャックはどこへ行った？

かつて、3D技術の進展と時期を同じくして、コンピュータの中で人間の代わりをするバーチャルな人間モデルも登場しました。バーチャルとは言え、モデルの体格として、国別や男女別、年齢別の統計データが反映できるようになっていました。また、モデルの視点で対象物が見えたり、作業をすると身体のどの部分にどれだけの負荷がかかるか計測表示できたり、動作研究に基づく作業時間分析ができたりしました。色々な使用法が研究されましたが、現在では、試作費用がかかる製品（航空機や大型の建設機械など）の居住空間や操作性の事前検討、生産設備の保全性や操作性の机上確認などに使われていて、最近ではデジタルヒューマンと呼ばれています。

細かな動作を含む作業シミュレーションにはあまり使用されておらず、たとえばセル生産における作業工程設計を、コンピュータ内で真に迫った3D画像を用いておこなっている実例を筆者は知りません。

新しい使い方としては、エアバッグシステムの開発などで、人体と等価な特性を持ったダミー人形として使用しているようです。筆者がかつて見た衝突実験では、ダミーはメガネをかけていて、衝突でメガネは飛ばされても、ダミーの顔面には損傷がないことを確認していました。もっとも実験のたびにダミーが破損していたのでは大変です。そこへいくと、デジタルヒューマンであれば、人体の損傷シミュレーションもできるわけですから便利です。

また、人の集団がどのような行動をとるか、たとえば災害時の避難行動です、デジタルヒューマンを使用する研究が進んでいます。ダミーと違って、この場合のデジタルヒューマンには、運動学的に人間と同じ自由度が与えられています。行動には一定のルールと自律性を持たせます。旅客機や高層ビルの非常口の設計では、試作品と大勢の人間を用意しての実験が困難ですから、開発に使えるITツールと言えます。

要点BOX

- ●細かな作業シミュレーションはさせていない
- ●試作費用のかかる製品や、集団の行動を必要とする製品に使われている

デジタルヒューマンによる製造設備や航空機の操作性確認

さまざまな体格のデジタルヒューマンがライブラリー化されています。

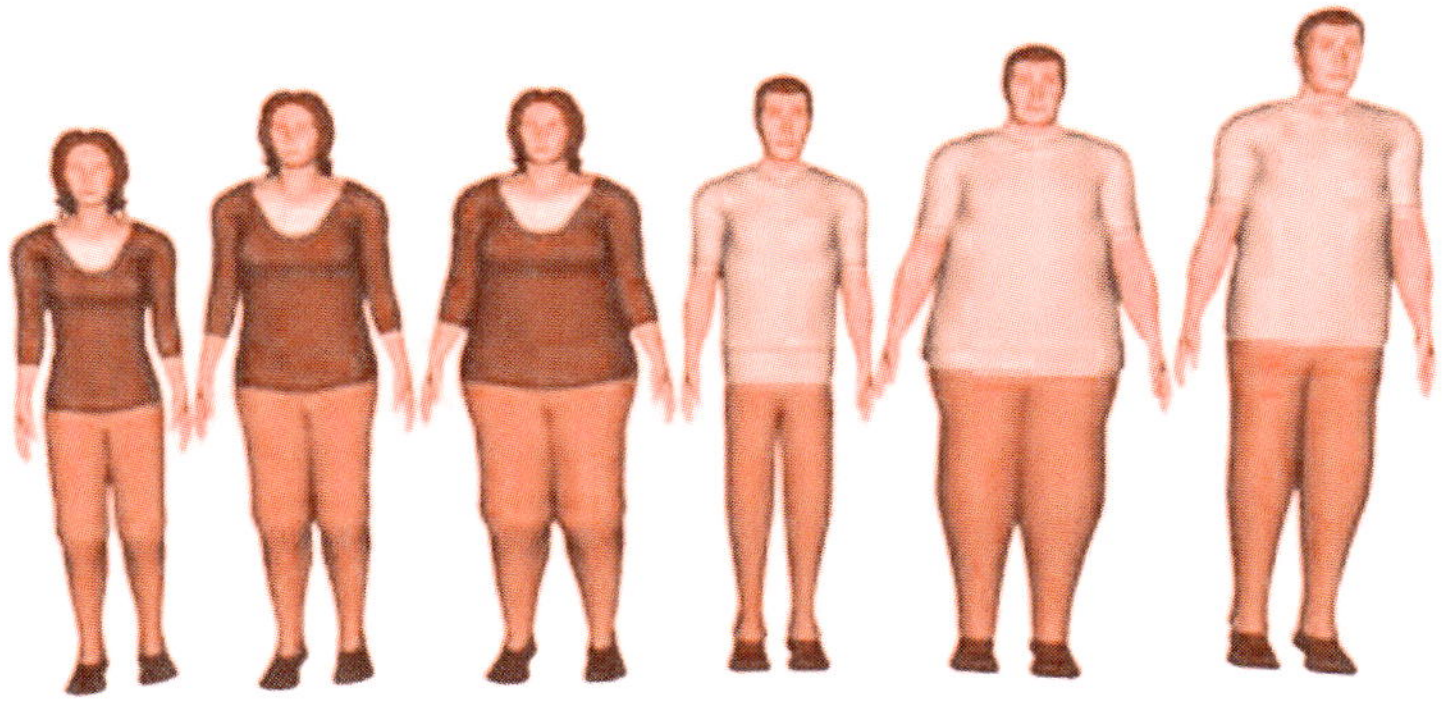

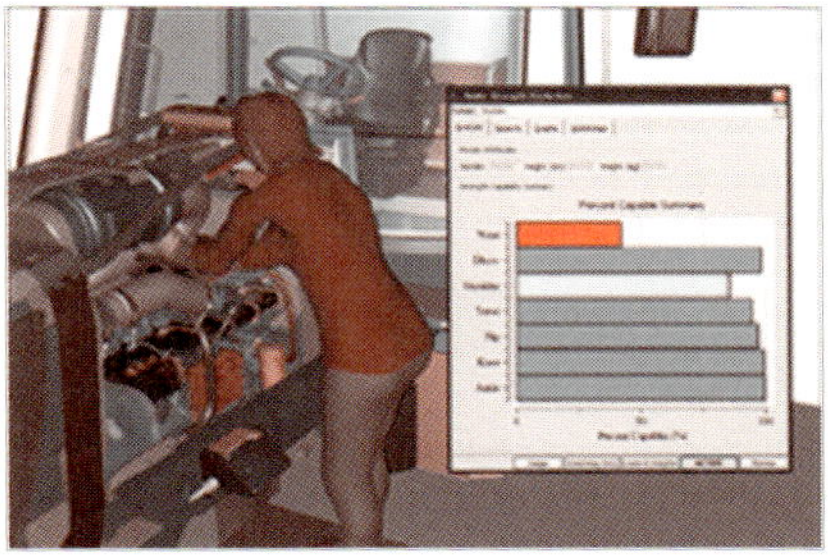

画像:シーメンス提供

火災が発生した飛行機からの避難行動シミュレーションでの応用

画像:日本大学工学部サステナブル研究室およびCASコーポレーション提供

55 生産ラインシミュレータ

最適なライン設計だけでない使い道

筆者が生産技術者としての仕事を始めた1980年代初めの頃の話です。生産ラインのレイアウトは、発泡スチロールや厚紙で50分の1モデルを作って検討しました。また、自動化ラインの生産能力を予測するため、コンピュータと内製のソフトを使って、稼働率と中間バッファの関係を調べました。

現在では、生産ラインシミュレータが多数市販されています。操作は容易で、さまざまな解析ができ、ビジュアルに結果を表示してくれます。対象は、作業者中心のセル生産からフローショップ、ジョブショップのライン、そしてそれらの集合体であるバーチャルファクトリーとしてのシミュレーションも可能です。

CEにおいて、生産ラインシミュレータは、どのような価値があるのでしょう。基本はプロジェクトの真の目的につながることが、事前検証できるかです。その判断は、生産技術者がおこないます。

戦略的な新商品の開発の例で説明しましょう。

製品の競争戦略から複数のバリエーションを生産する場合、ライン形態（専用ラインか汎用ラインか等）を検討します。また、需要量の予測が困難な場合、最大と最小の間での、設備台数と作業者数の組み合わせを検討します。設備も作業者も準備するのに時間がかかりますから、早期検討が重要です。

それでは、上記の両方だったらどうでしょう。たとえば、競争力確保のため3種類の製品を開発しますが、圧倒的な競争力ではないため需要量は変動するという場合です。こういうときは、生産計画と流動方法を含めてシミュレーションします。3種類の製品の生産比率を何通りか考えて生産計画を作り、それをまた何通りかのパターンのロットサイズに分割して流動させ、製造コスト（最大から最小）等を評価するのです。生産技術者でなければできないシミュレーションであり、その結果は、競争戦略にフィードバックされます。

CEだからこそできる議論につながります。

要点BOX

- 生産ラインシミュレータは多数市販されている
- CEで役に立つかは生産技術者が判断する
- 生産技術者の立場から戦略の議論にも参加できる

CEならではの生産ラインシミュレータの貢献

ラインとしての課題があるか判断し、結果を事業戦略へフィードバックします。

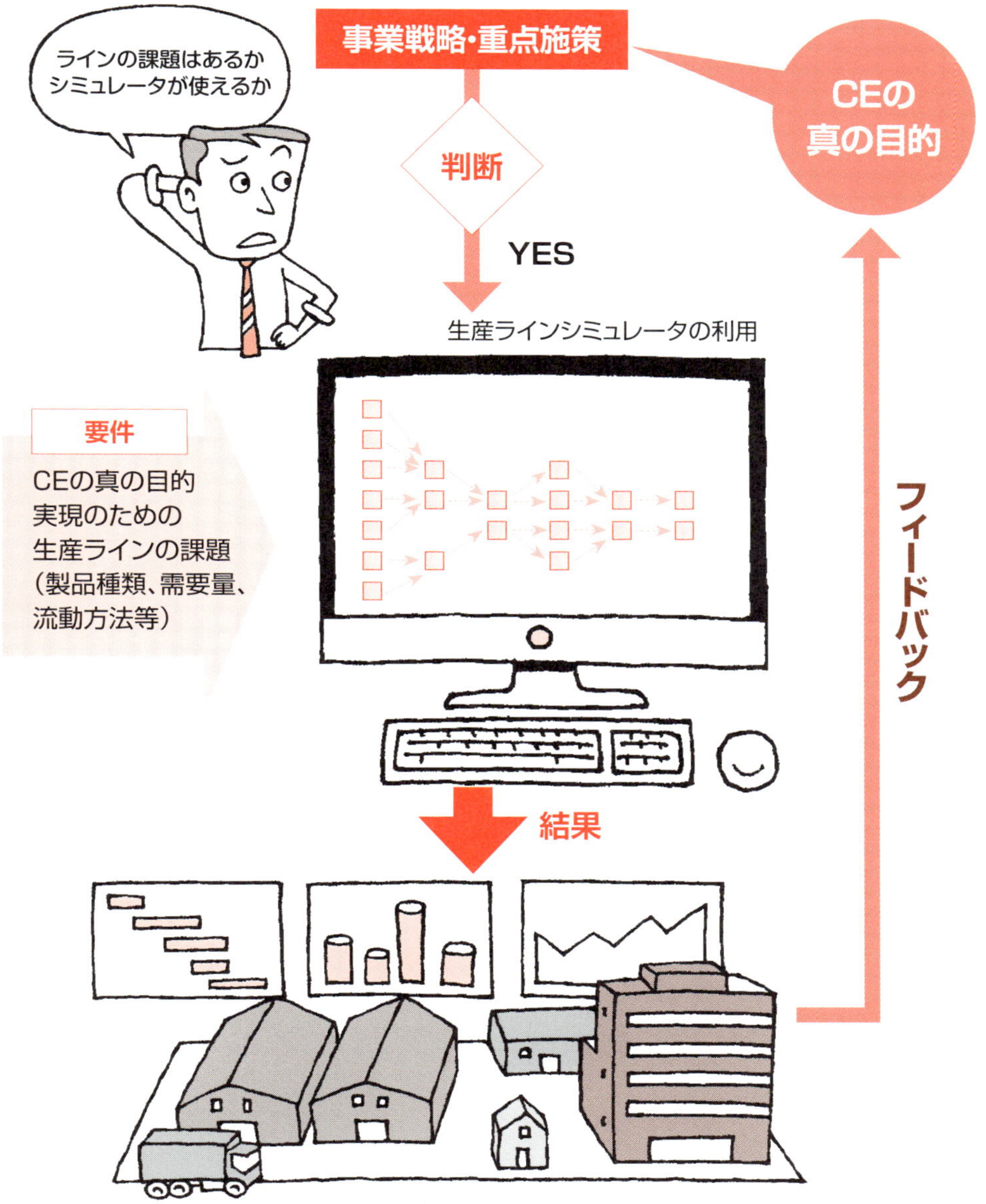

56 コンカレント・エンジニアリングにおけるITツールの全体像

3DCADを基本情報にナレッジを生む道具たち

ここまで多くのITツールを紹介してきました。

そもそもCEは、関連する部門が業務プロセスを並行して実施するプロジェクト活動です。協働と総智の結集が中心になります。この活動の中で、さまざまなITツールは、どのように位置づけられ、また連携するのでしょうか。

情報のスタートは3DCADです。3DCADなら作りやすさの評価（DFAなど）やE-BOMの作成、RPは容易です。しかし、3DCADの中に、ITツールがアドオンされているわけではありません。

3DCADデータが基本情報となりますが、他のITツール（CAE、CAM等）で使用するために、中間ファイルに変換する場合があります。また、3DCADは設計に特化していますから、設計部門以外が利用する場合は、扱いやすいビューワに変換するのが普通です。それから、製造や購買、サービスで必要とするBOMは別に作成する必要があります。

ITツールの中には、3DCADデータ以外の情報を必要とする生産ラインシミュレータやバーチャルファクトリーもあります。

CEで必要な情報や、活動する中で生まれるナレッジは、すべてPLMというシステムの中で維持・管理されます。関連する部門の担当者は、アクセス権管理の下で、PLMから最新の情報を入手します。

CEで利用されるITツール群を、業務プロセスや関連部門で明確に分類したり、体系化したりすることは困難です。業務プロセスは同時並行ですし、専門部署が利用したITツールの結果は、ビジュアルなものが多いため、他の部署でも利用できるからです。

そこをあえて、商品企画から初期流動までの間の、どの時期にどのようなITツールが利用されるか、大雑把に整理したのが、次のページの表です。

なお、ITツールは、今でも新しいものが考えられたり他のツールと統合したり、進化し続けています。

要点BOX

- ●ITツールのための情報のスタートは3DCAD
- ●設計部門以外は主にビューワを利用する
- ●ナレッジはPLMの中で維持・管理される

業務プロセスと主なITツールの利用時期

協働するすべての関連部門は、3DCADを基本情報として、場合によっては扱いやすいように変換してITツールを使用します。結果は、ナレッジとしてPLMの中に保管され、常にアップデート・セキュリティ管理され共有されます。

下の表は、商品企画から初期流動までの、並行はしますが、業務プロセスと主なITツールの利用時期を、大雑把に示したものです。

<table>
<tr><td rowspan="4">業務プロセス</td><td>商品企画</td><td>構想・スケッチ</td><td>開発</td><td colspan="2">基本設計</td><td colspan="2">量産設計</td><td>実物試作・品質確認</td><td>生産</td></tr>
<tr><td colspan="2">事業計画</td><td colspan="3">工程設計</td><td colspan="3">生産準備</td><td rowspan="3">初期流動活動</td></tr>
<tr><td colspan="3">原価企画</td><td colspan="3">生技開発</td><td>設備設計</td><td>設備製作・金型製作</td></tr>
<tr><td colspan="3">営業企画</td><td colspan="5">品質保証</td></tr>
<tr><td rowspan="16">主なITツールと利用次期</td><td></td><td colspan="8">3DCAD</td></tr>
<tr><td colspan="3"></td><td colspan="6">ビューワ</td></tr>
<tr><td></td><td colspan="3">PDM</td><td colspan="5"></td></tr>
<tr><td></td><td colspan="8">PLM</td></tr>
<tr><td colspan="2"></td><td colspan="2">MATLAB/Simulink</td><td colspan="3"></td><td>デジタイザ</td><td></td></tr>
<tr><td colspan="2"></td><td colspan="2">CAE</td><td colspan="2">加工CAE</td><td colspan="3"></td></tr>
<tr><td colspan="2"></td><td>デジタルモックアップ</td><td>DFA</td><td>DFM</td><td>DFE</td><td>DFD</td><td colspan="2"></td></tr>
<tr><td colspan="3"></td><td colspan="4">デジタルDR・VR</td><td colspan="2"></td></tr>
<tr><td colspan="3"></td><td colspan="4">RP・3Dプリンタ</td><td colspan="2"></td></tr>
<tr><td colspan="4"></td><td>リバースエンジニアリング</td><td>デジタルヒューマン</td><td>ロボットオフラインティーチング</td><td>CAM</td><td></td></tr>
<tr><td colspan="2"></td><td colspan="6">生産ラインシミュレータ</td><td></td></tr>
<tr><td colspan="5"></td><td colspan="4">バーチャルファクトリー</td></tr>
<tr><td colspan="2"></td><td>D-BOM</td><td colspan="6">E-BOM</td></tr>
<tr><td colspan="4"></td><td>生産準備BOM</td><td colspan="4">M-BOM</td></tr>
<tr><td colspan="5"></td><td colspan="4">購買BOM</td></tr>
<tr><td colspan="6"></td><td colspan="3">サービスBOM</td></tr>
</table>

57 CALSの変遷と示唆するもの

ICTを駆使した究極のCEの姿か？

CALSはさまざまな表記の略語です。起源は米国防総省の兵站（軍用資材の補給・輸送など）支援システムであるCALS（Computer Aided Logistics Support）ですが、その概念は時代とともに変遷していきました。また、世界各国でも利用方法が検討される中で変化があり、日本で残っているのはCALS／EC（公共事業受発注者のためのシステム）です。

ここでCEの視点で振り返ってみると、情報技術とネットワーク技術つまりICTを駆使した、CEの究極の姿につながる概念が、CALSの概念の変遷の中から見出すことができます。

名称で言えば、CALS（Continuous Acquisition and Lifecycle Support）です。ここでは、製品開発から製造、運用にいたるまでのライフサイクル全体で、標準化された電子情報を用いて、業務プロセスの効率化をはかることが目的とされました。

製品開発から製造までの局面で考えれば、3DCADデータを基本情報として、CAEを用いて試作レスの実験をおこない、個別のシミュレーション技術を用いて製造性を評価し、金型や部品をCAMで製作するということです。

CALSにおいては、ICTの進化と同時にその標準化が必要ですから、複数の分野にまたがる標準化が検討・推進されました。それにより、文書記述言語SGML（Standard Generalized Markup Language）や電子データ交換EDI（Electronic Data Interchange）などが国際規格化されました。

しかし、インターネットを利用したネットワーク化などICTの環境は現在も変化し続けています。CALSは既に死語に近い言葉になっていますが、その概念が実現すれば、CEは企業内の活動だけにとどまらず、さまざまなパートナーとの協働が可能となります。グローバル時代における究極のCEを考える上で、深い示唆を与えていることは間違いないでしょう。

要点BOX

- ●CALSは米軍の兵站支援から始まった
- ●製品開発から製造、運用までのライフサイクル視点が追加され、ICT標準化の動きが加速した

CALSの変遷

	CALSの名称の変遷と意味
1985年	Computer-Aided Logistics Support コンピュータによる兵站（軍用資材の補給・輸送）支援
1987年	Computer-Aided Acquisition and Logistics Support コンピュータによる調達と兵站支援
1993年	Continuous Acquisition and Life-Cycle Support 継続的な調達と製品のライフサイクル支援
1994年	Commerce At Light Speed 光速電子商取引

CALSの示唆するもの

ICTの進化と標準化によりあらゆるグローバルネットワークの可能性が生じます。

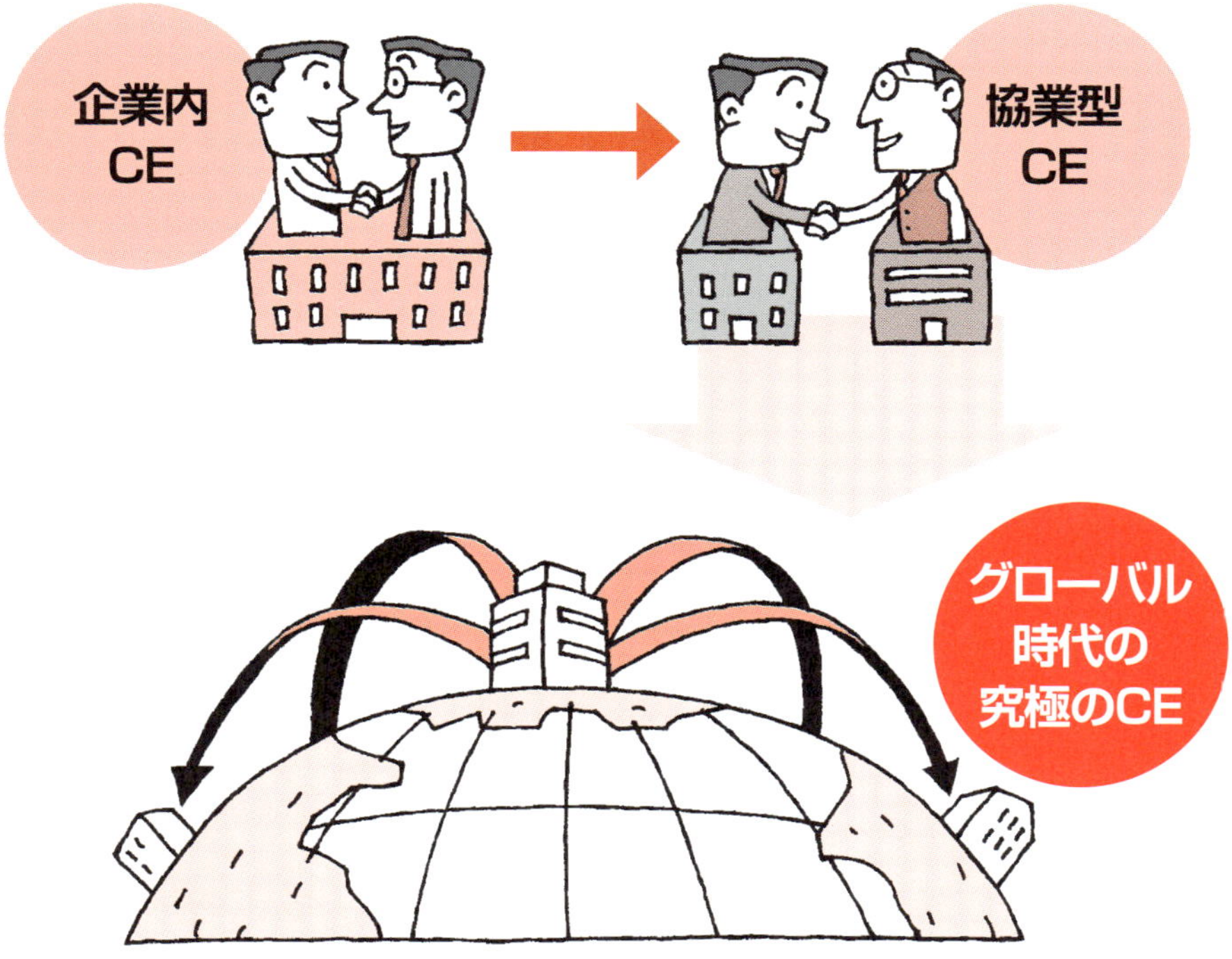

Column

他社に先駆けたITツール導入での逸話

筆者の実務経験は、自動車部品製造大手のデンソーでの生産技術開発業務でした。社内の仕事のしくみはかなり整っていて、ツールとしてもメインフレームを用いた全社基幹システムまで構築されていました。

そのような環境の中に、市販の3DCADやITツールを実装するのは容易ではありません。それでも、社内用にカスタマイズしたものを開発していました。

2002年にその開発部署のマネジャーになった筆者は、セル生産方式を計画している現場の、レイアウト改善デザインレビューに挑戦することにしました。自部署で開発しているITツールの課題抽出のためです。

セル生産現場のライブラリーなどありませんから、メンバーが3DCADで必要なモデルを作りました。インクジェット方式のRPで設備ごとのミニチュアモデルも作りました。社内開発したレイアウトツールも生産ラインシミュレータもあります。デザインレビューでは、購入したデジタルヒューマンがセルで作業する様子をプロジェクターで映し出して見せました。

結果は惨憺《さんたん》たるものでした。次々に現場改善の意見が出るのですが、すぐその場で変更して効果を確認することができません。筆者らは検討中の現場に連れて行かれました。そこにあったのは、段ボールで作られたセル生産現場でした。セルの構造も治具の変更もカッターとガムテープがあれば、すぐ作り直して確認ができます。作業は人がやればよいのですから。もちろんレイアウトの変更も容易でした。この方法はダンボールDRと命名され、新興国での手作業現場構築の手法として、やがて社内の主流になりました。

リードタイム短縮を実現するためのITツールが、まだ現地・現物の改善スピードに太刀打ちできなかったころの思い出です。

第7章

これからのコンカレント・エンジニアリング

58 技術立国として生きる

全体から見たら国内空洞化はしていない

　企業の中にいると「内需は今後期待できないため市場を求めて海外進出」という判断が出たりします。一方で、国内が空洞化したらどうするんだ、といった評論家的な声も聞こえてきますが、初めての取り組みだった場合は、やることが多くて、そんなことにかまっていられなくなります。

　過去を振り返ると、実に色々なことがありました。敗戦、オイルショック、貿易摩擦、バブル崩壊、リーマンショック、東日本大震災…。

　それらの試練を経ながら、確かな足跡とその結果を現在見ることができます。先人は、その間に新技術の研究と開発に注力してきたのです。

　ノーベル賞自然科学系3賞というのがあります。物理学賞、化学賞、生理学・医学賞です。1901年から2015年までの国別受賞者数を見ると、日本は世界第5位です。ノーベル賞は一般に発明発見から受賞までに数十年かかりますから、近年の実力を見るために二十一世紀だけに限ると、日本は単独世界第2位です。

　また、技術貿易という指標があります。特許権、実用新案権、技術やノウハウの指導・援助などを金額換算するのです。輸出と輸入に分けると、日本は1990年ころから輸出超過になり、その比率である技術貿易収支比（輸出額÷輸入額）は上昇し続けています。2010年以降は4を超えていて、OECD加盟国（34か国）内で第1位です。

　差額である技術貿易収支（輸出額―輸入額）も増加していて、2013年の280億ドルを超える額は、アメリカに次いで第2位です。

　CEに取り組むにしても、基本は世界で勝ち残れる技術を開発することです。商品のライフサイクルは短くなっていくかもしれませんが、企業という公器は長く存続する必要があります。そのためには、ひたすら新技術を生み出すことです。

要点BOX

- 過去から試練は色々あったが技術は成果が出ている
- 企業は新技術を生み出しながら長く存続する

ノーベル賞自然科学系3賞の国別受賞者数ランキング

自然科学系3賞：物理学賞、化学賞、生理学・医学賞

1位　アメリカ：249人
2位　イギリス：77人
3位　ドイツ：68人
4位　フランス：31人
5位　日本*：21人
6位　スウェーデン：17人
7位　スイス：15人
8位　ロシア：14人
8位　オランダ：14人

（1901-2015年）

21世紀に限ると…

1位　アメリカ：54人
2位　日本*：15人
3位　イギリス：10人
4位　フランス：6人
5位　ドイツ：5人

*アメリカ国籍の南部陽一郎氏、中村修二氏を含む

技術貿易収支比と技術貿易収支額の世界比較

平成24年度技術貿易収支額は、2兆2724億円（平成25年12月20日総務省統計局）です。

技術貿易収支比

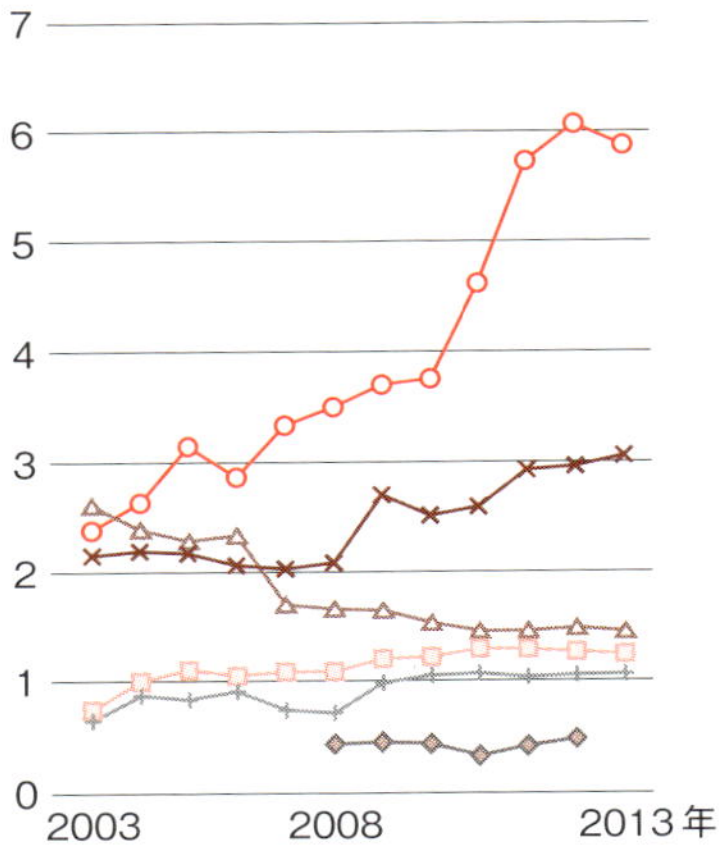

技術貿易収支額

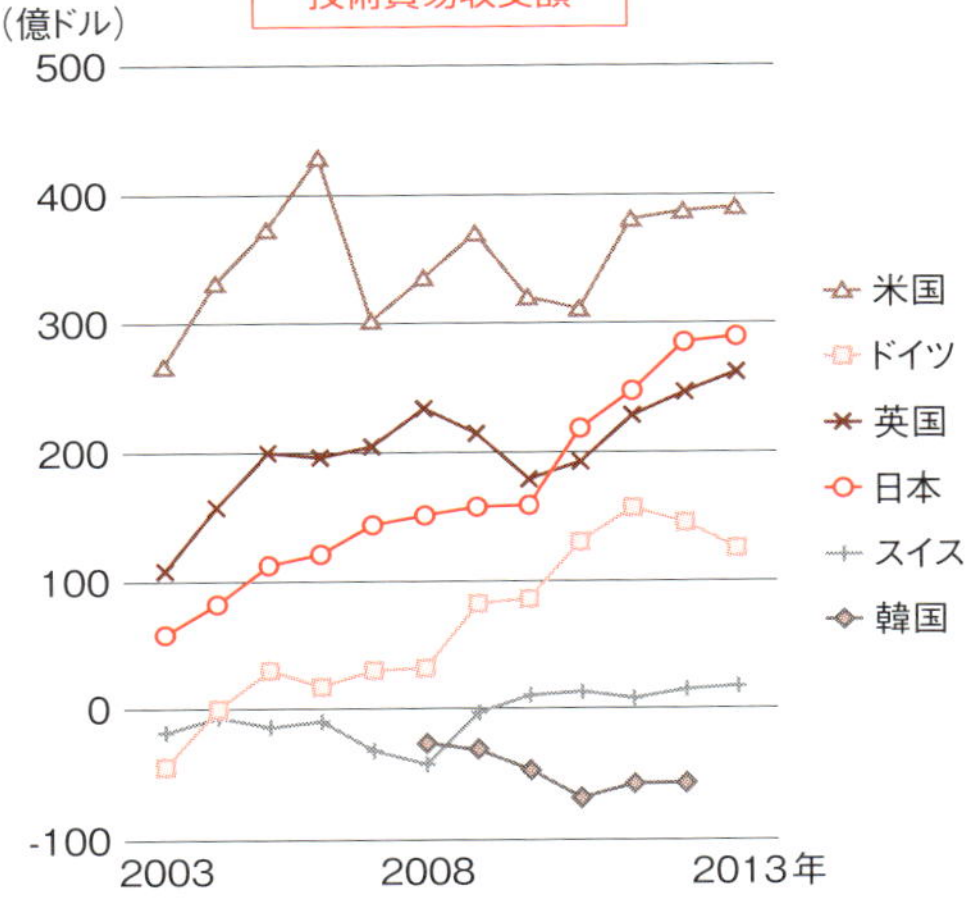

出典:OECD, Technology Balance of Payments database, December 2014 を元に筆者作成

59 価値創造の手段へ

コンカレント・エンジニアリングはまさにうってつけ

有名な失われた一〇年あるいは二〇年という言葉があります。リーマンショック以前のことですから、他責ではなく自己責任的な、そして自嘲的な表現です。その中で、いくつかの象徴的な現象が取り沙汰されました。たとえばガラパゴス携帯電話です。国内で熾烈な競争をしている間に、機能てんこ盛りの携帯電話がたくさん開発されましたが、グローバル競争に打って出ることができませんでした。

当時、顧客価値ということが盛んに議論されました。どんなに技術が優れていても、顧客が価値を認めなければ、その商品は売れないということです。そして、顧客価値とは技術や機能だけでなく、その商品から得られる感動や経験といった主観的な、場合によっては顧客も予想していなかった価値を意味するのだと指摘され、価値を再考することになりました。

それは現在でも続いています。世界で一、二の販売台数を誇る日本の自動車メーカーの社長は、研究開発から製造の現場にいたるまで足を運んで「もっと楽しいクルマをつくろうよ」と声をかけています。これにより社員は、自分の目の前にある仕事が、最終的に顧客にどのような喜びをもたらすのか考えるようになりました。従来は、コストダウンとか不良率低減といった、判で押したような目的意識だったのが、たとえば顧客が美しいと感じる形状を生み出すために、困難な加工法を開発し、しかもそれを低コストで高品質に仕上げるのだと考え直し、モチベーションまで高まったということです。

自動車はすり合わせ製品とよく言われますが、すり合わせプロセスの進化したものがCEです。製品のライフサイクルに関連するすべての部門が総智を結集させるとき、この顧客視点を加えれば、ガラパゴスと揶揄されるような製品は決して生まれるはずはなく、企画段階から顧客価値を明確に盛り込んだ製品開発活動が展開されるでしょう。

要点BOX

- ●顧客価値とは技術や機能だけでなく主観的な要素も
- ●企画段階から関連する部門の総智が結集するCEで、製品の顧客価値も議論して盛り込む

CEは価値創造をする絶好の手段

技術主導の製品開発は、技術や機能を中心とした製品になりがちでした。顧客価値は機能や利便性だけではありません。主観的な感動や経験といったものが重要視されています。

そういう意味で製品のライフサイクルやすべての業務プロセスに関連する人々が総智を結集するCEは、顧客価値を製品に盛り込む絶好の機会です。

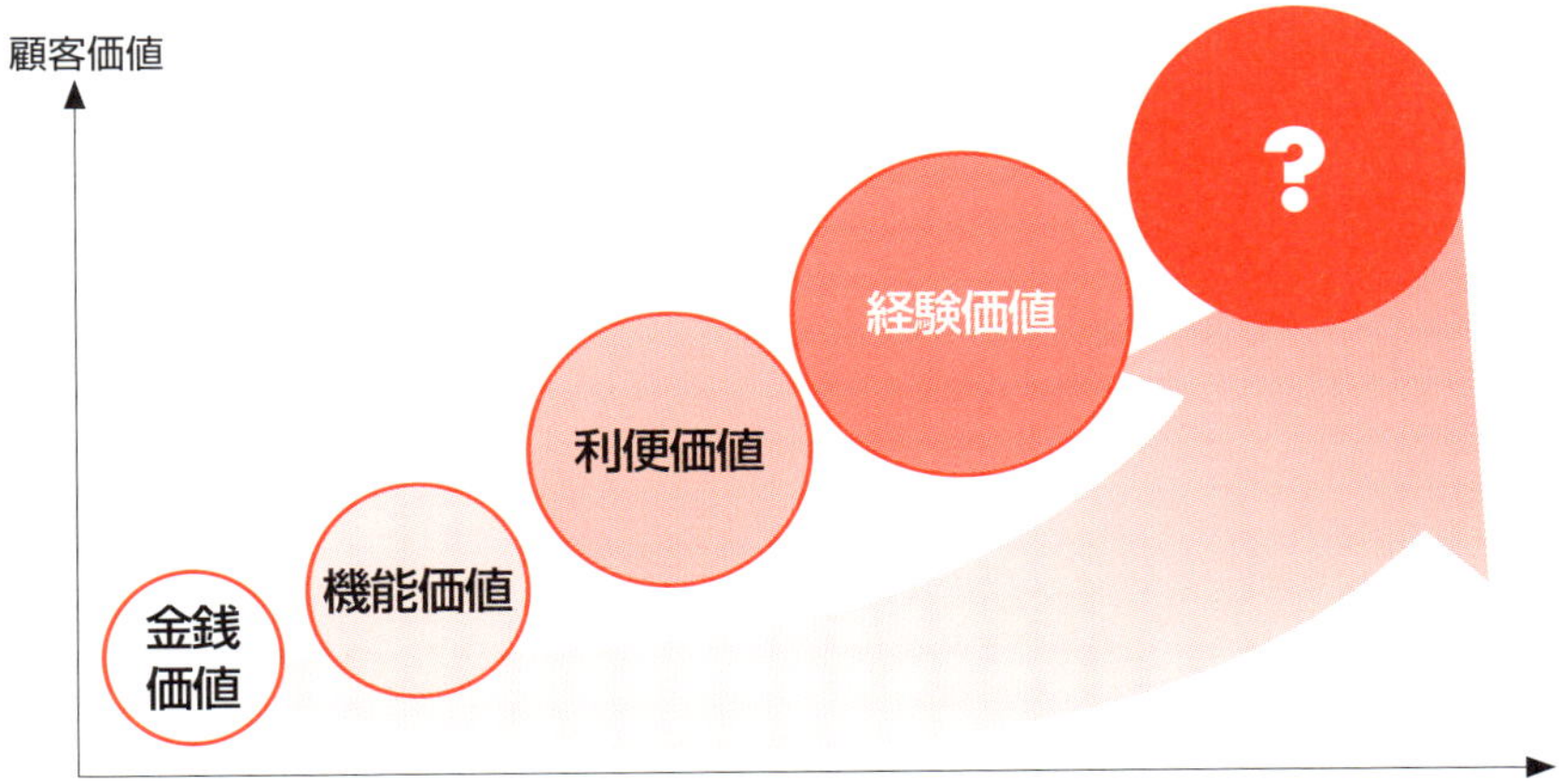

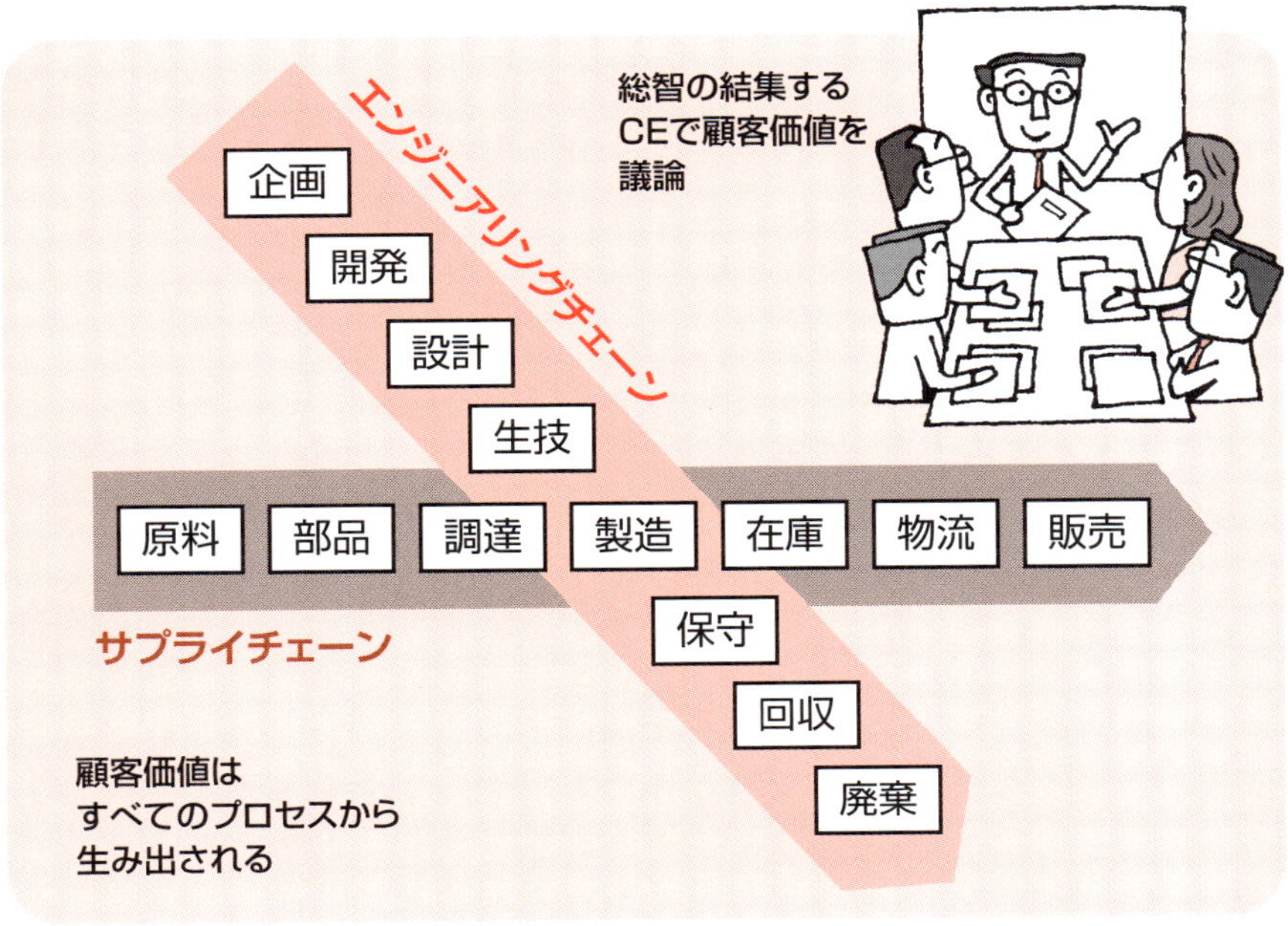

60 模倣困難な競争力へ

CEは容易ではないからこそ競争力になる

経営学者のピーター・ドラッカーは「企業の目的は、顧客の創造である」と言いました。顧客価値のある製品を出せばたくさん売れ、ファンやリピーターが増え、さらにブランドもできるかもしれません。

経営戦略論には「戦略の3階層構造（上から経営戦略、事業戦略、機能別戦略に分けて考えるもの）」など色々ありますが、コトラーの競争戦略（起業をリーダー、チャレンジャー、ニッチャー、フォロワーに分類して考えるもの）とシュンペーターのイノベーション戦略は技術開発において参考にすべき考え方です。

差別化戦略という言葉もあります。これは技術だけではありません。実は、組織力は、他の組織が簡単には真似できない点で、有力な差別化戦略の一つになります。組織力とは、企業風土や価値観、マネジメント力、人財育成のしくみなどです。これがしっかりしていることで、新技術の種が生まれ、種は芽を出してやがて収穫につながるというロジックです。

長く続いている優良企業が、ヒット商品の連発だけで支えられているわけではないことに、異論はないと思います。そのような企業は、極論すれば、トップが交代しても、社員の世代が変わっても、競争力を遺伝子のように持ち続けます。

手段であるCEは戦略というより戦術でしょうか。

CEは業務革新をともないます。欧米の企業が日本のコンカレントな業務の進め方を見ても、容易に真似ることはできませんでした。しかし、3DCADデータを基本情報として一元化し、チーム全体が共有することでコンカレントを実現しました。逆に日本は、3DCADなどのITツールを見てもなかなか受け入れることができませんでした。しかし、ビューワと呼ばれる軽量化技術などを開発することで、日本流のやり方にも適合させる努力をしています。

社内にCEを構築することは、模倣困難な組織力を持つことと同じなのです。

要点BOX

- ●経営戦略論には色々ある
- ●組織力は差別化でき模倣困難な競争力になる
- ●CEは模倣困難な組織力の一部になる

経営戦略論いろいろ

手段であるCEは戦略というより戦術の一つでしょう。

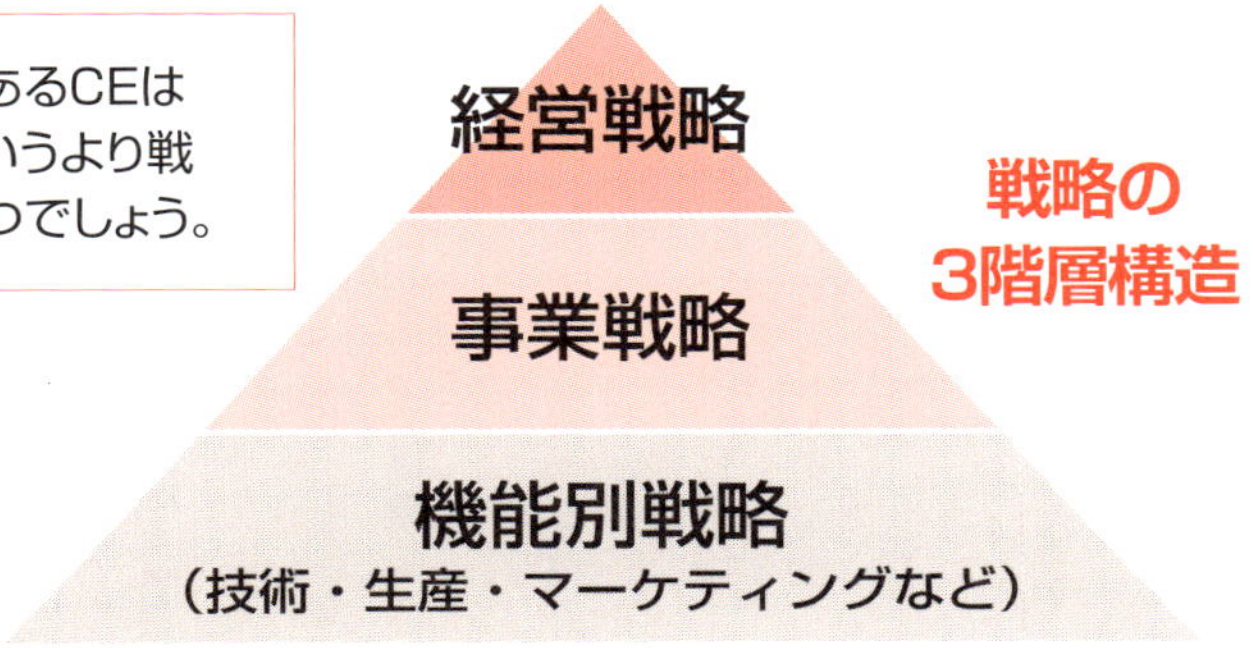

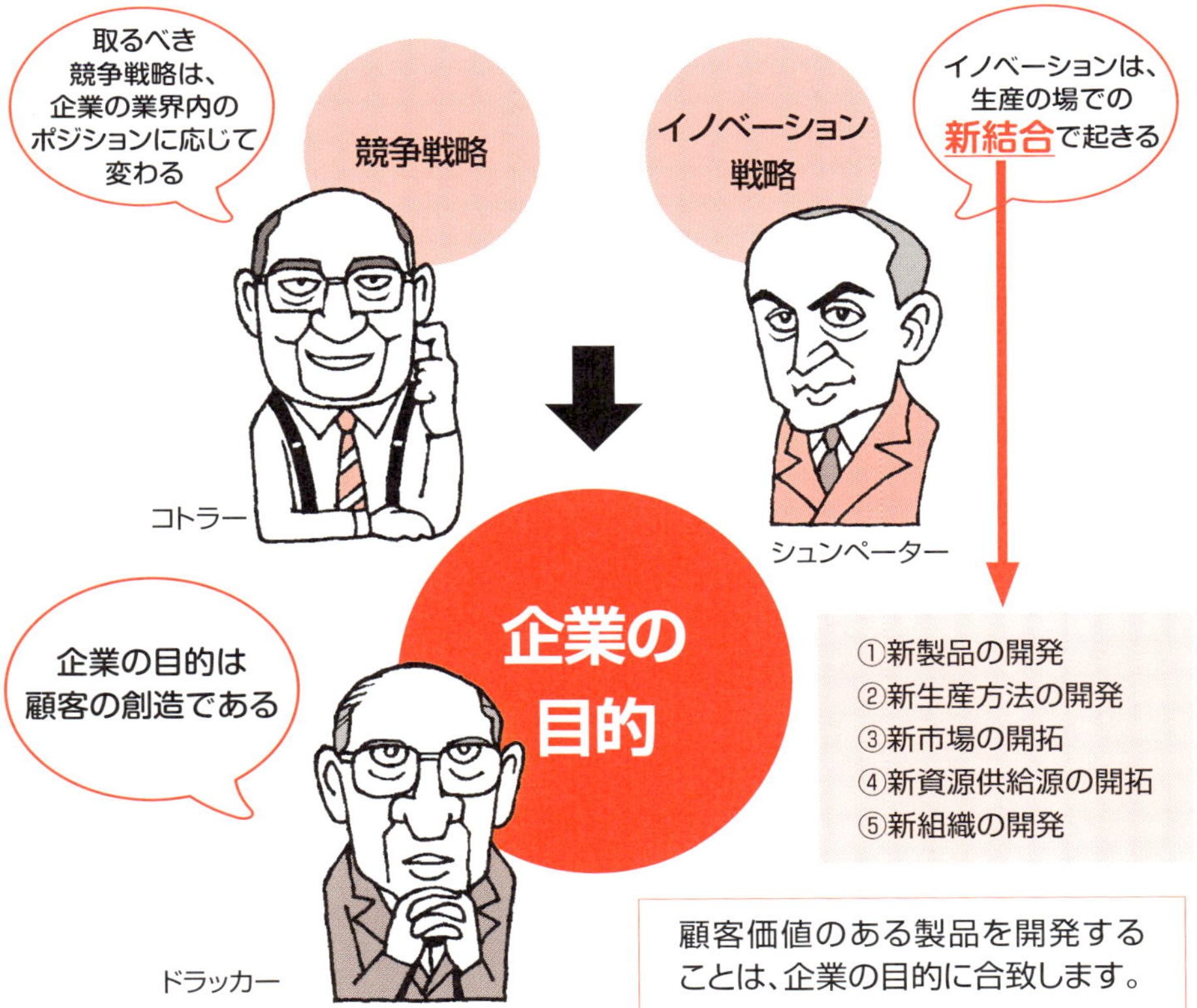

顧客価値のある製品を開発することは、企業の目的に合致します。

組織力は差別化戦略の一つと言われます。明らかに模倣困難だからです。CEのやり方を社内に構築することは、業務革新をともない、容易なことではありません。しかし、だからこそ、競争力の一つになり得るのです。

61 グローバル時代のコンカレント・エンジニアリング

総智を結集するCEこそ成功のカギ

今後、アップルを真似て、製品開発と製造、調達、物流、消費（市場）をグローバルに最適化したビジネスが次々に登場してくると思われます。CEもそれらに適合するように、あるいは新しいビジネスモデルを生み出すために進化していくでしょう。

まず、CEに参画する部門・組織が、これまで以上に枠を超えて増えていくでしょう。自社の海外拠点だけでなく他社の現地法人はもとより、地域や国の行政機関も関与してくる可能性があります。

関連する組織が増えても、比例してメンバーを増やしたら意思決定が遅くなるばかりです。戦略判断の最上層から実務レベルにいたるまで、適切な階層構造を作って、それぞれが少ないメンバーでCEができるようにするべきです。時間と距離の問題を減少させるCEですが、やはりICTは必須の道具です。

また、現地の法律はもちろんですが、グローバルにビジネス展開しようとすると、環境規制を始めとして、世界標準や国際規格の枠内で考える必要があります。しかし、技術が着々と進化していて、気がついたら破壊的イノベーションが起きていたというのとよく似て、グローバルなルールも不変ではなく、自分の国が有利になるように制定・改正の動きが常にあることを忘れてはいけません。

大きな問題がない場合でも、懸案事項は増えます。直接紛争が起きている国でおこなうビジネスではなくても、世界はつながっています。いつ何が起こるかわかりません。そういったリスクに対処するためには、コンサルタント会社の協力も必要でしょう。

モノづくりについて言えば、近年はクラウドファンディングといって、個人がネットを通じて資金を集めて事業を開始し、それがビッグビジネスになることがあります。企業ではないために姿が見えなくても、意外なところから伏兵が現れて、足元をすくわれることもあり得ます。

要点BOX

- グローバルビジネスに適合するためCEも進化する
- 関連する組織が増えても、意思決定は迅速に
- 増大するリスクのためコンサルタントも必要

新しいビジネスモデルのためのCE

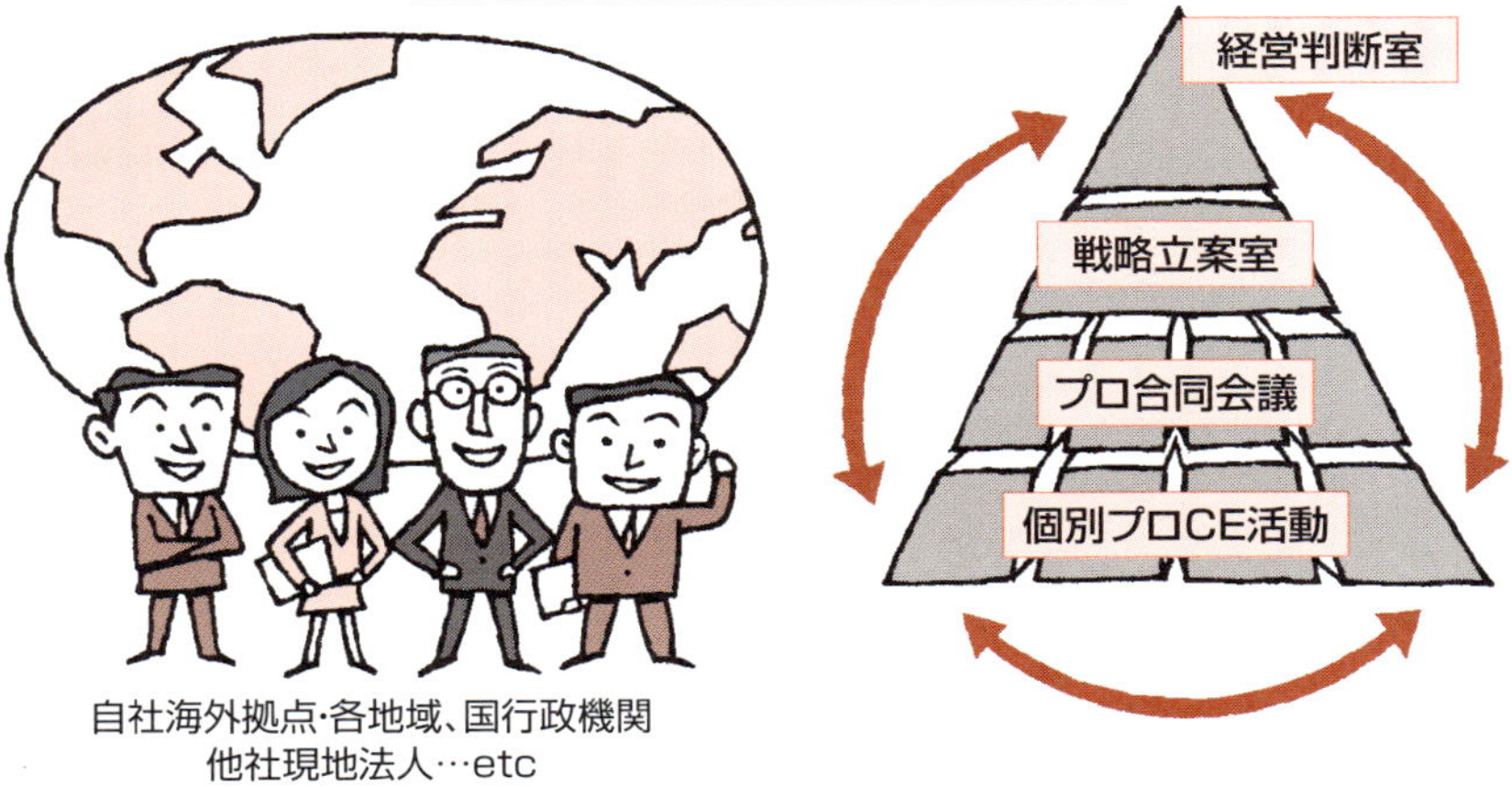

グローバルビジネスにおけるCEは、関連する部門・組織が増えますが、判断や実行のレベルに応じた階層型CEを構築して、それぞれが大部屋活動することによりビジネススピードを確保します。時間と空間の問題を解消するためにICTは必須です。

グローバルビジネスはリスクだらけ

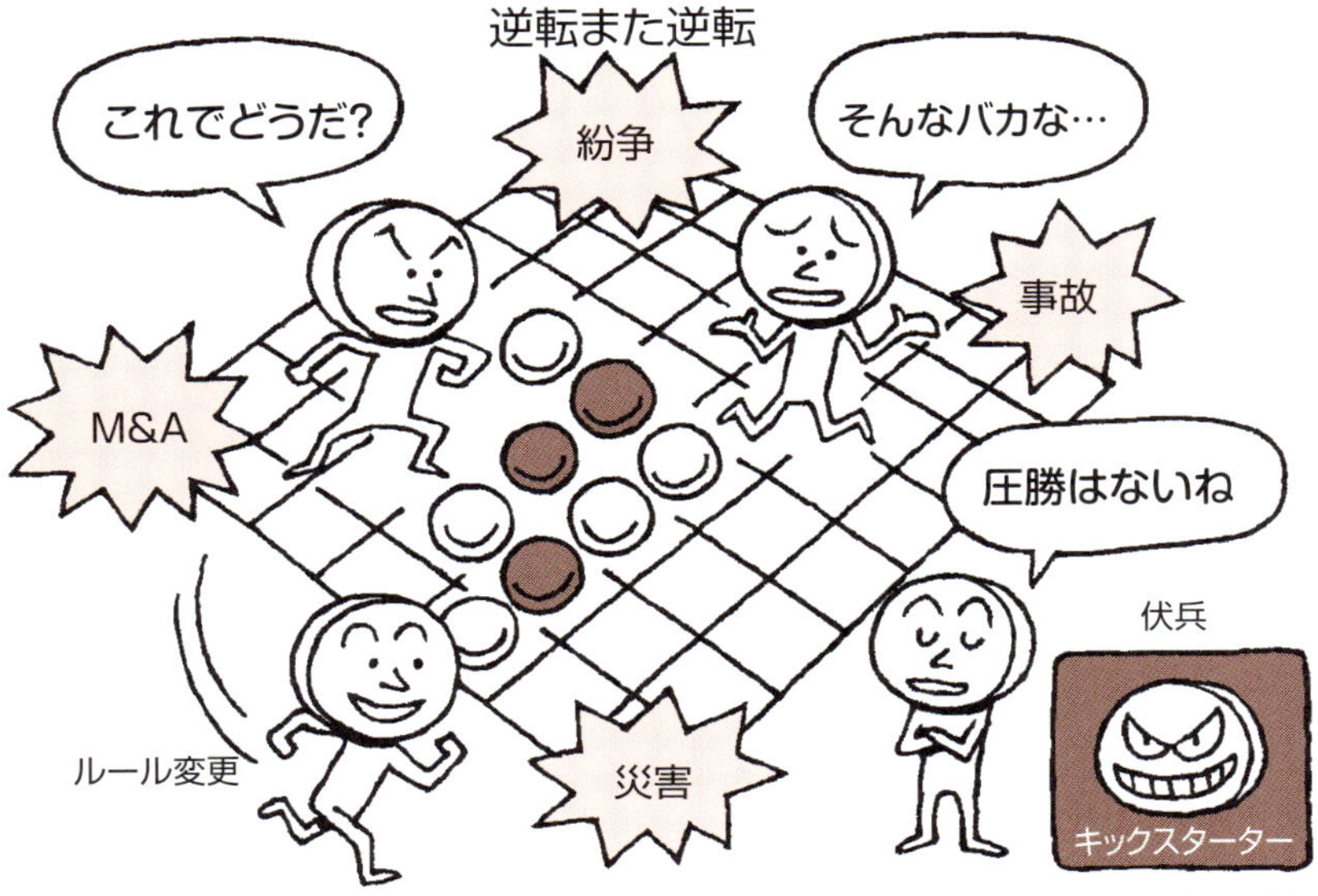

グローバルビジネスはチームで戦うオセロゲームみたいなものです。対局者はあらゆる手を打ってきます。時にはルールまで変えられます。思わぬ伏兵も現れます。技術だけでなくあらゆるリスク対応に、コンサルタント含め総智を結集すべきです。

62 海外拠点を巻き込んだコンカレント・エンジニアリング

先進国、新興国いずれも障害は文化の違い

海外進出した企業がまず検討することは、いきなり地球規模の開発プロジェクトではなく、自社の海外拠点を巻き込んだCEでしょう。

先進国に置いた拠点では、既に開発や設計業務が始まっていると思います。欧米発のITツールを盛り込んだCEなら、比較的スムーズに立ち上がるかもしれません。しかし実際は、どうしても乗り越えるのが難しいビジネス習慣の違いがあります。代表例は日本的経営（「終身雇用」「年功序列」「企業内組合」）や滅私奉公のような働き方です。ただし近年は、日本的経営がサステナビリティに通じると再評価されていることもありますし、逆に日本でも欧米化していること、たとえばワークライフバランスの尊重などがあり、両者の歩み寄りが感じられます。

問題は新興国にある多くの拠点です。水平分業で製造のみをおこなっていたのが次第に実力をつけ、またその国の市場としての魅力も増してくると、日本の本社の技術とマネジメントの移転の検討が始まるでしょう。現地の自立化です。もちろん拠点経営者もローカル人財にしていくことです。

先進国と違って新興国にとっては大きな変化になります。成熟したおとなの拠点とは違って、育成指導の余地がありますから、かえってやりやすい面もあるかもしれません。技術とマネジメントを少しずつ移転するのです。実際コア人財と判断されたローカル人財の育成に、日本でのCEの実体験をプログラムしている企業があります。日本人が現地へ出向して指導するよりはるかに効果があるそうです。

新興国との間にも乗り越えるのが難しい文化の違いがあります。ビジネス習慣よりも宗教や風習、道徳観の違いです。新興国の文化的な発展には時間がかかります。こういう問題に対しても、セキュリティを始め宗教や風習とは無縁のルールを作りやすい3DCADを中心にしたIT環境が貢献しそうです。

要点BOX

- 先進国との間では日本的経営が障害となる。
- 新興国との間では宗教や風習、道徳観の違いが障害となる

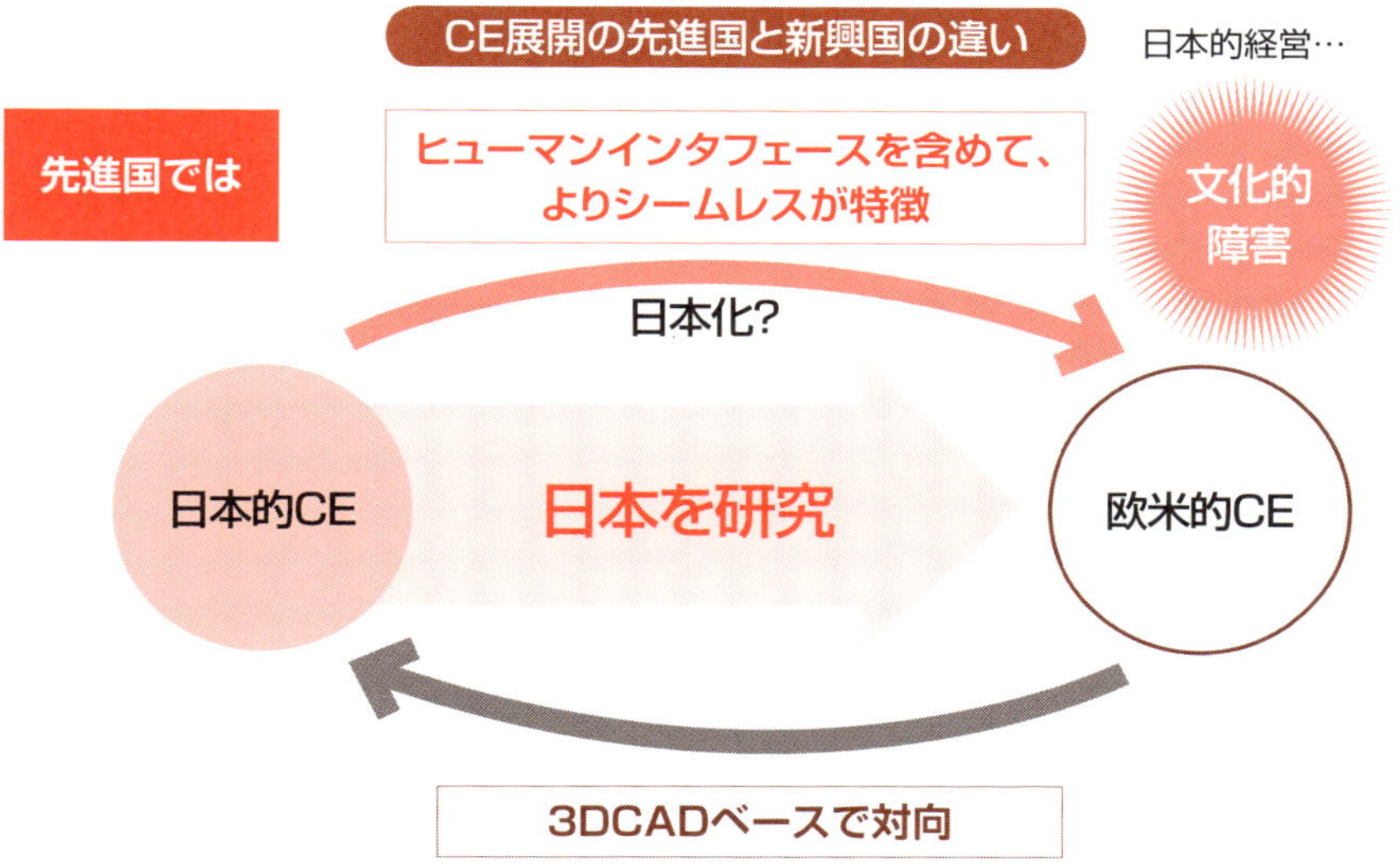

日本的CEは欧米的CEを取り込んで、軽量化技術などを開発することで、より人の作業のシームレスを追求したCEができました。ビジネス文化の障害はあるものの、3DCADベースのCEを拡大していく方向でしょう。

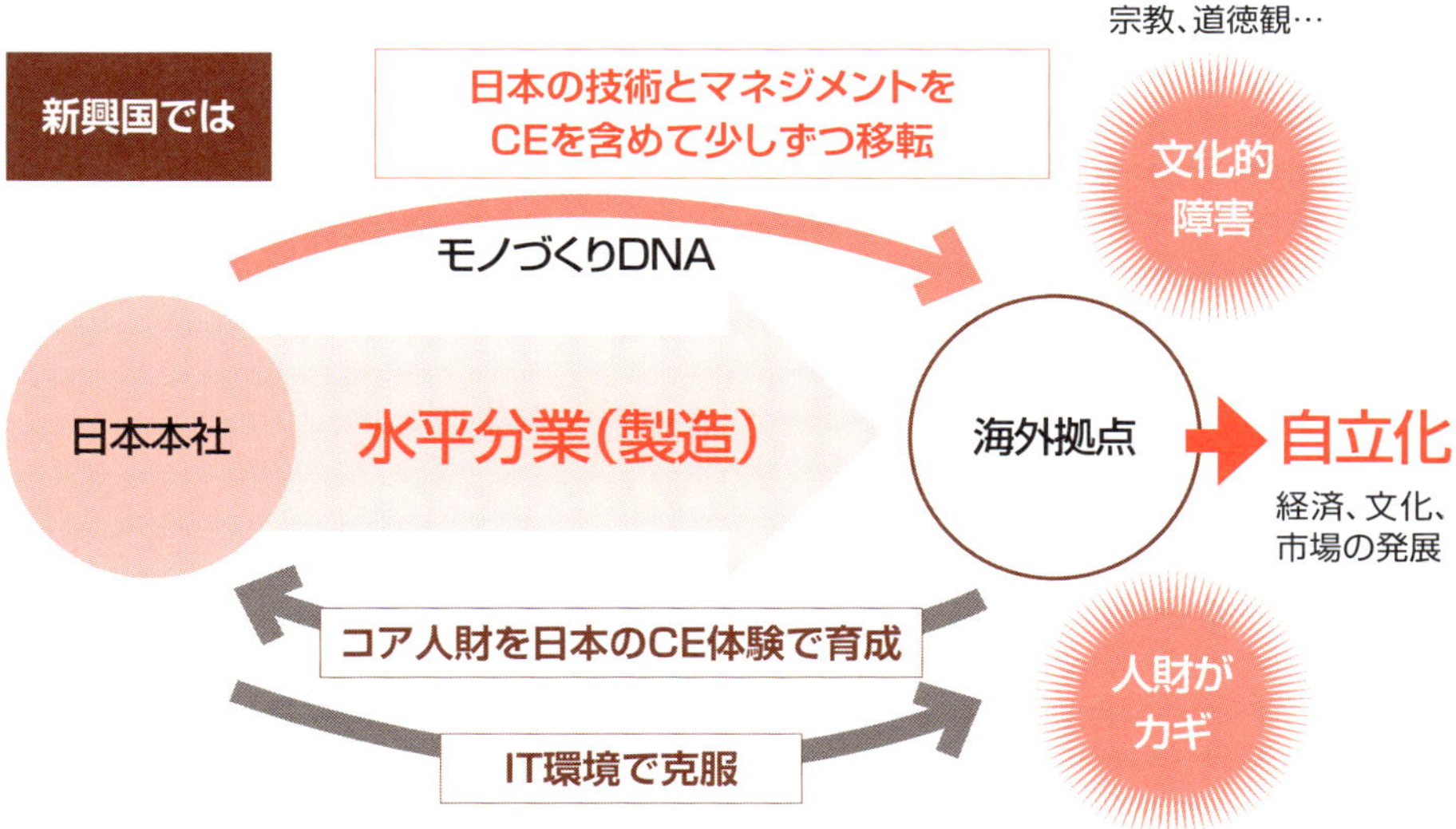

経済、文化、市場を背景に、CEを含めた日本の技術とマネジメントの移転を進め、時間はかかるものの「自立化」へ向かいます。成功のカギはローカル人財です。日本でのCE体験が大いに貢献するでしょう。

63 日本国内でのコンカレント・エンジニアリング

究極の高い目標とは経営理念の実現

本書では、リードタイム短縮だけでない、高い目標値を実現するための有効な手段としてCEを提案してきました。では、高い目標値とは何なのか。わかりやすい商品開発を例にして、QCDSEの高いレベルをイメージして説明してきました。

しかし、高い目標値とはQCDSEだけではありません。その企業にとって必要な目標であれば、どのようなものであっても、CEによってさらに高いレベルを設定すればよいのです。筆者は、その究極の目標を、その企業の経営理念（社是、社訓、綱領など表現は色々ありますが）の実現だと考えています。

日本の企業の経営理念に見られる共通的特徴は、社会への貢献です。単一民族でありながら日本人全体をカバーする宗教やイデオロギーが存在しないにもかかわらず、非常事態にも秩序だったあるいは道徳心のある行動がとれる大きな理由は、日本人が持つ世間様といった社会に対する価値観だと言われます。

したがって、日本には世界に類を見ない多さの永続企業が存在し、企業は社会の公器であってお金儲けのシステムではないと思われています。サステナビリティに通じる考え方です。

こじつけかもしれませんが、ライフサイクル全体を見て最適化をはかっていくのがCEならば、日本のCEは、社会とともに永続する企業を前提にして社会全体の最適化をはかることではないでしょうか。たとえば、貴重な資源を使ったモノづくりであれば地球環境保全に対するベストの答えを目標に設定するのです。

グローバル時代に突入してすでに久しいです。世界を舞台にビジネスで戦おうとすると、文化の違いは受け入れなければなりませんが、さまざまな価値観とは堂々と議論しなければなりません。そのような場合、最後のよりどころは企業であれば経営理念です。そして、その経営理念の背景には日本人のアイデンティティが存在していることを忘れてはなりません。

要点BOX

- 日本の企業の経営理念には社会への貢献が多い
- 日本には長寿企業が非常に多い
- 経営理念の実現は長期にわたる社会全体の最適化

永続する企業の経営理念

経営理念(社是、社訓、綱領・・・)とは組織の存在意義や使命を、普遍的な形で表した基本的価値観の表明です。

パナソニック・グループの綱領

綱領
産業人タルノ本分ニ徹シ
社會生活ノ改善ト向上ヲ圖リ
世界文化ノ進展ニ
寄與センコトヲ期ス
企業は社会の
公器である

創業者:松下幸之助

三菱グループの綱領

綱領
所期奉公
處事光明
立業貿易
小彌太識

四代社長:岩崎小彌太

伊藤忠の三方よし

「買い手よし」
「売り手よし」
「世間よし」

創業者:伊藤忠兵衛

帝国データバンクの日本の『長寿企業の実態調査(2013年)』によると、創業100年をこえる企業の数は、世界に類を見ない約2万6千社でした。

CEで狙う究極の目標

「企業の経営理念の実現だと考えます」(筆者)

↓

日本のCEは、社会とともに永続する企業を前提にして社会全体の最適化をはかること

64 PLMをコンカレント・エンジニアリングのプラットフォームに

ビューワ・ソリューションがPLMを進化させた

3DCADをベースにしたCEでは、一元化された製品の基本情報等を、業務プロセスを通じて全部門が共有し、かつ直接利用できなければなりません。それを実現するカギは軽量化した3DCADつまりビューワ・ソリューションでした。軽量化しても、モデル（視覚情報）と属性（ドキュメント情報）は、ビューワ・ソリューションにしっかり継承されます。

設計以外の部門は、このビューワ・ソリューションを用いて業務をします。軽量であれば、Webやクラウドも使えますし、ユーザー制限やアクセスログ管理をすれば、協業パートナーや海外拠点もCEに参画できます。そして、この製品の基本情報が常に最新状態にアップデートされ、ライフサイクルを通じて管理されたシステムがPLMでした。PLMはこれからのCEのプラットフォームになります。

日本製PLMの一つ、NECのObbligatoシリーズは開発の歴史が長く、当然、日本の製造業のニーズに合うように作られてきました。3DCADはビューワ・ソリューションXVLを用いて軽量化されていて、2DCAD図面や電気CAD図面はTiffデータ化されています。さまざまな用途別BOMも統合BOMで管理されています。社内の生産や調達のシステムのデータを利用でき、CEの日常業務化に貢献しています。グローバル水平分業（海外生産）が始まっている企業については、外部ポータルをはさんでセキュリティを確保していますが、これからは現地ニーズに合わせたグローバル分散設計が増えてくるでしょう。

シーメンス社のPLM Teamcenter Enterpriseは、NX、I-deas、CATIAといったさまざまな3DCADに対しては、ビューワ・ソリューションJTを用いて統一しています。航空機製造のように、部品単位はもちろん、素材までのつながりや、あらゆる製造履歴を残す仕事にも対応するという、大規模製品に実績のあるPLMシステムです。

要点BOX

- ●ビューワ・ソリューションによって、すべての関連組織の情報共有と業務適用が可能になった
- ●マルチCAD対応のPLMが多く登場している

実用化されているPLM

設計データは軽量化され、BOMなどがライフサイクルを通じて管理されます。
PLMは生産や調達などのシステムと連携し、CEを日常業務にします。

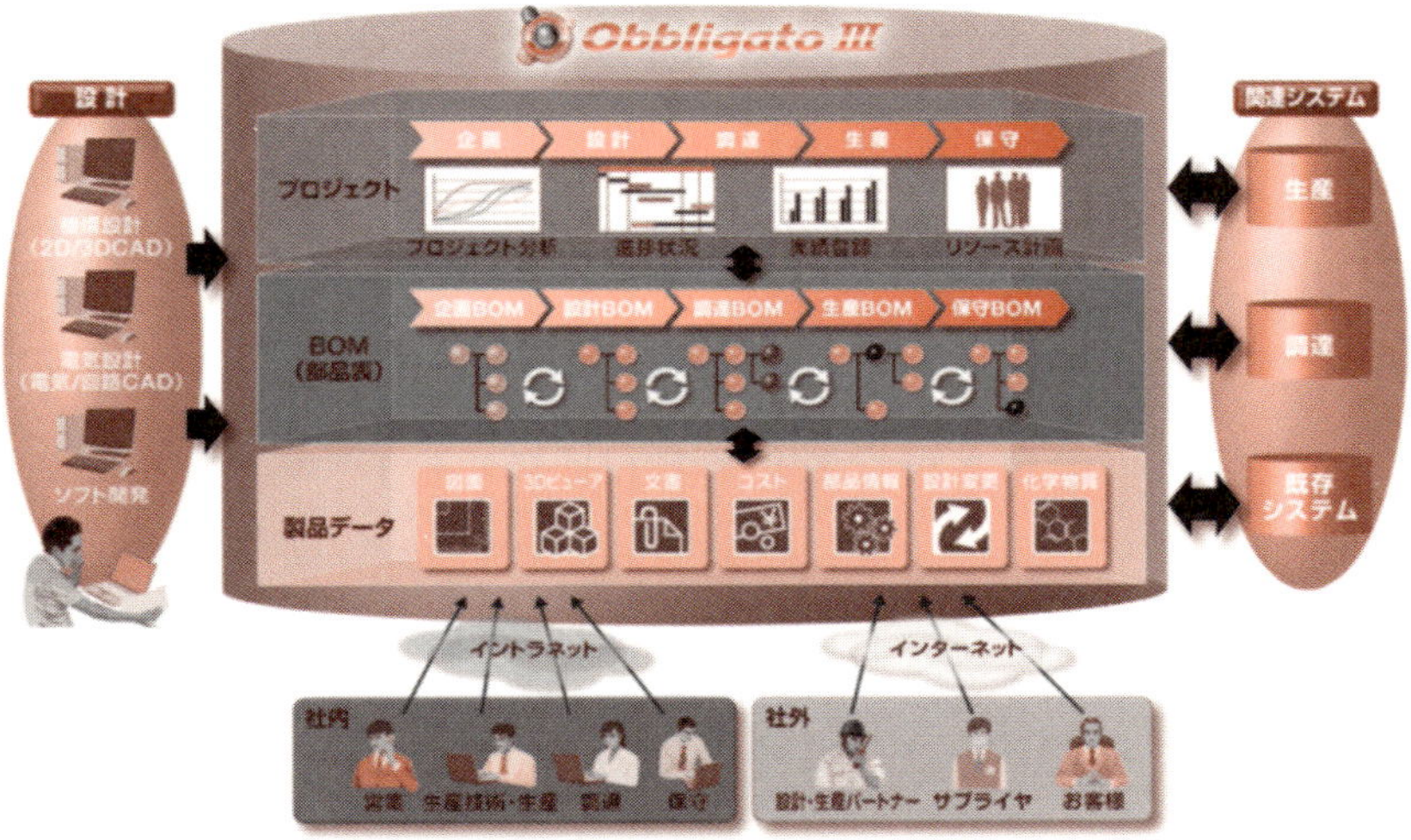

図版出典:NECのPLMソリューション「Obbligato III」Webサイト

グローバル水平分業からグローバル分散設計へ

海外生産拠点は現地ニーズに合わせて設計分担が今後進展します。
設計データの安全で迅速な運用のためにもPLMは貢献します。

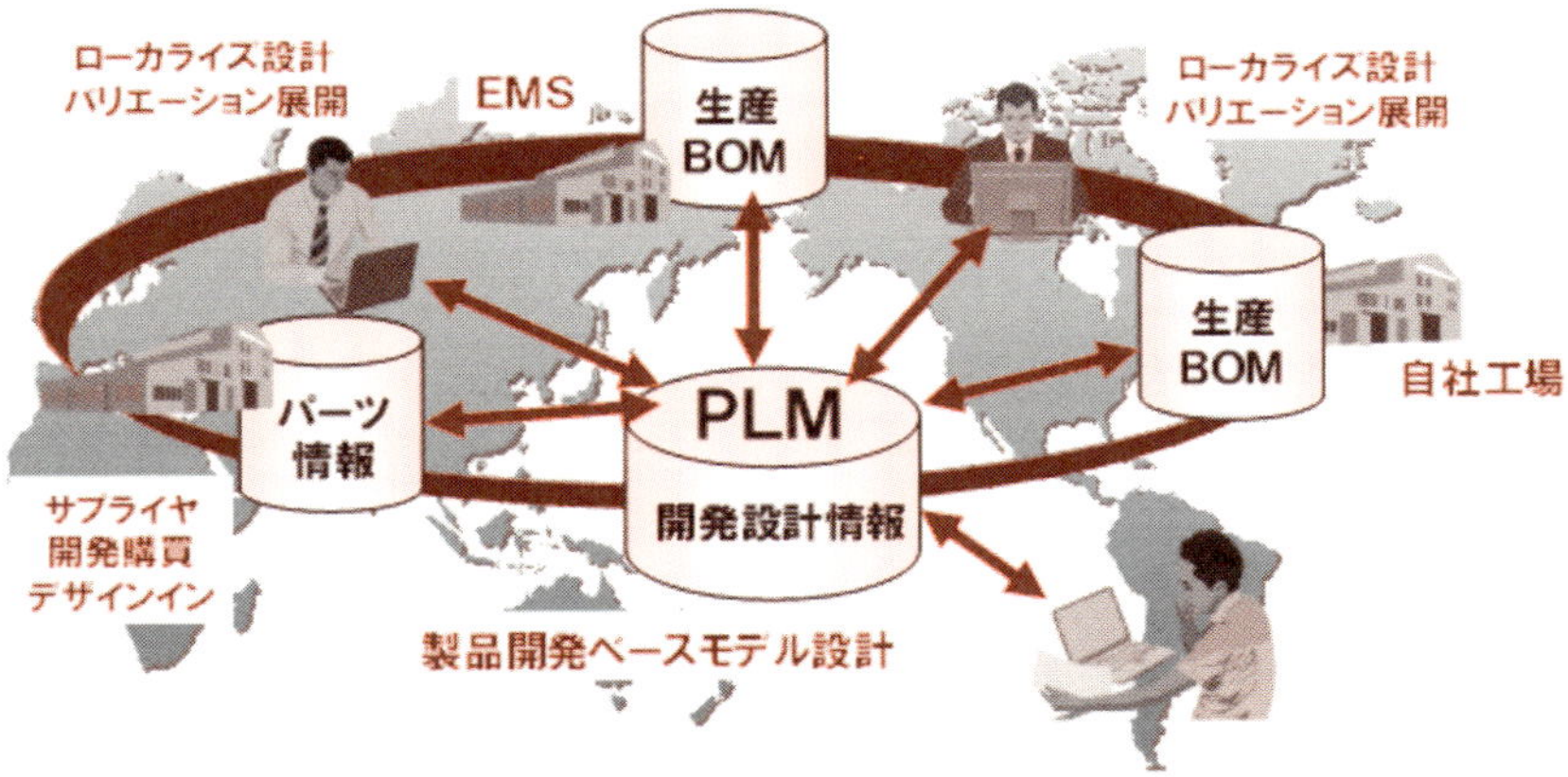

図版出典:NECのPLMソリューション「Obbligato III」Webサイト

65 エンジニアリング機能を強化したPLMで開発業務を効率化

CEのためのITツールに新たな選択肢

CEの本質とは「関連するすべての部門が早い段階から参画して（コンカレント）総智を結集し（フロントローディング）、場合によっては後工程も研究に早期着手（アーリーソーシング）し、製品のライフサイクル視点で最適化された（社会のサステナビリティにつながる）高い目標値の達成を目指すこと」です。

これを実現するために、これまでさまざま仕事のしくみやツールが開発されてきましたが、特に近年は、ビジネスに大きな影響を及ぼした3DCADやICTの飛躍的な進歩が、CEのための3DCAD利用や多くのITツールを生み出しました。

しかし、さまざまなファイル形式の存在や、設計が用いる3DCADデータの重さが問題でした。それらに対して、ファイル変換のための中間ファイルや3DCADを軽量化するビューワ・ソリューションがあることをこれまで解説してきました。

ところが、方法はそれだけではありません。新たな方法、ユーザーからすれば選択肢が登場しました。

PTC社のPDS（Product Development System）は、PTC WindchillというPLMを中心とした製品開発システムです。同社では、Unite Technology というマルチCAD対応技術で、様々なCADデータを同社のPTC Creo に取り込んで処理できるようにしました。これにより、同社の豊富なエンジニアリング・ソリューションの品揃えが利用でき、高い目標値を目指すCEにとっては有利な環境が提供されました。

CADシステムがPTC Creoで統一されていますので、PTC Windchillでは同社のビューワ・ソリューションCreo Viewを用いて業務をすることができます。Creo Viewでは3DCADモデルだけでなく、ECAD（電気回路や配線設計）やPDFの参考文献も同一画面上に表示させることができます。また、PTC Windchillには iPhoneや iPadからもアクセスでき、グローバルCEのプラットフォームの役割もしています。

要点BOX

●Unite Technologyは他社のCADをPTC Creoに統一する技術

●PTC Windchill を中心にあらゆるエンジニアリング

PLMをプラットフォームにした製品開発システム

PTC社のPDSは、PTC Windchill というPLMを中心にした、同社の豊富なエンジニアリング・ソリューションが使用できる製品開発システムです。

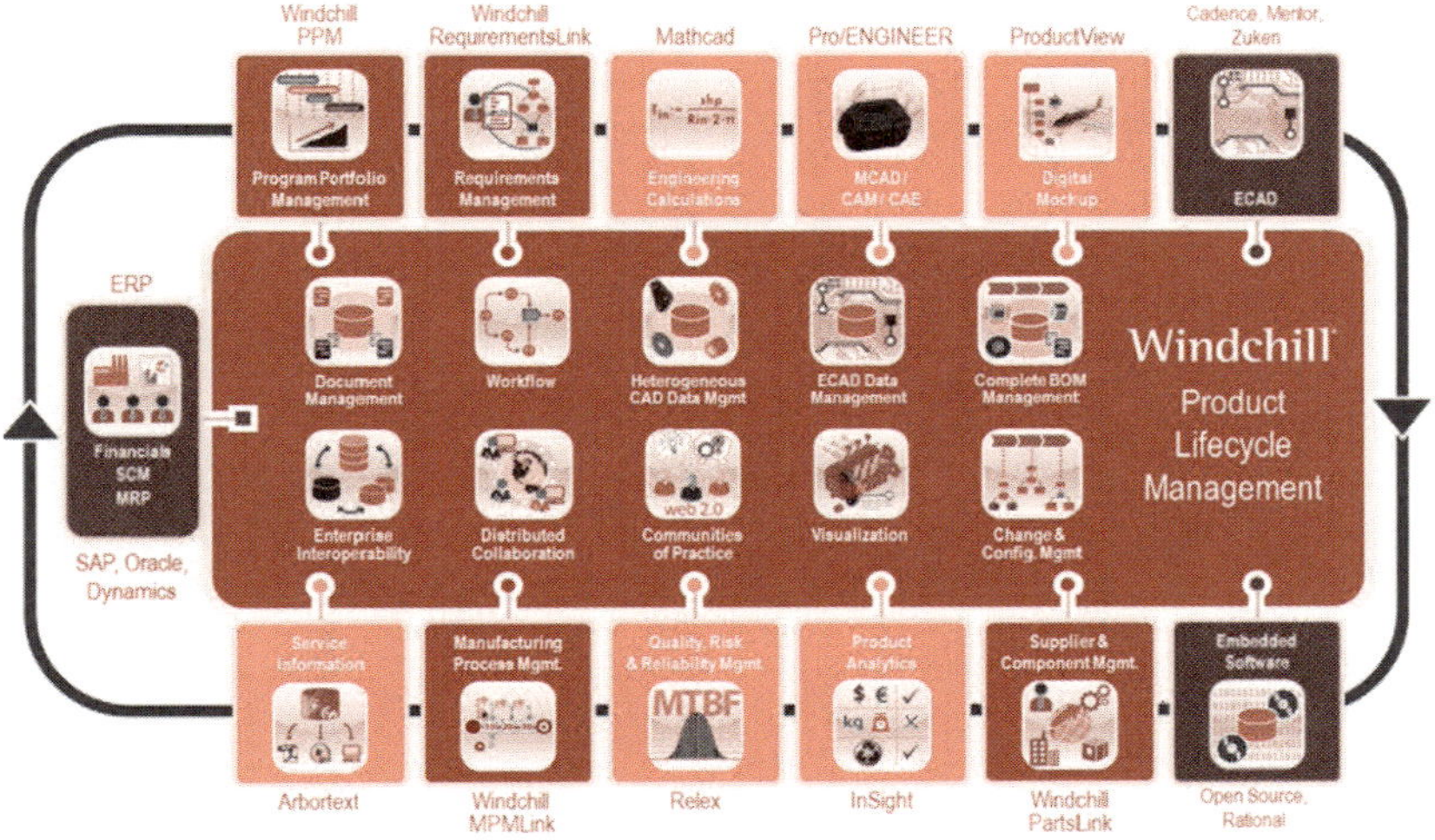

画像:PDS（Product Development System）（PTC社提供）

Creo ViewのMCAD/ECADの画面

同一ビューワ画面に3DCAD モデル、2D図面、電気CAD図面、参考文献PDFなどを同時に表示しながら業務可能。作業手順書、BOM、動画も作成可能。

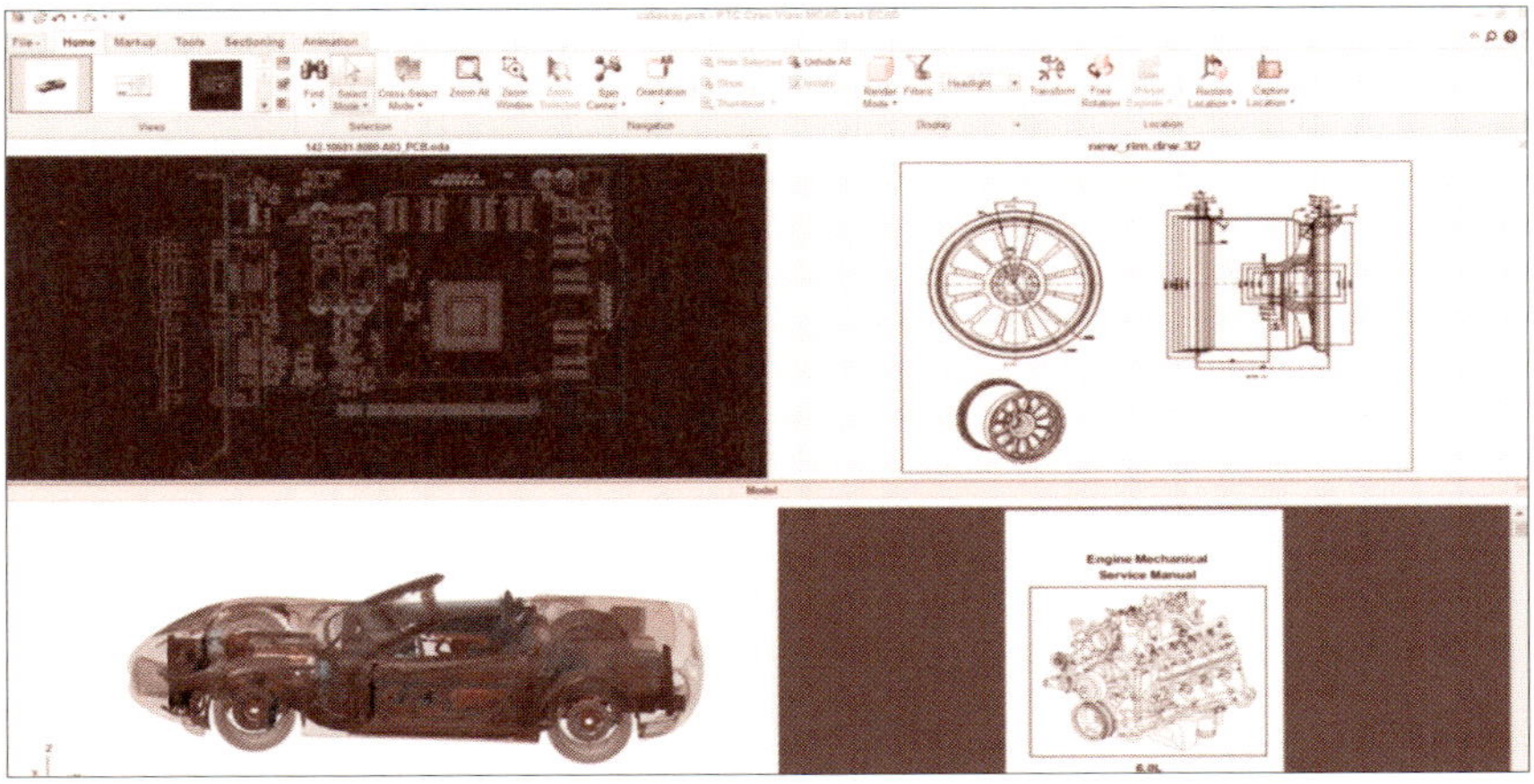

画像:PTC社提供

66 コンカレント・エンジニアリングの新しい形

構想段階からコラボレーションするツール

CEの本質の一つ「総智の結集」ということを考えたとき、ICTの進化は、プロジェクトへの非常に多くの参加者を可能にしています。たとえば一元化すべき製品の基本情報（3DCADモデルとデータ）を、セキュリティも考慮してクラウド上にPLMとして置けば、時間と空間の制限なくアクセス可能となり、早い段階から総智を結集させることができます。

その中に、顧客を参加させたらどうでしょう。顧客価値の重要性はすでに述べた通りです。消費財の場合は顧客本人も気付いていない可能性がありますが、生産財であれば顧客の要求は明確です。顧客とのコラボレーションはCEをさらに効率化するでしょう。

筆者のような古い人間は、今でもCEと言うとすぐプロジェクト活動を想像してしまいますが、近年は、これまで企業でなければ決してできないと思われたモノづくりを、個人が完成させてしかもビジネスにしてしまうことが起き始めました。クリス・アンダーソンが著書『メイカーズ』で予想した現象です。

良いアイデアがあれば、3DCADによる設計と、クラウドファンディングによるネットからの資金調達で、最初の1個は作れるからです。困難が生じれば、SNSを通じて世界中からアドバイスも得られるのです。

歴史上の大発明や大発見も、たった一人で成し遂げられたことはありません。たいてい、先生に相当する人がいて、協力者がいて、ひらめきを与えてくれる人との交流がありました。どんなにICTが進歩しても、技術開発には人と人の交流が必要なのです。

製品の構想段階に、まるでデザイナーがデッサンする感覚で絵が描け、社内外の人と交流しながらイメージを具現化していくITツールが登場しています。ダッソー・システムズ社の3D EXPERIENCE platformです。これからのCEでは、ICTを利用していても、人と人との確かな交流が感じられるコラボレーションが必要です。

要点BOX

- ●ICTの進化はCEへの参加者を増やした
- ●個人でもモノづくりができる時代
- ●人と人との確かなコラボレーションが必要

CEにおける製品情報(3DCADモデルとデータ)共有のイメージ

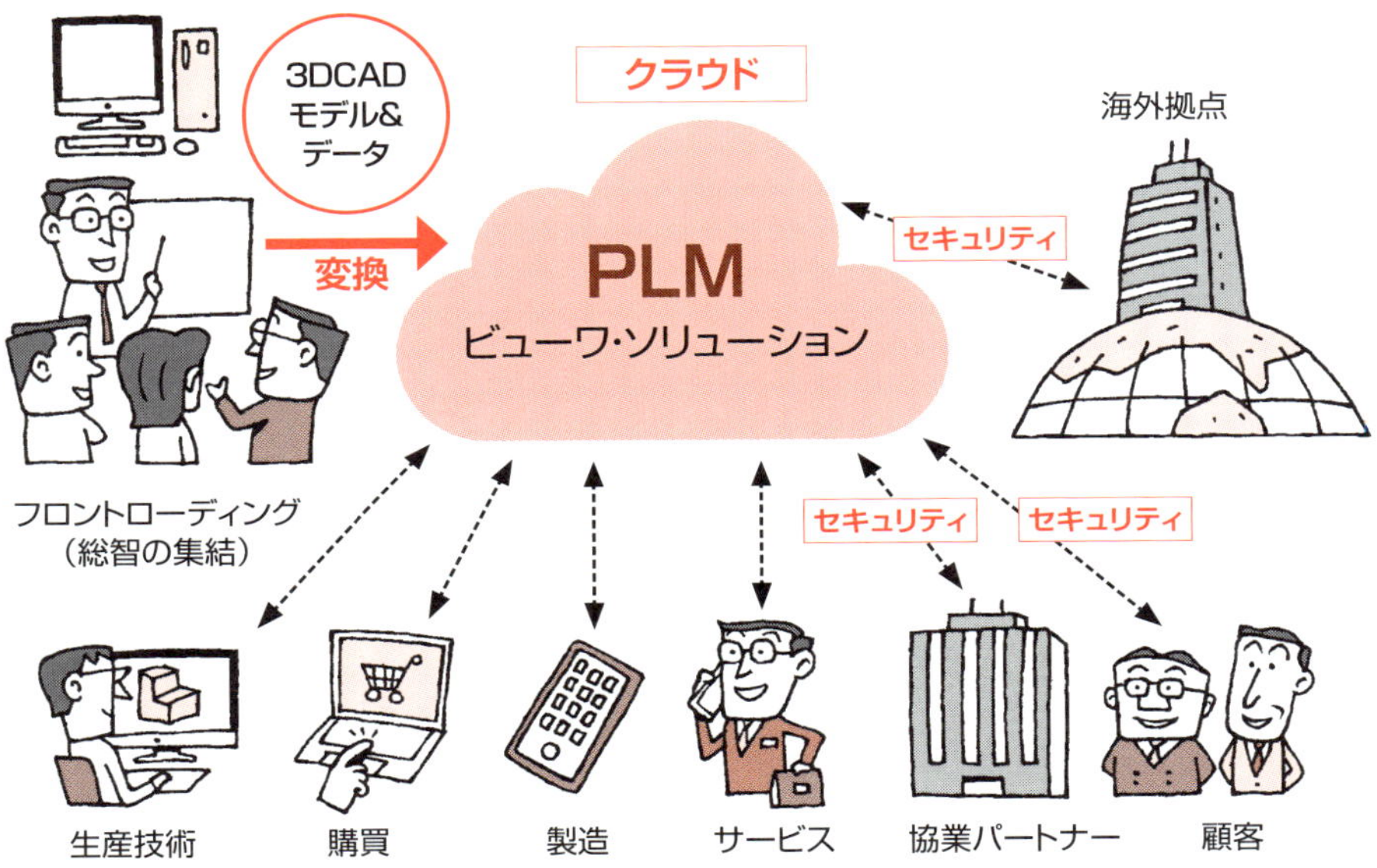

ダッソー・システムズ社の3D EXPERIENCE platformの例

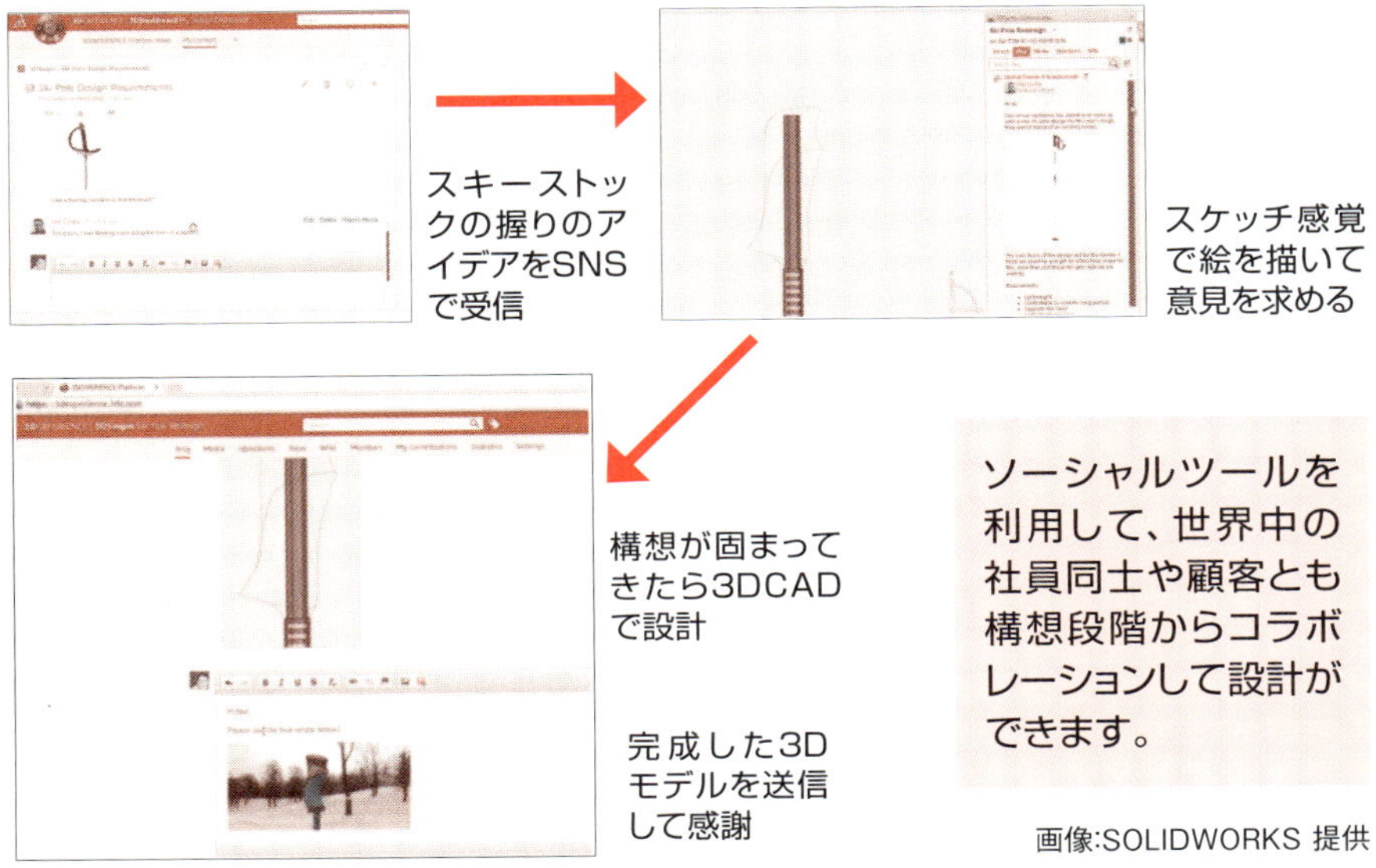

ソーシャルツールを利用して、世界中の社員同士や顧客とも構想段階からコラボレーションして設計ができます。

画像:SOLIDWORKS 提供

67 グローバルリーダーと人財育成

しくみやツールの限界を補うのがリーダー

グローバルビジネスでの競争は、もはや一企業の問題ではなく、国レベルで考えても産官学の力を結集した総力戦、もっと視野を広く持つなら、世界中の優れたパートナーとの協業体制の構築がカギになると思います。グローバルCEです。

ビジネスの基本は世界共通でしょうが、人と人との相互作用をともなうビジネスは、海外では特に人に関してさまざまな問題が起きます。それらは、しくみやツールだけでは決して解決できません。グローバルCEにおいても推進リーダーの役割は重要です。

グローバル展開においては、CEの推進リーダーは、グローバルリーダーと呼んでもよいでしょう。

世の中でグローバルリーダーの要件はさまざま議論されていますが、CEの場合はそれらに加えて、その製品分野の技術革新に対する理解力とビジネスに対する鋭い（顧客価値を見極められるような）洞察力が必要です。これらは何を意味しているかというと、個人的なスキルです。海外では先進国でも新興国でも実力のないリーダーには従いません。地位だけの人や虎の威を借る狐ではだめなのです。そして、最後はやはり人間力です。人間的な魅力は万国共通です。

そのような人財はなかなかいませんが、色々な修羅場を経験する過程で育つようです。企業における採用のダイバーシティ化（学歴はもとより、新卒か中途か、国籍、性別など問わない方向）が進展しています。若者の可能性は大きいものです。自分から修羅場に飛び込む人ばかりではありませんから、特に厳しい目標や課題、環境を与えて、仕事ぶりからグローバルリーダーとしてのポテンシャルを見極めます。

逆に、最初からCEの経験を積ませて人財を育てる方法もあります。メンバーとしての参画であれば、次々にローテーションをさせることです。できれば、小さなプロジェクトでもよいので、若いうちにCEの推進リーダーを経験させることです。

要点BOX

- グローバルCEにはグローバルリーダーが必要
- グローバルリーダーには、個人的スキルと人間力が必要
- 人財は修羅場を経験させて育てる

グローバルCEにおけるリーダーの要件と育成

世の中でよく言われるグローバルリーダーの要件

1. 仕事ができること（やろうと思えば自分でもできる）
2. コミュニケーション能力があること
3. 日本人としてのアイデンティティを持っていること
4. 異文化を受け入れ、ときには摩擦や衝突を恐れず行動できること
5. 改革のマインドを持っていること
6. 論理的思考能力があること
7. 自分の人生を大切にし一流の社会人を目指していること

グローバルCEの推進リーダーの要件

1. 製品分野の技術革新に対する理解力があること
2. ビジネスに対する鋭い洞察力があること
3. 人間的な魅力を持っていること

Column

インダストリー4.0に見るドイツの国家戦略

当たり前だと言われるかもしれませんが、国の豊かさは経済力で測定されます。

２０１４年の国民一人当たりの名目ＧＤＰは、日本が世界27位の３６３３２ドルに対し、ドイツは世界18位の４７５９０ドルと約１・３倍です。また、２０１３年の貿易輸出額は、日本が世界４位の７１５１億ドルに対し、ドイツは世界３位の１４２７億ドルと約２倍です。そしてドイツは、海外事業を展開する中小企業の割合が日本の約７倍で、輸出額に占める中堅および中小企業の割合も４倍近くあります。

少子高齢化を始めとして日本と似ているドイツは、この生産性の高さとグローバル展開によって国の豊かさを維持・向上しようと、国をあげて取り組んでいます。それがインダストリー４・０の真の狙いです

インダストリー４・０は、メルケル首相自らが二〇〇六年から推進した高度技術戦略の中から二〇一一年に生まれた戦略的施策の一つでした。

具体的なテーマとして、仮想と現実を融合させたサイバーフィジカルシステムに基づく「スマート工場」とかＭ２ＭやＩｏＴを生かした「つながる工場」「インテリジェントなセル生産システム」などが有名ですが、技術だけに目を奪われてはいけません。

真の狙いを実現するため、クラスター政策（一種の地方創生）と呼ばれる、中堅企業も参画している産官学共同のプロジェクト（it's OWL）が粘り強く活動しています。さらにＭ２ＭやＩｏＴに必須の課題である「インタフェースや通信規格の国際標準化戦略」を展開していて、現在のドイツのグローバル展開の強さを今後も維持向上させようとしているのです。

筆者にはこれが、国家として取り組んでいる巨大なＣＥのように見えて仕方ありません。

通商白書2012から
日独の中小企業の海外事業展開をする割合(%)

	日本	ドイツ	フランス	イタリア	スペイン
輸出を行う企業の割合	2.8%	19.2%	19.0%	27.3%	23.8%
対外直接投資を行う企業の割合	0.3%	2.3%	0.2%	1.6%	2.1%

資料:経済産業省「2012年度版中小企業白書」(経済産業省「工業統計」、総務省『経済センサス』を再再編加工)、欧州委員会(2010)「Intemationalisation of European SEMx」から作成。
備考:本表の中では、日本の中小企業は従業者数300以下。EUの中小企業は従業者数250人未満。

【参考文献】

D.E. カーター、B.S. ベーカー『コンカレント・エンジニアリング』（日本能率協会マネジメントセンター　１９９２年）

青島矢一『「日本型」製品開発とコンカレント・エンジニアリング：ボーイング７７７開発プロセスとの比較』（『一橋論叢』第１２０巻５号　１９９８年）

有泉徹『コンカレントエンジニアリングにおける設計の改革術』（日刊工業新聞社　２０００年）

稲垣公夫『開発戦略は「意思決定」を遅らせろ！』（中経出版　２０１２年）

クリス・アンダーソン『メイカーズ』（ＮＨＫ出版　２０１２年）

斎藤実『成功するコンカレント・エンジニアリング』（日科技連　２００５年）

鈴木徳太郎『本当に役立つプロジェクトマネジメント』（日刊工業新聞社　２００６年）

鳥谷浩志『３Ｄデジタル現場力』（ＪＩＰＭソリューション　２００８年）

延岡健太郎『価値づくり経営の論理』（日本経済新聞出版社　２０１１年）

他、経産省、総務省など政府刊行物多数

今日からモノ知りシリーズ
トコトンやさしい
コンカレント・エンジニアリングの本

NDC 509

2015年11月25日　初版1刷発行

©著者　原嶋　茂
発行者　井水 治博
発行所　日刊工業新聞社
東京都中央区日本橋小網町14-1
(郵便番号103-8548)
電話　書籍編集部　03(5644)7490
販売·管理部　03(5644)7410
FAX　03(5644)7400
振替口座　00190-2-186076
URL　http://pub.nikkan.co.jp/
e-mail　info@media.nikkan.co.jp
印刷·製本　新日本印刷

●DESIGN STAFF
AD―――――――志岐滋行
表紙イラスト―――――黒崎　玄
本文イラスト―――――榊原唯幸
ブック·デザイン ―――矢野貴文
（志岐デザイン事務所）

●
落丁·乱丁本はお取り替えいたします。
2015 Printed in Japan
ISBN　978-4-526-07480-6

●定価はカバーに表示してあります

●著者略歴

原嶋　茂(はらしま しげる)

作家
専門は、生産マネジメント、技術経営。

元(株)デンソー。

日本能率協会主催の「生産技術研究部会」「生産技術マネジメント研究会」の運営委員、
中部品質管理協会主催のＴＱＭ講座「生産における品質マネジメント」等を長く担当。

愛知工業大学大学院　非常勤講師。

日本大学工学部ＳＳＬ　客員研究員。

慶應義塾大学大学院ＳＤＭ　研究員。

共著『工場長の教材』(日本能率協会)。


一方、鳴海風の筆名で和算小説や歴史ノンフィクションも手がける。

日本文芸家協会会員、関孝和数学研究所　研究員。

『円周率を計算した男』、『江戸の天才数学者』　ほか著書多数。

【略歴】
1953年生まれ。
1980年　東北大学大学院機械工学専攻修了。
日本電装株式会社（現·株式会社デンソー）入社。以後、生産技術部で生産システム開発を担当。
デンソーの戦略的なコンカレントエンジニアリング活動である「次期型製品研究会」や非自動車分野の「新事業開発」プロジェクトを数多くリード。
2010年　愛知工業大学大学院卒業。博士（経営情報科学）。日本能率協会のＣＰＥ－ＭＥ。
2011年　日本経営工学会論文賞。
2012年　日本機械学会生産システム部門学術業績賞。
2013年　名古屋商科大学大学院卒業。ＭＢＡ。
ケースアワード２０１３。
2014年　デンソーを定年退社。